清代學術名著叢刊

五經異義疏證

[清]陳壽祺 撰
曹建墩 校點

上海古籍出版社

圖書在版編目(CIP)數據

五經異義疏證／(清)陳壽祺撰;曹建墩點校. —上海:上海古籍出版社,2012.9(2022.10 重印)
(清代學術名著叢刊)
ISBN 978-7-5325-6517-7

Ⅰ.①五… Ⅱ.①陳… ②曹… Ⅲ.①經學—研究—中國—清代 Ⅳ.①Z126.274.9

中國版本圖書館 CIP 數據核字(2012)第 120520 號

清代學術名著叢刊

五經異義疏證

[清]陳壽祺 撰

曹建墩 點校

上海古籍出版社出版發行

(上海市閔行區號景路 159 弄 1-5 號 A 座 5F 郵政編碼 201101)

(1)網址:www.guji.com.cn

(2)E-mail:guji1@guji.com.cn

(3)易文網網址:www.ewen.co

上海展强印刷有限公司印刷

開本 850×1168 1/32 印張 7.875 插頁 5 字數 140,000

2012 年 9 月第 1 版 2022 年 10 月第 3 次印刷

印數:3,351—4,150

ISBN 978-7-5325-6517-7

K·1599 定價:48.00 元

點校説明

《五經異義疏證》，清代陳壽祺撰。陳壽祺（一七七一—一八三四），字恭甫、介祥、葦仁，號左海、梅修、隱屏山人，閩縣（今福州市區）人。清嘉慶四年（一七九九）進士，授翰林院庶吉士，散館授編修。曾應其座師浙江巡撫阮元之聘，主講杭州敷文書院以及詁經精舍，并助阮元編修《海塘志》及《經郛》。《經郛》數萬卷，其義例皆由壽祺擬定。嘉慶九年（一八〇四）起，壽祺先後出任廣東、河南鄉試副考官，會試同考官，以及文淵閣校理，教習庶吉士，晚年曾經主持泉州清源書院十年，主持福州鼇峰書院十一年，造士無算，較著者有林昌彝、孫經世、王捷南等人。尤其鼇峰書院，爲福州四大書院之一，在福建學壇有着舉足輕重的影響。陳壽祺爲清代經學名家，其經學研究以古文經爲主，兼綜今文經，張舜徽先生《清人文集别録》稱壽祺「不徒湛深經學，致詳於名物故訓已也，即以治經言之，亦能暢通大例，而不狃於細物。宗主漢學，篤信許、鄭」。陳氏經學著作主要有《五經異義疏證》三卷、《尚書大傳定本》三卷、《左海經辨》二卷、《洪範五行傳輯本》三卷等，彙編爲《左海全集》行世。

《五經異義》爲東漢著名經學家、文字學家許慎所撰。許慎，字叔重，汝南召陵（今河南郾城）人。初爲郡功曹，繼舉孝廉。曾任太尉南閣祭酒等職，世稱許祭酒。許慎曾師事賈逵，習古文經學，精通經籍，博學多才，時人稱之爲「五經無雙許叔重」（《後漢書·儒林傳》）。著有《五經異義》、《淮南鴻烈解詁》、《孝經孔氏古文説》和《説文解字》等，其著作多佚，僅存《説文解字》。

漢代的經學，出現了今古文之爭。所謂今文是指漢代當時所通行的隸書，以隸書所寫的經書稱爲「今文經」。而對今文經進行研究、訓詁和闡釋解説的學問則稱爲今文經學。所謂古文是指先秦大篆（籀文）和六國所使用的文字。以這種文字寫成的經書稱爲「古文經」。而對古文經研究、訓詁闡釋解説的學問則稱爲古文經學。今文經學與古文經學，在經書的字體、文字、篇章等形式上，以及在經師的源流、治經的方法和對經書中重要的名物度數、制度、解説等内容上有許多不同。雙方各持己見，形成學派之爭。自西漢後期以迄東漢，今古文經先後有幾次大的論爭，而其發展的基本趨勢是古文經學由弱變強，並逐漸占上風。西漢經師多專治一經，兼治他經者較爲少見，迄至東漢，學風丕變，經學研究融合今古文經之勢蔚爲風氣，兼治多經者漸多。許慎博綜今古文，「以五經傳説臧否不同」，撰爲《五經異義》，内容涉及昏冠、聘問、錫命、喪祭、明堂、社稷、征役、田税、器物、樂舞等，每論證一事，輒具今古文經家法，以明其統緒源流，書中就五經中的一些問題，依次列舉今古文經學諸家的學説，然後裁以己意，或肯定今文經學，或肯定古文經學，或二者皆予否定，充分體現了其擇善而從的精神，反映了今古文經學逐漸融合的風氣。嗣後鄭玄偏注群經，綜合古今，對許慎《五經異義》提出辯難，撰《駁許慎五經異義》一書。

《五經異義》，《舊唐書・經籍志》著録有十卷，許慎撰，鄭玄駁，《新唐書・藝文志》並同。故《四庫全書總目》認爲「鄭氏所駁之文即附於許氏原本之内，而非别爲一書」，蓋是。至《宋史・藝文志》無載此書，可見自唐以来《五經異義》失傳已久。其内容僅於《初學記》、《通典》、《太平御覽》諸書中偶有徵引，康成之《駁五經異義》則主要在《三禮正義》中有徵引，此外所存甚少。然吉光片羽，良足珍視，故後人多有輯佚者，但僅存百有餘篇。清乾隆年間修《四庫全書》，有山西巡撫采進本，乃從諸書中采綴而成，《五經異義》與《駁五經異義》錯雜相參，頗失條理。館臣詳加釐正，以《五經異義》與《駁五經異義》兩全者匯列於前，僅有《駁五經異義》而無《五經異義》者附録於後以備參考，又取朱彝尊《經義考》所引《駁五經異義》數條及惠棟輯本，與整理後的采進本參互考證，除其重複，得五十七條，爲《補遺》一卷，收入《四庫全書》，是爲武英殿聚珍本。此後各家輯本漸多，著名者有王復本、莊述祖本、錢大昭本、孔廣林本等，然分合多異。壽祺取上述衆本而參訂之，其中篇題可考見者有二十五事，有順序者《田税》第五、《天號》第六、《罍制》第八，依次排列，其他無篇次者則以類相從，略具梗槩。又采諸經義疏、諸史志傳、《説文》、《通典》及其他學者著述，與許、鄭相互發明者，以資稽覈，附以己意，加「蒙案」二字，進行疏通證明，加以解説，成《疏證》三卷。自唐儒作《五經正義》，專主鄭説而許義漸晦，然其詳析同異，指趣所在多可考見，陳氏輯本較之於其他本，實屬較優之本，經其疏證，許書幾將恢復原狀。故有論者謂之「漢師遺説，略見條流」。陈氏此書對中國古代經學的研究，尤具重要的參考價值。

《五經異義疏證》的版本，有嘉慶十八年（一八一三）三山陳氏刻本（家刻本）、《皇清經解》本、《左海全集》本等。本次整理，以三山陳氏本爲底本，以二〇〇五年鳳凰出版社出版的《皇清經解》本（簡稱《清經解》本）爲通校本；酌爲劃分段落，加上標點；校記但求簡明，不作繁瑣考證。原書並無目録，爲方便閲讀，參照《五經異議》原篇題，并按照筆者的理解，加上了目録和篇題。自愧譾陋，難免有不妥之處，敬請讀者給予批評指正！

曹建墩

二〇一一年十月

目録

卷中

卷下

五經異義疏證自序

《五經異義》，漢許慎撰，鄭玄駮。① 隋唐《經籍志》箸録十卷，宋時已佚，近人編輯，僅存百有餘篇。聚珍板外有秀水王復本、陽湖莊葆琛本、嘉定錢大昭本、曲阜孔廣林本，大抵攟拾叢殘，以意分合。孔本條理差優，而强立區類，欲還十卷之舊，非所敢從也。嘉慶戊辰夏，余養痾京邸，取而參訂之，每舉所徵，録尤詳者，若文多差互，仍兩載之。其篇題可見者二十五事，第五《田税》，第六《天號》，第八《罍制》，三事篇次尚存，其它以類相從，略具梗槩。復刺取諸經義疏，諸史志傳，《説文》、《通典》，及近儒箸述，與許、鄭相發者以資稽覈。閒附蒙案，疏通證明，釐爲上中下卷。踰五年，侍太宜人里第，暇日質之吾友甌寧萬世美，而及門僊遊王捷南爲鋟諸板，序曰：

五經皆手定於聖人，羣弟子之學焉者，微言大義，靡不與聞。然左丘明親造郄受經，

① 以下因避諱而改動之字直接改爲原字，不再説明。

公羊高、穀梁俶咸卜子門人，而《春秋三傳》乃若瓜疇芋區之不可相合。子輿、游、夏最善説禮服，而《檀弓》言小斂之奠，東西異方；司徒敬子之喪，弔經異用；公叔木與狄儀之所爲服，功衰異説，何也？周衰禮失，舊聞寖湮，或疑文墜緒，傳習錯出；或繁節縟理，儒者難言，況其後支裔益分，門户益廣，則五經焉得無異義哉？漢承秦燔之餘，學者不見全經，經義多由口授，古文始出壁中，經生遞傳，各持師法，寧固而不肯少變，斯亦古人之質厚，賢於季俗之逐波而靡也。夫其一致百慮，殊塗同歸，豈謂一勺非江河之瀾，卷石非泰華之壤乎哉？但去聖久遠，枝葉日蕃，不有折衷，奚由遵軌？此石渠、白虎所以論同異於前，而叔重所以正臧否於後也。《石渠議奏》之體，先臚衆説，次定一尊，覽者得以考見家法，劉更生采之爲《五經通義》，惜皆散亡。《白虎通義》經班固删集，深没衆家姓名，殊爲疎失，不如《異義》所援古今百家，皆舉五經先師遺説，其體倣《石渠論》而詳贍過之。自建武以後，范升、陳元之徒忿爭讙譁，頗傷黨伐。永元十五年，司空徐防言太學試博士皆以意説，不修家法，妄生穿鑿，輕侮道術，以爲博士及甲乙策試宜從其家章句，開五十難以試之，解釋多者爲上第，引文明者爲高説。是時，師法已衰。至安帝，薄於藝文，博士倚席不講，經術之風微矣。叔重此書，蓋亦因時而作，憂大業之陵遲，捄末師之踳陋也。許君又箸《説文解字》，綜貫萬原，當世未見遵用，獨鄭君注《儀禮·既夕·記》、《小戴禮·雜記》、《周禮・考工記》，嘗三稱之，所以推重之者至矣。顧於《異義》爲之駁者，祭酒受業賈侍中，敦崇古學，故多從古文家説；司農囊括網羅，意在宏通，故兼從今文家説，此其判也。案張懷瓘《書斷》，叔重安帝末年卒。《鄭玄别傳》康成永建二年生，鄭視許爲後進，而繩糾是非，爲汝南之諍友。① 夫向、歆父子，猶有《左》、《穀》之違，何、鄭同室，何傷《箴肓》之作？聖道至大，百世莫殫，仁者見仁，智者見智，蘄於事得其實，道得其真而已，庸詎與夫悦甘而忌辛，賤雞而貴鶩者哉？今許、鄭之學流布天下，此編雖略，然典禮之閎達，名物之章明，學者循是而討論焉，其於昔人所譏國家將立辟雍、巡守之儀，幽冥而莫知其原者，庶乎可免也！

嘉慶十有八年癸酉春正月福州陳壽祺自序

① 「友」，原誤作「文」，今據《清經解》本改。

後序

漢承秦火之後，諸經始出，多古文，辭義艱晦，師説異同，傳經者各守其家法訓故，授受莫敢移易。西京儒者，自韓嬰、申培、后蒼、孟卿、庸生、江翁而外，學士大都專治一經，兼經者蓋不多得而見。至東漢而兼者漸多，然唯許叔重、鄭康成二大儒最著。許作《五經異義》而鄭駁之，各尊所聞，體大物博，與樹朋分爭者異。魯丕謂：「説經者傳先師之言，相讓則道不明，若規矩權衡之不可枉。」驗之許、鄭，良爲不誣。昔王應麟譏劉向《五經通義》乃諸儒之筌蹄，而又以明經變爲帖誦，惜《通義》之不傳於今。矧許以五經傳説臧否不同，撰爲此書，鄭博稽六藝，義據通深，異於課試之學以明經爲利禄之階梯者。耆古之士，彌當奉爲科律矣。自宋以來，傳本散佚，吾師福州陳恭甫先生條列許義鄭駁，以類相從，采取經疏、諸史志傳、《説文》、《通典》諸書，及近儒辨論，而以己意參訂貫通，成《疏證》三卷。於戲備矣！許、鄭去今千餘載，考是書者恒憾其缺，得先生此編，雖略而不啻獲其全，所以嘉惠來學者甚篤。先生淹洽羣籍，解經不窮而欿然自下，著述不輕以示人。壬申秋，捷南謁先生於温陵，請以是編付剞劂，先生未之許，歸與甌寧萬虞臣先生再三商榷，始録而鋟諸木。先生命捷南校之，且屬爲後序。捷南譾陋無學，惡足仰贊高深？竊惟語録興而經術陋，帖括盛而經義微，守文之徒滯固所稟，競趨簡約，流於蹈空，而成名高第鮮能遠至，蓋許、鄭之書雖存，而背馳者衆也。先生究碩學於既衰，匯衆流以仰鏡，則是書之作，不特爲許、鄭功臣，蓋亦正俗宏風之一助，識者當不以捷南爲阿其所好也。

嘉慶癸酉秋八月僊游弟子王捷南謹序

五經異義疏證卷上

田稅

《異義》第五《田稅》：「今《春秋公羊》説，十一而稅，過於十一，大桀小桀；減於十一，大貉小貉。十一稅，天子之正，蒙案：當作「天下之中」，正文見《公羊》宣十五年《傳》。十一行而頌聲作。故蒙案：「故」當爲「古」字誤。《周禮》國中園廛之賦，二十而稅一，近郊十而稅一，遠郊二十而稅三。有軍旅之歲，一井九夫，百畮之賦，出禾二百四十斛，原注：當云「六百四十斛」。○蒙案：四秉曰筥，十筥曰稯，以稯禾爲二百四十斛，則許以秉爲六斛。芻秉二百四十觔，原注：當云「一百六十斗」。○蒙案：二百四十觔爲秉，秉六斛，則每斛四十觔。釜米十六斗。謹按：《公羊》十一稅，遠近無差。漢制收租田有上中下，與《周禮》同義。」蒙案：「謹」字舊脱，今補。

玄之聞也，《周禮》制稅法，輕近而重遠者，爲民城道溝渠之役，近者勞遠者逸故也。

其授民田，家所養者多，與之美田；所養者少，則與之薄田。①其調均之而足，故可以爲常法。漢無授田之法，富者貴美且多，貧者賤薄且少，美薄之收不通相倍蓰，而上中下也，

蒙案：此五字當作「而云上中下」。與《周禮》同義，未之思也。又《周禮》六篇無云軍旅之歲，一井九夫百畮之税，出禾、芻秉、釜米之事，何以得此言乎？《周禮·載師》疏引。

甌寧萬中書世美曰：「按禾米秉筥，字同數異。禾以一把爲秉，故秉之爲文，从手从禾，《詩》所謂『彼有遺秉』是也。四秉爲筥，又謂之穧，《詩》所謂『此有不斂穧』是也。十筥爲稯，四十把。《魯語》所謂『田一井出稯禾』是也。十稯爲秅，四百把。《聘禮》所謂『禾三十車，車三秅』是也。千二百把。此禾之數也。米則五斗爲筥，《聘禮》所謂『米三十車，車秉有五藪』是也。一秉之米，凡一百六十斗，此米之數也。許氏既言出禾，則當以把計，不當以斗斛計。且《聘記》言二百四十斗者，以明一車所容耳，非以釋秉也。許以此句釋芻之秉，又改『斗』爲『觔』，誤矣。必如所言，則《聘禮》所謂『車三秅』者，凡爲禾二十八萬八千觔，非準海舶之量以爲車不能容，非千人之力不能挽也，曾有是乎？」

蒙案：《魯語》仲尼言先王制土：「其歲，收田一井，出稯禾、秉芻、缶米，不是過也。」許叔重稱周禮，蓋出此。《說文·禾部》「秅」引《周禮》曰：「二百四十觔爲秉，四秉曰筥，十筥曰稯，十稯曰秅，四

---

①「之」，原脱，今據《清經解》本補。

百秉爲一秅。」案：此《聘禮・記》文，惟彼「觔」字作「斗」，疑許君所見本異。又疑此出《周禮》說，故《異義》據之。《説文》稱《周禮》曰「三歲一祫，五歲一禘」，又稱《周禮》有郊宗石室，皆屬《周禮》說，非謂《周禮》六篇有其文也。《文獻通考》：「漢章帝建初三年，詔度田爲三品。」是漢制收田有上中下。案：此亦見《後漢書・秦彭傳》。

賦税差品

《異義》：「《左氏》説：山林之地，九夫爲度，九度而當一井。藪澤之地，九夫爲鳩，八鳩而當一井。京陵之地，九夫爲辨，七辨而當一井。淳鹵之地，九夫爲表，六表而當一井。疆潦之地，九夫爲數，五數而當一井。偃豬之地，九夫爲規，四規而當一井。原防之地，九夫爲町，三町而當一井。隰皋之地，九夫爲牧，二牧而當一井。衍沃之地，九夫爲井。賦法：積四十五井，「井」字舊脱，據惠氏校宋本《禮記》補。除山川坑岸三十六井，定出賦者九井，則千里之畿，地方百萬井，除山川坑岸三十六萬井，定出賦者六十四萬井，長轂萬乘。」《禮記》十一《王制》正義。

蒙案：《左氏傳》襄二十五年正義引賈逵注説賦税差品，與《異義》同，是許所引《左氏》説即賈逵説也。《周禮・小司徒》云「乃經土地而井牧其田野」，先鄭注：「井牧即《春秋傳》所謂『井衍沃、牧隰皋』者也。」後鄭注云：「隰皋之地，九夫爲牧，二牧而當一井。今造都鄙，授民田，有不易，有一易，有再易，通率二而當一，是之謂井牧。」是二鄭與賈、許説井牧同也。然《左氏》説九等與《周禮》、《禹貢》又各有别，孔穎達《王制》正義曰：「如《異義》此説，則方十里凡百井，三十六井爲山川坑岸，六十四井爲平地出税。案鄭注《小司徒》，成方十里，緣邊一里治爲溝洫，則三十六井；其餘方八里爲甸，六十四井出田税。與《異義》不同者，《異義》所云通山林藪澤九等而言之；鄭注《小司徒》者，據衍沃千里而言之也。《異義》九等者，據大略國中有山林至衍沃之等言之。《周禮》九等者，據授民地肥瘠有九等也。《尚書·禹貢》注云：此鄭康成注。『一井上上，出九夫税；上中，出八夫税；上下，出七夫税；中上，出六夫税；中中，出五夫税；中下，出四夫税；下上，出三夫税；下中，出二夫税；下下，出一夫税。』所以又有此九等者，以《禹貢》九州有上中下九等。出没不同，故以井田計之，以一州當一井。假令冀州上上出九百萬夫之税，兖州下下出一百萬夫之税，是九州大較相比如此，非謂冀州之民皆出上上，兖州之民皆出下下，與《周禮》九等又不同也。」

甌寧萬中書世美曰：「案四十五井之地，山川坑岸三十六井，出賦者九井，是山川坑岸居五分之四，出賦者僅五分之一也。百萬井之内，山川坑岸三十六萬井，出賦者六十四萬井，是山川坑岸僅十一分之四，出賦者居十一分之七也，上下絶不相蒙，疑閣本注疏所引文有訛脱。」

六十五復征

《異義》：「《禮》戴説，《王制》云：『五十不從力政，六十不與服戎。』《易》孟氏、《韓詩》說『年二十行役，三十受兵，六十還兵』。古《周禮》說『國中自七尺以及六十，野自六尺以及六十有五，皆征之』。謹案：五經說各不同，是無明文可據。漢承百王而制二十三而役，五十六而免。六十五已老，而周復征之，非用民意。」蒙案：《王制》正義云：「是許以《周禮》爲非。」

鄭駁之云：「《周禮》是周公之制，《王制》是孔子之後大賢所記先王之事。《周禮》所謂皆征之者，使爲胥徒，給公家之事，如今之正衛耳。六十而不與服戎，胥徒事暇，坐息之閒，多其五歲，又何大違之云？『徒給公家之事』，云『非用民意』耶？《王制》所云力政，挽引築作之事；所謂服戎，謂從軍爲士卒。二者皆勞於胥徒，故早舍之。」《禮記》十三《王制》正義。

蒙案：《白虎通》曰：「王命法：年三十受兵何？重絶人世也。師行不必反，戰不必勝，故須其有世嗣也。年六十歸兵者何？不忍鬭人父子也。」《王制》曰：「六十不預服戎。」此即《易》孟氏、《詩》韓氏說也。《白虎通》文見《太平御覽》卷三百六。

又蒙案：先鄭注《周禮》云：「征之者，給公上事也。」許君引漢制者，《漢書·高帝紀》二年注：「孟康曰：『古者二十而傅，三年耕有一年儲，故二十三而後役之。』如淳曰：『律，年二十三傅之疇官，各從其父疇學之。高不滿六尺二寸以下爲疲癃。《漢儀注》云民年二十三爲正，一歲爲衛士，一歲爲材官騎士，習射御騎馳戰陣，年五十六衰老，乃得免爲庶民，就田里。』」《景帝紀》：「二年，令天下男子年二十始傅。」師古曰：「傅，著也，言著民籍，給公家徭役也。」此許君所據及鄭君引，今之正衛之制是也。《孟易》、《韓詩》説二十行役，與《周禮》國中七尺合。然鄭君《周禮·大宰》「九賦」注云：「賦，口率出泉也。今之算泉，民或謂之賦，此其舊名與？《鄉大夫》『國中自七尺以及六十，野自六尺以及六十有五，皆征之』，《遂師之職》亦云『以時徵其財征』，皆謂此賦也。」《鄉大夫》注亦云：「國中晚賦税而早免之，以其所居復多役少。野早賦税而晚免之，以其復少役多。」蒙案：「復多役少」者，以經云國中貴者至疾者皆舍也。則《周禮注》不以征爲胥徒，與《駁異義》自異也。考口賦之法，始於管子，《山至數》篇云「邦賦之籍，終歲十錢」是也。《漢書·昭帝紀》如淳注引《漢儀注》：「民年七歲至十四出口賦錢，人二十三。二十錢以食天子，其三錢者，武帝加口錢以補車騎馬。」《貢禹傳》：「元帝時，禹以爲古民亡賦算口錢，起武帝征伐四夷，重賦於民，產子三歲則出口錢，故民重困，至於生子輒殺。宜令兒七歲去齒乃出口錢，年二十乃算。天子下其議，令民產子七歲乃出口錢，自此始。」此《傳》述口錢事最詳，禹在元帝時建議，去武帝時甚近，言之鑿鑿，則口錢非周所有審矣。

天號

《異義·天號》第六：蒙案：《周禮·載師》疏引《異義》第五《田税》，《司尊彝》疏引《異義》第六《罍制》，此亦當作《異義》第六《天號》。兩「第六」疑有一作「第八」者，字之誤耳。曰第五，曰第六者，其篇次也。曰《田税》，曰《天號》，曰《罍制》者，其篇目也。《毛詩正義》引無「第六」二字，今從《周禮疏》。「《今尚書》歐陽說：『春曰昊天，蒙案：《周禮疏》作「欽若昊天」，誤。《毛詩・黍離》正義引作「春曰昊天」，當從之。夏曰蒼天，秋曰旻天，冬曰上天，總爲皇天。』蒙案：《毛詩正義》無此四字。《爾雅》亦然。《古蒙案：《周禮疏》作「故」，誤。《毛詩正義》作「古」，當從之。尚書》說云：『天有五號，各用所宜稱之。尊而君之，則曰皇天；元氣廣大，則稱昊天；仁覆慜下，則稱旻天；自上監下，則稱上天；據遠視之蒼蒼然，則稱蒼天。』蒙案：毛《傳》與此合，《毛詩正義》省之，云「《古尚書》說與毛同」。謹按：《尚書》堯命羲和，欽若昊天，總勑四時，知昊天不獨春。《春秋左氏》曰：『夏四月己丑，孔子卒。』稱『旻天不弔』，時非秋天。」蒙案：《毛詩正義》作「時非秋也」，當從之。〇以上見《周禮・大宗伯》疏，又《毛詩・黍離》正義引小異，又《禮記・月令》正義引「元氣廣大，謂之皞天」。

蒙案：《周禮疏》「第六」譌爲「等六」。曲阜孔廣林謂：「《罍制》第六，《天號》不得又爲第六，竟列天號第一，仍留『等六』二字以存疑。」非也。

玄之聞也，《爾雅》者，孔子門人所作，以釋六藝之言，蓋不誤也。春氣博施，故以廣大言之。夏氣高明，故以遠大言之。蒙案：「遠大」，疑當爲「遠視」，《尚書・堯典》正義、《周禮疏》引並無「大」字。秋氣或生或殺，故以閔下言之。冬氣閉藏而清察，故以監下言之。皇天者，至尊之號也。六藝之中，諸稱天者，以己情所求言之耳，蒙案：《毛詩正義》無「己」字，「言之」下無「耳」字，今從《周禮疏》補。非必於其時稱之。「浩浩昊天」，求天之博施；「蒼天蒼天」，求天之高明；「旻天不弔」，求天之生殺當得其宜；「上天同雲」，求天之所爲當順其時也。此之求天，猶人之説事，各從其主耳。若察於是，則「堯命羲和，欽若昊天」，孔子卒，稱「旻天不弔」，無可怪耳。以上見《毛詩·王風·黍離》正義，《爾雅·釋天》疏引同。又《周禮·大宗伯》疏引小異，「若察於是」以下無此二十字，文多脱誤。又見《尚書·堯典》正義。《周禮·大宗伯》疏引「若察於是」下云：「所論天從四時，各有所別，故《尚書》所云者，論其義也。二者相須乃足。此名非必紫微宮之正，直是人逐四時互稱之。」

蒙案：《爾雅·釋天》曰：「春爲蒼天，夏爲昊天，秋爲旻天，冬爲上天。」《毛詩·黍離》正義引李巡曰：「春，萬物始生，其色蒼蒼，故曰蒼天。夏，萬物盛壯，其氣昊大，故曰昊天。秋，萬物成熟，皆有文章，故曰旻天。冬，陰氣在上，萬物伏藏，故曰上天。」正義又曰：「《爾雅》春蒼夏昊，歐陽説春昊夏蒼。鄭既言《爾雅》不誤，當從《爾雅》，而又從歐陽之説，以春昊夏蒼者，鄭《爾雅》與孫、郭本異，故許慎既載《今尚書》説，即言『《爾雅》亦云』，明見《爾雅》與歐陽説同。」壽祺考《白虎通義·四時》篇曰：「四時天異名何？天尊，各據其盛者爲名也。春秋物變盛，冬夏氣變盛。春曰蒼天，夏曰昊天，秋曰旻天，冬曰上天。《爾雅》曰：『一説春爲昊舊仍作「蒼」字，譌。天是也。』」《白虎通義》並載《爾雅》兩説，是《爾雅》舊本有作春昊夏蒼者，許君《異義》及鄭駮所據《爾雅》皆然。《説文》第七上《日》篇：「旻，秋天也，從日文聲。《虞書》曰：『仁閔覆下，則稱旻天。』」此用《爾雅》與《今尚書》說也。所引《虞書》即《異義》之《古尚書》說也。第十下《夰》篇：「昦，春爲昦天，元氣昦昦，從日夰，夰亦聲。」此亦兼採《爾雅》、《今尚書》、《古尚書》說也。其曰春爲昊天，與《異義》同。劉熙《釋名・釋天》曰：「春曰蒼天，陽氣始發，色蒼蒼也。夏曰昊天，其氣布散顥顥也。秋曰旻天，旻，閔也，物就枯落可閔傷也。冬曰上天，其氣上騰與地絶也。」劉所據《爾雅》則與李巡、孫、郭本合。諸家釋蒼、旻義同，惟李釋旻天、上天爲異。

罍制

《異義》第六蒙案：「第六」二字據《周禮・司尊彝》疏增。《罍制》：「《韓詩》說：『金罍，大夫器也。天子以玉，諸侯、大夫皆以金，士以梓。』蒙案：《毛詩音義》引《韓詩》云：「天子以玉飾，諸侯、大夫皆以黃金飾，士以梓。」《毛詩正義》引《韓詩》說言士以梓，士無飾，據此則《異義》所引稍略。《毛詩》說：『金罍，酒器也，諸臣之所酢。人君以黃金飾尊，大一碩，金飾龜目，蓋刻爲雲雷之象。』謹案：《韓詩》說天子以玉，經無明文。謂之罍者，取象雲雷博施，如人君下及諸臣。」見《毛詩・卷耳》正義、《爾雅・釋器》疏。○又見《周禮・司尊彝》疏，末句作「故爲人君下及諸臣同」。

蒙案：禮有祭社之罍，有宗廟獻尸之罍，有宗廟酢臣之罍，有饗燕之罍。《周禮・鬯人》：「凡祭祀，社壝用大罍。」鄭注：「大罍，瓦罍也。」阮氏《圖》云：「瓦爲之，容五斗，赤雲氣畫山文，大中身兑，平底，有蓋。」見聶崇義《三禮圖》張鎰所引。此祭社之罍也。《周禮・司尊彝》：「追享朝享，其再獻用兩山尊。」鄭司農云：「山尊，山罍也。」《禮記・明堂位》曰：「尊用犧象、山罍。山罍，夏后氏之尊也。」《禮器》曰：「廟堂之上，罍尊在上，犧尊在西。君西酌犧象，夫人東酌罍尊。」此宗廟獻尸之罍也。《司尊彝》：「六尊皆有罍，諸臣之所酢也。」鄭康成云：「諸臣獻者，酌罍以自酢，不敢與王之神靈共尊。」鄭司農云：「尊以裸神。罍，臣之所飲也。」《酒正》疏云：「三酒皆盛於罍尊，在堂下。」此宗廟酢臣之罍也。《毛詩・卷耳》：「我姑酌彼金罍。」傳云：「人君黄金罍。」此饗燕之罍也。張鎰引阮氏《圖》誤指瓦罍爲諸臣所酢，聶氏駁之，是矣。《周禮》六尊皆有罍，《禮運》正義據崔氏依《周禮》爲説，犧象之尊，禘與春夏時祭用之，王后所酌尊並同。而《禮器》言「君西酌犧象，夫人東酌罍尊」，别罍尊於犧象，與《周禮》異者，《周禮》天子之制，《禮器》言君、夫人，是諸侯之制。諸侯用齊及酒雖視天子，而尊罍之名容有不同也。罍之制度，鄭康成注《司尊彝》云山罍亦刻而畫之爲山雲之形。《毛詩・卷耳》正義引此而申之云：「言刻畫，則用木矣，故《禮圖》依制度云刻木爲之。《韓詩》説言士以梓，士無飾，言其木體，則士以上「士」字據《爾雅疏》、《三禮圖》增。同用梓而加飾耳。毛説言大一碩，《禮圖》亦云大一斛，則大小之制，尊卑同也。雖尊卑飾異，皆得畫雲雷之形，以其名罍取於雲雷故也。」《爾雅疏》全據此正義文。今考《説文》第六上《木》篇：「櫑，龜目酒尊，刻木作雲雷象，象施不窮也。從木畾聲。罍櫑或從缶。罍櫑或從皿，，籀文櫑。」許不從《韓詩》説罍有玉金，故以從木字爲正。其云「刻木作雲雷象」，與鄭君《周禮注》及《禮圖》同，則鄭於《異義》無駁可知。《儀禮・士冠禮》疏引《漢禮器制度》：

「洗之所用，士用鐵，大夫用銅，諸侯用白銀，天子用黃金。」又引《漢禮器制度》：「水器，尊卑皆用金罍，及其大小異。」鄭注《士冠禮》據之爲說，然則以此相仿，知大夫酒器得用金罍，《韓詩》說亦通。其大小之異，《毛詩》説罍大一碩，《禮圖》大一斛，《爾雅·釋器》：「彝、卣、罍，器也。小罍謂之坎。卣，中尊也。」郭注：「罍形似壺，大者受一斛。」邢疏引孫炎云：「尊，彝爲上，罍爲下，卣居中。」聶氏《三禮圖》云「六彝爲上，受三斗。六尊爲中，受五斗。六罍爲下，受一斛」，是其差也。

爵制

《異義》：「今《韓詩》說：『一升曰爵，爵，盡也，足也。二升曰觚，觚，寡也，飲當寡少。三升曰觶，觶，適也，飲當自適也。四升曰角，角，觸也，飲不能自適，觸罪過也。五升曰散，散，訕也，飲不能自節，爲人所謗訕也。總名曰爵，其實曰觴。觴者，餉也。觥亦五升，所以罰不敬。觥，廓也，所以著明之貌，君子有過，廓然明著。非所以餉，不得名觴。』古《周禮》說：『爵一升，觚二升，蒙案：「二」當爲「三」字之誤。獻以爵而酬以觚，一獻而三酬，則一豆矣。食一豆肉，飲一豆酒，中人之食。』《毛詩》說：『觥大七升。』」謹案：《周禮》云一獻三酬當一豆，若觚二升，不滿一豆。又觥罰不過一，一飲而七升爲過多。」《左傳》成十四年正義引此下有「當謂五升」四字，當補。

鄭駁之云：「《周禮》『獻以爵而酬以觚』，觚，寡也。觶字，角旁著氏，是與觚相涉誤爲觚也。南郡太守馬季長説：『一獻三酬則一豆，豆當爲斗，與一爵三觶相應。』」以上見《禮記・禮器》正義。

《異義・爵制》：「今《韓詩》説，一升曰爵，二升曰觚，三升曰觶，四升曰角，五升曰散。古《周禮》説亦與之同。謹案：《周禮》一獻三酬當一豆，即觚二升，不滿豆矣。」

鄭玄駁之云：「觶字，角旁著氏，汝潁之間師讀所作。今《禮》角旁單，古書或作角旁氏。角旁氏則與觚字相近。學者多聞觚，寡聞觶，寫此書，亂之而作觚耳。又南郡太守馬季長説：『一獻而三酬則一豆，豆當爲斗，與一爵三觶相近。』」蒙案：「近」當爲「應」字之譌。○以上見《周禮・梓人》疏。末字《周禮疏》作「近」，當從《禮記正義》作「應」。○又見《毛詩・卷耳》正義，《左傳》成十四年正義，《儀禮・燕禮》疏，《詩》、《禮》兩疏竝云「如鄭此説，是《周禮》與《韓詩》同也」。

蒙案：《説文》第四下《角部》：「觶，鄉飲酒角也。《禮》曰一人洗，舉觶。觶受四升。從角單聲。䚳，觶或從辰。觗，《禮經》觶。」許君於「觶」下引《禮》者，《儀禮》今文也。又謂觗字出《禮經》者，《儀禮》古文也。鄭言古書角旁氏，今《禮》角旁單，則「觗」爲古文，「觶」爲今文信矣。觶單聲而讀之義切者，猶磾讀若低也。「磾」字見《廣韻》十二「齊」引《説文》。卑之音班，亦其聲類。見《漢書・地理志》「卑水」孟康注。角旁辰與角旁氏同音者，《毛詩・小雅・吉日》：「其祁孔有。」鄭箋：「『祁』當作『麎』。」正義據《爾雅》某氏注引《詩》作「其麎孔有，無將大車」。疷，與塵韻。《禮記》「畛於鬼神」鄭注：「『畛』或爲『祇』。」皆其聲類。《説文》：昏，從日氏省，讀呼昆切。

又蒙案：《説文》云：「觶，受四升。」「觚」，解云：「鄉飲酒之爵也。一曰觴受三升者謂之觚。」是與《韓詩》説異也。《異義》引古《周禮》説「觚二升」，「二」當爲「三」，《禮器》正義所載乃傳寫之誤。《周禮・梓人》明云爵一升，觚三升。賈疏引《異義》而云古《周禮》亦與《韓詩》説同，則賈所見《異義》「觚三升」之「三」字已譌爲「二」矣。許君謹案曰：「《周禮》一獻三酬當一豆，若觚二升，不滿一豆。」此許從《周禮》説以辨《韓詩》説之非也。鄭君注《周禮・梓人》則云：「觚，豆字，聲之誤。」「觚」當爲「觶」，「豆」當爲「斗」，蓋以豆實四升，一獻三酬，適當一斗，不得爲豆也。注《禮器》「貴者獻以爵，賤者獻以散，尊者舉觶，卑者舉角」云：「凡觴，一升曰爵，二升曰觚，三升曰觶，四升曰角，五升曰散。」此鄭從《韓詩》説也。《梓人》疏曰：「《禮器制度》云：『觚大二升，觶大三升。』故鄭從二升觚，三升觶。」《駁異義》以一爵三觶爲一斗，是鄭謂《周禮》與《韓詩》説同。

郊高禖祭天

《五經異義》曰：「王者一歲七祭天，仲春后妃郊高禖亦祭天也。」①《御覽》五百二十九《禮儀部》。

① 「高」，原誤作「禖」，今據《清經解》本改。

曲阜孔廣林曰：「《月令》注云：『高辛氏之世，玄鳥遺卵，娀簡狄吞之而生契，後王以爲媒官嘉祥，而立其祠焉。』鄭君不言於郊，則是不以禖爲祭天矣。焦喬答王權云：『後王以爲媒官嘉祥，祀之以配帝，謂之高禖。』蓋非鄭義。」

祭天有無尸

《異義》：「《公羊》說，祭天無尸。《左氏》說，晉祀夏郊，以董伯爲尸。《虞夏傳》云：『舜入唐郊，以丹朱爲尸。』是祭天有尸也。」許慎引《魯郊禮》曰：「祝延帝尸。」從《左氏》之說。《禮記》三《曲禮上》正義。

孔廣林曰：「尸，神象也。天無象，何以尸爲？況丹朱之不肖耶！郊之有尸，配帝之尸耳。舜郊嚳，丹朱，嚳孫，益知丹朱爲帝嚳之尸，非天尸矣。《周禮》大祝『大禋祀，逆尸』，即配尸也。或援以證上帝有尸，誤。《鳧鷖》箋以『公尸來燕來處』爲天地之尸，是鄭君義亦與許君同。」

類祭

《異義》：「《今尚書》夏侯、歐陽說，類，祭天名也。以事類祭之奈何？蒙案：「奈何」上當重「以事類祭之」五字。天位在南方，就南郊祭之是也。《御覽》五百二十七《郊類》。《古尚書》說，非時祭天謂之類，言以事類告也。肆類于上帝，時舜告攝，非常祭。」《御覽》五百二十五《禮儀部》。○以上亦見《禮記·王制》正義。許慎謹案：《周禮》郊天，無言類者，知類非常祭，從《古尚書》說。《禮記》十二《王制》正義云：「鄭氏無駁，與許同也。」○亦見《御覽·禮儀部》。

蒙案：《說文·示部》：「禷，以事類祭天。」亦用《今文尚書》說。鄭君《周禮·小宗伯》注云：「類者，依其正禮而爲之。」同許君義。《肆師》注云「依郊祀而爲之」，亦用《今尚書》說，蓋二說固不相悟也。

魯二至之日不祭天地

《五經異義》曰：「夏至，天子親祀方澤。侍中騎都尉賈逵說曰：『魯無圜丘、方澤之祭者，周兼用六代禮樂，魯下周，用四代，①其祭天之禮亦宜損於周。故二至之日，不祭天地也。』」《御覽》五百二十五《禮儀部》。

蒙案：鄭君謂周郊以寅月，魯郊日以至，以建子月。注《郊特牲》云：「三王之郊，一用夏正。魯以無祭天於圜丘之事，是以建子之月郊天，示先有事也。」注《大司樂》「冬日至圜丘之祭」以爲禘其祖之

---

① 「下周」二字原無，今據《清經解》本補。

所自出，皆與賈侍中説不同。

卜郊

《五經異義》曰：「《春秋公羊》説，禮，郊及日皆不卜，常以正月上丁也。魯於天子並事變禮，今成王命魯使卜，從乃郊，不從即已下天子也。魯以上辛郊，不敢與天子同也。」《御覽》五百二十七《禮儀部》。

蒙案：《春秋》、《禮記》皆以郊用上辛，惟《尚書·召誥》「三月丁巳用牲于郊」，《公羊》説謂郊以正月上丁，蓋據此。周三月，夏正月也。亦見《南齊書·禮志》顧憲之議。

《異義》：古《詩》毛説以龍旂承祀爲郊祀。《毛詩·閟宮》正義。

《駁異義》引《明堂位》云：「孟春正月，乘大路，祀帝於郊。」又云：「魯用孟春建子之月，則與天子不同明矣。魯數失禮，牲數有災，不吉，則改卜後月。」《禮記》二《曲禮上》正義。

孔廣林曰：「《詩·閟宮》正義云：『《明堂位》：「魯君孟春乘大路，載弧韣，旂十有二旒，日月之章，祀帝於郊，配以后稷，天子之禮也。」彼祀天之旂建日月之章，明此龍旂是宗廟之祭。古《毛詩》説非鄭所從。』正義不引鄭《駁》，別爲此説，容許君本不從《毛詩》説，鄭故無駁與？然彼箋云：『成王以周公功大，命魯郊祭天，亦配之以君祖后稷。』是鄭亦據郊祀爲義，正義云非鄭所從，廣林惑焉。」

附《宋書》十六《禮志》：「大明二年，博士王燮之議：『案《郊特牲》曰：「受命於祖廟，作龜於禰宫。」鄭玄注：「受命，謂告之退而卜也。」則告義在郊，非爲告日。』尚書何偃議：『鄭玄注《禮記》，引《易説》三王之郊，一用夏正。《周禮》，凡國大事，多用正歲。《左傳》又啓蟄而郊。則鄭之此説，誠有據矣。衆家異議，或云三王各用其正郊天，此蓋曲學之辨，於禮無取。固知《穀梁》三春皆可郊之月，真所謂膚淺也。然用辛之説，莫不畢同。燮之以受命作龜，知告不在日，學之密也。』」

《南齊書》九《禮志》：「永明元年，尚書令王儉啓：『案《禮記·郊特牲》云：「郊之祭也，迎長日之至也，大報天而主日也。」《易説》：「三王之郊，一用夏正。」盧植云：「夏正在冬至後，《傳》曰啓蟄而郊，此之謂也。」然則圜丘與郊各自行，不相害也。鄭玄云：「建寅之月，晝夜分而日長矣。」王肅曰：「周以冬祭於圜丘，以正月又祭天以祈穀。」《祭法》稱「燔柴泰壇」，則圜丘也。《春秋傳》云「啓蟄而郊」，則祈穀也。謹尋《禮》、《傳》二文，各有其義，盧、王兩説，有若合符。』」

《南齊書》九《禮志》：「兼太常丞蔡仲熊議：『《鄭志》云：「正月上辛，祀后稷於南郊，還於明堂，以文王配。」故宋氏創立明堂，郊還即祭，是用《鄭志》之説也。蓋爲《志》者失，非玄意也。玄之言曰：「未審周明堂以何月，於《月令》則以季秋。」案玄註《月令》「季秋大饗帝」云「大饗，偏祭五帝」，又云「大饗於明堂，以文武配」。其時秋也，去啓蟄遠矣。又《周禮·大司樂》：「凡大祭祀，宿縣。」尋宿縣之旨，以日出行事故也。若日闇而後行事，則無假豫縣。果日出行事，何得方俟郊還？是則《周禮》不共日矣。』」○太尉從事中郎顧憲之議：「《春秋傳》以正月上辛郊祀，《禮記》亦云郊之用辛，《尚書》

獨云丁巳用牲于郊。先儒以爲先甲三日辛，後甲三日丁，可以接事天神之日。」

蒙案：《禮記・曲禮上》：「卜筮不過三。」鄭注：「求吉不過三。魯四卜郊，《春秋》譏之。」正義曰：「卜郊之事，或三或四或五。襄七年夏四月，『三卜郊，不從，乃免牲』。僖三十一年及襄十一年夏四月，『四卜郊，不從』。成十年夏四月，『五卜郊，不從』。三《傳》之説，參差不同。若《左氏》之説，魯郊常祀，不須卜可郊與否，但卜牲與日；唯周之三月爲之，不可在四月，雖一卜案：舊誤作「雖三卜」，考之《左傳正義》，當爲「一卜」。亦爲非禮。故僖三十一年《左傳》云：『禮不卜常祀。』是常祀不卜也。襄七年《左傳》云：『啓蟄而郊，郊而後耕。今既耕而卜郊，宜其不從也。』是用周之三月，不可至四月也。若《公羊》之義，所云卜者，皆爲卜日。故僖三十一年《公羊傳》云：『三卜，禮也。四卜，非禮也。』又成十七年《公羊傳》云：『郊用正月上辛。』何休云：『魯郊轉卜三正，三王之郊，一用夏正。』又定十五年《傳》：『三卜之運也。』何休云：『運，轉也。已卜春三正不吉，復轉卜夏三月周五月，得一吉，故五月郊。』如休之意，魯郊轉卜三正，假令春正月卜不吉，又卜殷正，殷正不吉，則用夏正郊天。若此三正之内，有凶不從，則得卜夏三月，但滿三吉日，則得爲郊。此《公羊》及何休之意也。《穀梁》之説，《春秋》卜者，皆卜日也。哀元年《穀梁傳》云：『郊，自正月至三月，郊之時也。我以十二月下辛卜正月上辛，如不從，則以正月下辛卜二月上辛。如不從，則以二月下辛卜三月上辛。如不從，則不郊。』如是，《穀梁》三正之月卜吉，則爲四月，五月則不可，與《公羊》之説同，與何休之意異。休以四月五月卜滿三吉，則可郊也。若鄭玄意，禮不當卜常祀，與《左氏》同。故鄭《箴膏肓》云：『當卜祀日月爾，不當卜可祀與否。』鄭又云：『以魯之郊天，惟用周正建子之月，牲數有災，不吉，改卜後月。故或用周之二月三月，故有啓蟄而郊，四月則不可。』故《駁異義》引《明堂位》云云。如鄭之言，則與《公羊》、《穀梁傳》卜三正不同也。此云『魯四卜郊，《春秋》譏之』，用《公羊》、《穀梁傳》，與《左氏》意違。」正義述三《傳》卜郊之義如此。然《公羊傳》定十五年何氏解詁云「得二吉，故五月郊」，《曲禮》正義引作「得一吉」，與徐疏本不同，疑正義所見本是。又《公羊》僖三十一年《傳》曰：「求吉之道三。」何氏云：「三卜，吉凶必有相倚者，可以決疑，故求吉必三卜。」又云：「三卜吉則用之，不吉則免牲。」是則三卜之中得一吉即可用。《公羊傳》及何注不言必滿三吉日，《曲禮》正義謂休以四月、五月卜滿三吉則可郊，蓋不然矣。《公羊》言三卜禮，四卜非禮，下亦言卜郊非禮也，與《左氏》説同，則三卜獨謂魯禮然耳。何休云成王命魯使郊以彰周公之德，非正與《異義》《公羊》説合，其言是也。《左氏》僖三十一年《傳》：「禮不卜常祀，而卜其牲日。牛卜日曰牲。牲成而卜郊，上怠慢也。」此鄭《箴膏肓》、《駁異義》所本。

又蒙案：《禮記·郊特牲》曰：「郊之用辛也，周之始郊日以至。」鄭注：「言日以周郊天之月而至，陽氣新用事，順之而用辛日。此說非也。郊天之月而日至，魯禮也。三王之郊，一用夏正，魯以無冬至祭天於圜丘之事，是以建子之月郊天，示先有事也。周衰禮廢，儒者見周禮盡在魯，因推魯禮以言周事。」《明堂位》注云：「魯之始郊日以至。帝，謂蒼帝靈威仰也。昊天上帝，魯不祭。」孔氏正義云：「王肅用董仲舒、劉向之説，以此爲周郊。」又引《聖證論》王肅難鄭云：「《郊特牲》曰『郊之祭，迎長日之至』，下云『周之始郊日以至』，玄以爲迎長日謂夏正也。郊天日以至，玄以爲冬至之日。說其長日至於上而妄爲之説，蒙案：上「説」字疑誤。又從其始郊日以至於下，非其義也。玄又云『周衰禮廢，儒者見周禮盡在魯，因推魯禮以言周事』，若儒者愚人也，則不能記斯禮也；苟其不愚，不得亂於周、魯也。以下難鄭圜丘及郊名禘之説，今不録。《郊特牲》云：『周之始郊日以至。』《周禮》云：『冬至祭天於圜丘。』知圜丘與郊是一也。言始郊者，冬至陽氣初動，天之始也。對啓蟄又將郊祀，「又」字舊誤作「及」，今更正。故言始。《孔子家語》云：『定公問孔子郊祀之事，孔子對之。』與此《郊特牲》文同，皆以爲天子郊祀之事。」正義又引《聖證論》馬昭申鄭云：「《易緯》云『三王之郊，一用夏正』，則周天子不用至日郊也。夏正月陽氣始升，日者陽氣之主，日長而陽氣盛，故祭其始升而迎其盛，《月令》『天子正月迎春』是也。若冬至祭天，陰氣始盛，祭陰迎陽，豈爲理乎？《周禮》云『冬至日，祭天於地上之圜丘』，不言郊，則非祭郊也。言凡地上之丘皆爲祭焉，無常處，故不言郊。《周官》之制，祭天圜丘，其禮，王服大裘而冕，乘玉路，建大常。《明堂位》云魯君以孟春祀帝於郊，服衮服，素車，龍旂。衣服車旂皆自不同，何得以諸侯之郊説天子圜丘？言始郊者，魯以轉卜三正，以建子之月爲始，故稱始也。又《禮記》云魯君臣未嘗相弑，禮俗未嘗相變，而弑三君；季氏舞八佾，旅於泰山；婦人髽而相弔。儒者此記豈非亂乎？據此諸文，故以郊丘爲别，冬至之郊特爲魯禮。」正義又引張融謹案：郊與圜丘是一。又引《韓詩》説三王各正其郊，與王肅同。案：謂各用其正郊天。又魯以轉卜三正，王與鄭玄同。《周禮》圜丘服大裘，此及《家語》服衮冕。《家語》又云：「臨燔柴，脱衮冕，著大裘，象天。」臨燔柴，輟祭，脱衮，著大裘，象天，恭敬之義。既自不通，是張融以《家語》及此經郊祭並爲魯禮，與鄭玄同。融又云：「祀天神，率執事而卜日。圜丘既卜日，則不得正用冬至之日。」

壽祺謂：《周禮》郊丘之別，《郊特牲》正義據《大宗伯》、《典瑞》、《大司樂》及《祭法》之文，謂鄭以蒼璧、蒼犢、圜鍾之等爲祭圜丘所用，以四圭有邸、騂犢及奏黄鍾之等爲祭五帝及郊天所用，良是。魯之郊禮，諸説不同。今考《明堂位》「孟春祀帝於郊」，《雜記》孟獻子曰「正月日至，可以有事於上帝」，皆謂周正建子之月，此魯始賜郊之禮也。獻子欲以七月日至禘於祖，與郊天對月，故稱魯之始郊以爲比例。《春秋》魯郊轉卜三正無定月，此魯禮之變其舊也。《左氏傳》襄七年「夏，四月，三卜郊，不從。孟獻子曰：『夫郊祀后稷，以祈農事。是故啓蟄而郊，郊而後耕。』」謂周正建寅之月，此周禮也。魯郊轉卜三正，用周之春三月至四月則不可，正以周禮啓蟄而郊故也。是時魯既耕卜郊，過時非禮，故獻子稱周禮爲斷，以正其失，非《左傳》與《禮記》乖違，亦非魯有二郊也。杜預《釋例》謂：「《左傳》、《禮記》俱稱獻子，二文不同，必有一謬。《禮記》後人所録，《左傳》常得其真。」見《左傳》襄公七年正義。預又以魯唯有建寅郊天及龍見而雩。崔氏、皇氏用王肅之説，以魯冬至郊天，至建寅之月又郊以祈穀，皆考之不審。鄭康成之説魯唯一郊，不與天子郊天同月，轉卜三正，最爲得之。杜預、崔氏、皇氏説並見《禮記·郊特牲》正義。《郊特牲》正義曰：「《穀梁傳》：『魯以十二月下辛卜正月上辛。若不從，則以正月下辛卜二月上辛。若不從，則以二月下辛卜三月上辛，若不從則止。』《聖證論》馬昭引《穀梁傳》以答王肅之難，是魯一郊則止。或用建子之月，則此云日以至，及宣三年『正月郊牛之口傷』是也；或用建寅之月，則《左傳》云『郊祀后稷，以祈農事』是也。」此馬昭及孔穎達申鄭之説善矣，然猶未知《左傳》獻子之言爲以周禮正魯也。

六宗

《異義》：「今蒙案：《祭法》正義「今」下有「尚書」二字，當從之。歐陽、夏侯說：『六宗者，上不及天，下不及地，旁不及四時，蒙案：《祭法》正義作「四方」，當從之。居中央，恍惚無有神助，陰陽變化，有益於人，故郊祭之。』蒙案：《御覽》作「郊天並祭」。《古尚書》說：蒙案：《祭法》正義下有「賈逵等云」四字。『六宗，天地神之尊者，蒙案：此句亦見《路史》。謂天宗三，地宗三。天宗：日、月、星辰；蒙案：《祭法》正義作「北辰」，當從之。地宗：岱山、河、海。日、月爲陰陽宗，北辰爲星宗，岱爲山宗，河爲水宗，海爲澤宗。祀天則天文從祀，祀地則地理從祀。』《御覽·禮儀部七》引止此。謹案：夏侯、歐陽說云宗實一而有六，名實不相應。《春秋》『魯郊祭三望』，言郊天，日、月、星、河、海、岱，凡六宗。魯下天子，不祭日、月、星，但祭其分野星、其中蒙案：當作「國中」。山川，故言三望，六宗與《古尚書》說同。」

玄之聞也，《書》曰：「肆類于上帝，禋于六宗，偏于羣神。」此四物之類也，禋也，望也，偏也，所祭之神各異。六宗言禋，山川言望，則六宗無山川明矣。《周禮·大宗伯》曰：「以禋祀祀昊天上帝，以實柴祀日月星辰，以槱燎祀司中、司命、風師、雨師。」凡此所祭，皆天神也。《禮記・郊特牲》曰：「郊之祭也，迎長日之至也，大報天而主日也。兆於南郊，就陽位也。掃地而祭，於其質也。」《祭義》曰：「郊之祭，大報天而主日，配以月。」則郊祭《祭法》正義作「郊天」。并祭日月可知。其餘星也，辰也，司中，司命，風師，雨師，此之謂六宗亦自明矣。見《周禮・大宗伯》疏引全。○又見《禮記・月令》《祭法》正義，《御覽・禮儀部七》。

附《續漢書・祭祀志》劉昭注：「六宗之議，自伏生及後代，各有不同。晉武帝初，司馬紹統表駮之曰：

臣以爲帝在於類，則禋者非天。山川屬望，則海岱非宗。宗猶包山，則望何秩焉？伏與歆、逵失其義也。六合之間，非制典所及；六宗之數，非一位之名。陰陽之説，又非義也。并五緯以爲一，分文昌以爲二，箕、畢既屬於辰，風師、雨師復特爲位，玄之失也。安國案《祭法》爲宗，而除其天地於上，遺其四方於下，取其中以爲六宗。四時、寒暑、日、月、衆星并水旱，所宗者八，非但六也。《傳》曰：『山川之神，則水旱癘疫之災，於是乎禜之。日月星辰，則雪霜風雨之不時，於是乎禜之。』又曰：『龍見而雩。』如此，禜者，祀日月星辰山川之名；雩者，周人四月祭天求雨之稱也。雪霜之災，非夫禜之所禳；蒙案：「夫禜」二字疑「天宗」之誤。雩祭之禮，非正月之所祈。周人之後説有虞之典，故於學者未盡喻也。且類于上帝，即禮天也。望于山川，禜所及也。案《周禮》云，昊天上帝，日月星辰，司中司命，風師雨師，社稷五祀五嶽，山林川澤，四方百物。又曰：『兆五帝於四郊，四類四望亦如之。」無六宗之兆。《祭法》云祭天，祭地，祭時，祭寒暑日月星，祭水旱，祭四方，及山林川谷丘陵能出雲，爲風雨，見怪物，皆是。有天下者祭百神，非此族也，不在祀典，復無六宗之文。明六宗所禋，即《祭法》之所及，《周禮》之所祀，即《虞書》之所宗，不宜特復立六宗之祀也。《春官》大宗伯之職，『掌玉作六器，以禮天地四方：以蒼璧禮天，以黄琮禮地，以青圭禮東方，以赤璋禮南方，以白琥禮西方，以玄璜禮北方』。天宗，日月星辰寒暑之屬也；地宗，社稷五祀之屬也；四方之宗者，四時五帝之屬也。如此，則羣神咸秩而無廢，百禮徧修而不瀆，於理爲通。

幽州秀才張髦又上疏曰：

禋于六宗，祀祖考所尊者六也。何以言之？《周禮》及《禮記·王制》，天子將出，類於上帝，宜於社，造於禰。巡狩四方，勤諸侯，歸格於祖禰，用特。《堯典》亦曰：『肆類于上帝，禋于六宗，望于山川，徧于羣神，班瑞于羣后，肆覲東后。協時月正日，同律度量衡。』巡狩一歲以周，爾乃『格于藝祖，用特』。臣以《尚書》與《禮·王制》，同事一義，符契相合。禋于六宗，正謂祀祖考宗廟也。文祖之廟六宗，即三昭三穆也。若如十家之説，既各異義，上下違背，且没乎祖之禮。考之禮，考之祀典，尊卑失序。若但類于上帝，不禋祖禰而行，去時不告，歸何以格？以此推之，較然可知也。《禮記》曰：『夫政必本於天，殽以降命。命降於社之謂殽地，降於祖廟之謂仁義，降於山川之謂興作，降於五祀之謂制度。』又曰：『祭帝於郊，所以定天位也；祀社於國，所以列地利也；祭祖於廟，所以本仁也；山川所以儐鬼神也；五祀所以本事也。』又曰：『禮行於郊，而百神受職焉；禮行於社，而百貨可極焉；禮行於祖廟，而孝慈服焉；禮行於五祀，而正法則焉。故自郊、社、祖廟、五祀，義之修而禮之藏也。』凡此皆孔子所以祖述堯舜，紀三代之教，著在祀典。首尾相證，皆先天地，次祖宗，而後山川羣神耳。故《禮·祭法》曰：『七代之所更變者，禘郊宗祖。』明舜受終文祖之廟，察璇璣，考七政，審已天命之定，遂上郊廟，當義合《堯典》，則周公其人也。郊祀后稷以配天，宗祀文王於明堂以配上帝，是以四海之内各以其職來祭者也。居其位，攝其事，郊天地，供羣神之禮，巡狩天下而遺其祖宗，恐非有虞之志也。五嶽視三公，四瀆視諸侯，皆以案先儒之説，而以水旱風雨先五嶽四瀆，從祖考而次上帝，錯於肆類而亂祀典，臣以十一家皆非也。

太學博士吴商以爲：

禋之言煙也。三祭皆積柴而實牲體焉，以升煙而報陽，非祭宗廟之名也。鄭所以不從諸儒之説者，將欲據《周禮》禋祀皆天神也。日、月、星、辰、司中、司命、風師、雨師凡八，而日月並從郊，故其餘爲六宗也。以《書》『禋于六宗』，與《周禮》事相符，故據以爲説也。且文昌雖有大體，而星名異，其日不同，故隨事祭之。而言文昌七星，不得徧祭其第四第五，此爲不知周禮，復不知文昌之體，而又妄引爲司中、司命。箕、畢二星，既不係於辰，且同是隨事而祭之例，又無嫌於所係者。

范甯注《虞書》曰：『考觀衆議，各有説難。鄭氏證據最詳，是以附之。案六宗衆議，未知孰是。』

虞喜《別論》云：『地有五色，太社象之。總五爲一則成六，六爲地數。推案經句，闕無地祭，則祭地。』

臣昭曰：六宗紛紜，衆釋互起，竟無全通，亦難偏折。歷辨碩儒，終未挺正。康成見宗，是多附焉。盍各爾志，宣尼所許，顯其一説，亦何傷乎！竊以爲祭祀之敬，莫大天地，《虞典》首載，彌久彌盛，此宜學者各盡所求。臣昭謂虞喜以祭地，近得其實。而分彼五色，合爲六，又不通禋，更成疑昧。尋《虞書》所稱『肆類于上帝』，是祭天。天不言『天』而曰『上帝』，帝是天神之極，舉帝則天神斯盡，日月星辰從可知也。『禋于六宗』，是實祭地。地不言『地』而曰『六宗』，宗是地數之中，舉中足以該數，社稷等祀從可知也。天稱神上，地表數中，仰觀俯察，所以爲異。宗者，崇尊之稱，斯亦盡敬之謂也。禋也者，埋祭之言也，實瘞埋之異稱，非周禋之祭也。夫置字涉神，必以今之示，今之示即古之神，所以社稷諸字，莫不以神爲體。《虞書》不同，祀名斯隔。《周禮》改煙，音形兩異。《虞書》改土，正元祭義。此焉非疑，以爲可了，豈六置宗更爲旁祭乎？」

《晉書》十九《禮志》：「摯虞奏：『按舜受終，「類于上帝，禋于六宗，望于山川」，則六宗非上帝之神，又非山川之靈也。《周禮·肆師職》曰：「用牲于社宗。」《黨正職》曰：「春秋祭禜亦如之。」《肆師》之宗，與社並列，則班與社同也。《黨正》之宗，文不繫社，則神與社異也。周之命祀，莫重郊社，宗同於社，則貴神明矣。又《月令》孟冬祈年于天宗，則《周禮》祭禜，《月令》天宗，六宗之神也。魏景初二年，散騎常侍劉邵以爲萬物負陰而抱陽，冲氣以爲和，六宗者，太極冲和之氣，爲六氣之宗者也。《虞書》謂之六宗，《周書》謂之天宗。是時考論異同，而從其議。漢魏相仍，著爲貴祀。』」

蒙案：六宗之議，諸家聚訟，《異義》僅舉歐陽、大小夏侯與賈逵等説，今考《尚書大傳》、《漢書·王莽傳》、《續漢書·祭祀志》、《晉書·禮志》、《孔叢子》、梅頤本《尚書傳》、《通典》、《路史》諸所稱引，則有以爲天地四時者，伏生、馬融、崔靈恩也；以爲《易卦》六子之尊氣，水火雷風山澤者，孔光、王莽、劉歆、顔師古也；以爲《月令》「祈來年於天宗」，即六宗之神者，盧植、摯虞也；以爲《祭法》之祭時、寒暑、日、月、星、水旱者，《孔叢子》、僞孔安國、王肅也；以爲太極冲和之氣，六氣之宗者，劉邵也；以爲天宗、地宗、四方宗者，司馬彪也；以爲三昭三穆者，幽州秀才張髦也；以爲六爲地數，主祭地者，虞喜、劉昭也；以爲天皇大帝及五帝之神爲六宗者，後魏孝文帝、杜佑也；以爲六代帝王者，張迪也；以爲天宗、地宗、河宗、岱宗、幽宗、雩宗者，羅泌也。李郃、孟康則從歐陽、夏侯者也，范甯、張融、吴商則從鄭康成者也。蒙案：張融從鄭，見《周禮疏》。唯《尚書正義》、《周禮疏》皆謂魏明帝令王肅議六宗，肅取《家語》六宗，與《孔傳》同，而《晉書·禮志》謂王莽以《易》六子遂立六宗祠，魏明帝疑其事，以問肅，肅亦以爲《易》六子之卦，故不廢。此爲互異，疑《晉志》採肅説不詳耳。鄭《駁異義》所據乃《周禮》，未可以解《虞書》。又去日月而取星辰，未免分裂，既列星辰，不應更立司中、司命、風師、雨師之位，皆疑莫能明也。

三望

鄭《駁異義》云：「昔者，楚昭王曰：『不穀雖不德，河非所獲罪。』言境内所不及則不祭也。魯則徐州地，《禹貢》：『海、岱及淮惟徐州。』以昭王之言，魯之境内亦不及河，則所望者海也、岱也、淮也，是之謂三望。」《毛詩·閟宫》正義。

鄭君曰：「望者，祭山川之名也。謂海也、岱也、淮也。非其疆界則不祭。《禹貢》曰：『海、岱及淮惟徐州。』徐，魯地。」見《穀梁傳》僖三十一年集解。

鄭玄以爲，望者，祭山川之名。諸侯之祭山川，在其地則祭之，非其地則不祭，且魯竟不及於河。《禹貢》「海、岱及淮惟徐州」，徐即魯地。三望，謂淮、海、岱也。見《左傳》僖三十一年正義引，不言出《駁異義》，今以《毛詩·閟宫》正義、《穀梁》僖三十一年集解所引定之。

蒙案：山川之祭，周禮四望，魯禮三望，其餘諸侯祀竟内山川，蓋無定數。《漢書·郊祀志》王莽引《周官》「大合樂祀四望」，釋之曰：「四望，謂日、月、星、海也。三光高而不可得親，海廣大無限界，故其樂同。祀天則天文從，祭墬則墬理從。三光，天文也；山川，地理也。」鄭司農注《周官·大宗伯》云「四望，日、月、星、海」，與《漢志》同，蓋古《周禮》説也。鄭司農注《小宗伯》又云「四望，道氣出入」，與前説異。鄭康成注《周官》云：「四望，五嶽、四鎮、四瀆。」《公羊》僖三十一年《傳》：「天子有方望之事，無所不通。」何休云：「方望，謂郊時所望祭四方羣神、日月星辰、風師、雨師、五嶽、四瀆及餘山川，凡三十六所。」案《尚書》曰「望于山川」，則望不得有日月星辰天神之屬。《周官》祀四望之下每別言祀山川，則四望不得及餘山川。先鄭與何休説皆非也，後鄭得之。望者，祭山川之名。山川之大者，莫如五嶽、四瀆。《禮記・王制》曰：「五嶽視三公，四瀆視諸侯。」望祭山川，豈可舍此？有五嶽、四瀆等，則四望非限以四事，乃謂四方之望也，《公羊傳》言「方望無所不通」是也。《王制》又曰：「諸侯祭名山大川之在其地者。」《祭法》曰：「有天下者祭百神。諸侯在其地則祭之，亡其地則不祭。」《公羊傳》曰：「諸侯山川有不在其封内者，則不祭也。」説並同。《公羊傳》又曰：「三望者何？望祭也。然則曷祭？祭太山、河、海。」何休云：「郊、望非一，獨祭三者，魯郊非禮，故獨祭其大者。」此《公羊》説以河、海、岱爲三望也。《左氏傳》曰：「望，郊之細也。」正義云：「賈逵、服虔以爲三望，分野之星、國之山川。」《穀梁》僖三十一年疏引賈逵説，《周禮・小宗伯》疏引服虔説，皆作「國中山川」。《周禮・大宗伯》疏引許氏《異義》謹案云：「《春秋》『魯郊祭三望』，言郊天，日、月、星、河、海、岱，凡六宗。魯下天子，不祭日月星，但祭其分野星、國中山川，故言三望。」此《左氏》説以國之分星及山川三者爲三望也。分星不涉於望，河又魯竟所不及，説者咸失其義。康成《駮異義》獨據《禹貢》「海、岱及淮惟徐州」，謂魯即徐地，而以淮易河。考《職方氏》，周無徐州，徐入於青，魯地，兼跨兖、徐。《尚書・費誓》言：「徂兹淮夷，徐戎並興。」《詩・魯頌》言：「泰山巖巖，魯邦所瞻。」又曰：「遂荒大東，至於海邦，淮夷來同。」又曰：「遂荒徐宅，至於海邦，淮夷蠻貊。及彼南夷，莫不率從。」《漢書・地理志》云：「魯地，奎、婁之分壄也。

東至東海，南有泗水，至淮，得臨淮之下相、僮、取慮，皆魯分也。」康成本此，其義審矣。知其餘諸侯祀竟内山川無定數者，五經自魯外，他國無三望之稱。《爾雅》曰：「梁山，晉望也。」《禮器》曰：「晉人將有事於河，必先有事於惡池。齊人將有事於泰山，必先有事於配林。」《左氏傳》昭七年，晉韓宣子曰：「並走羣望。」昭十三年，楚共王大有事於羣望。哀六年，楚昭王曰：「三代命祀，祭不越望。江、漢、睢、漳，楚之望也。」由此言之，他國諸侯之望不必限以三明矣。賈、許、服等亦知河非魯竟，故不從《公羊》説，然不察三望之名爲魯所專，而欲通於諸侯之制，故以分野星强配其數。《左傳正義》因云天子四望，諸侯三望，失之矣。

社神

《異義》：「今《孝經説》曰：『社者，土地之主，土地廣博，不可徧敬，封五土以爲社。』①古《左氏》説，共工氏有子曰句龍，爲后土，后土爲社。」許君謹案亦曰：「《春秋》稱公社，今人謂社神爲社公，故知社是上公，非地祇。」

駁云：「社祭土而主陰氣，蒙案：句首當脱「郊特牲云」四字。又云社者神地之道。謂社神但言上公，失之矣。今人亦謂雷曰雷公，天曰天公，豈上公也！」《禮記》二十五《郊特牲》正義。

---

①「土」，原誤作「主」，今據《清經解》本改。

《左氏》説社稷惟祭句龍，后稷人神而已。《孝經説》社爲土神，稷爲穀神，句龍、后稷配食者。見《尚書・召誥》正義，不言出《異義》，案其文稱《左氏》説，是據許書也。

《駁異義》：「社者，五土之神，能生萬物者，以古之有大功者配之。」《毛詩・甫田》正義。

《駁異義》引《大司徒》「五地之物」云：「此五土地者，吐生萬物，養鳥獸草木之類，皆爲民利，有貢税之法。王者秋祭之，以報其功。」見《毛詩・甫田》正義。○正義不列五地之物，省文。鄭所引當有「一曰山林二曰川澤三曰丘陵四曰墳衍五曰原隰」二十字。

蒙案：《白虎通・社稷》篇曰：「王者所以有社稷何？爲天下求福報功。人非土不立，非穀不食。土地廣博，不可偏敬也；五穀衆多，不可一一而祭也。故封土立社，示有土也。稷，五穀之長，故立稷而祭之也。稷者，得陰陽中和之氣，而用尤多，故爲長也。」《周禮・大宗伯》疏引《孝經緯援神契》曰：①「社者，五土之總神。稷者，原隰之神。五穀稷爲長，五穀不可偏敬，故立稷以表名。」今案：《白虎通》及鄭《駁》皆用《孝經緯》也。《白虎通》又曰：「歲再祭之何？春求秋報之義也。故《月令》仲春之月，擇元日命民社。《援神契》曰：『仲秋獲禾，報社祭稷。』」蒙案：「仲秋」舊作「仲春」，誤。《白虎通》引《月令》以證春求，引《援神契》以證秋報。「獲」與「穫」古通。盧學士校本於引《月令》補「仲秋之月擇元日命民社」十字，於引《援神契》「穫禾」之上補「祈穀仲秋」四字，皆非也。考《毛詩》「《載芟》，春籍田而祈社稷也」，「《良耜》，秋報社稷

---

① 「援」，原誤作「稷」，今據《清經解》本改。

也」。《太平御覽》引《禮記·月令》：「仲春之月，擇元日，命民社。仲秋之月，擇元日，命民社。」《小雅·甫田》：「以社以方。」鄭箋云：「秋祭社與四方，爲五穀成熟，報其功也。」合之《援神契》所言，是秋亦社祭明矣，故《駮異義》亦云秋祭也。蒙案：《御覽》所引《禮記·月令》，疑是唐開元御定《月令》。

稷神

《異義》：「今《孝經説》：『稷者，五穀之長，穀衆多不可偏敬，故立稷而祭之。』古《左氏》説，列山氏之子曰柱，死，祀以爲稷，稷是田正，周棄亦爲稷，自商以來祀之。」許君謹案：「禮緣生及死，故社稷人事之。既祭稷穀，不得但以稷米祭稷，反自食。同《左氏》義。」

鄭駮之云：「《宗伯》以血祭祭社稷、五祀、五嶽。社稷之神若是句龍、柱、棄，不得先五嶽而食。」又引《司徒》五土名。蒙案：此引《司徒》五土名，當有全文，正義略。《毛詩·甫田》正義稱《駮異義》引《大司徒》五土之物，下有此「五土地者」云云三十四字，審文義，當在此。 又引《大司樂》五變而致介物，及土示；土示，五土之總神，即謂社也。六樂於五地無原隰，而有土示，則土示與原隰同用樂也。引《詩·信南山》云：「昀昀原隰。」下云：「黍稷彧彧。」舊譌作「下之黍稷或云」六字。蒙案：《信南山》正義曰「獨舉原隰以爲言者，鄭《駮異義》引此詩以盡三章」云云，據此，是鄭引《詩》自「昀昀原隰」，下至

「黍稷彧彧」也，今更正此六字。其引《詩》三章不悉補，姑仍正義之舊。原隰生百穀，稷爲之長。然則稷者原隰之神，若達此義，不得以稷米祭稷爲難。《禮記》二十五《郊特牲》正義。○又《毛詩·信南山》正義。

《駁異義》云：「五變而致土祇，祇者，五土之總神謂社。」是以變原隰言土祇。《周禮·大司樂》疏。

蒙案：《周禮·大宗伯》疏引《鄭志》趙商問：「《春秋》昭二十九年《左傳》曰：『顓頊氏之子黎，爲祝融。共工氏有子曰句龍，爲后土。』《祭法》曰：『共工氏之霸九州也，其子曰后土，能平九州，故祀以爲社。』社即句龍。今云五官之神在四郊，其二祀合爲黎食火土者何？」案：此舉《周禮·大宗伯》注爲問。答曰：「黎爲祝融，句龍爲后土。《左氏》下言后土爲社，謂暫作后土，無有代者，《毛詩·甫田》正義引《鄭志》答趙商云：「后土爲社，謂轉作社神。」故先師之説，黎兼之，亦因火土俱位南方。」①《尚書·堯典》正義引鄭答趙商云：「先師以來，皆云火掌爲地，當云黎爲北正。」案此與《周禮疏》所引異，是鄭不以黎兼二祀爲定説也。《毛詩·甫田》正義引趙商問：「《郊特牲》社祭土而主陰氣。《大宗伯職》曰：『王大封則告后土。』注云：『后土，土神也。』若此之義，后土則社，社則后土，二者未知云何。敢問后土祭誰？社祭誰乎？」答曰：「句龍本后土，後遷之爲社。大封先告后土，玄注云『后土，土神』，不云『后土，社也』。」田瓊問：「《周禮》：『大封，先告后土。』註云：『后土，社也。』前答趙商曰：『當言后土，土

---

① 「南」，原誤作「商」，今據《清經解》本改。

神。言社，非也。』《檀弓》曰：『國亡大縣邑。』或曰：『君舉而哭於后土。』注云：『后土，社也。』《月令》：『仲春命民社。』注云：『社，后土。』《中庸》云：『郊社之禮，所以事上帝也。』注云：『社，祭地神。不言后土，省文。』此三者，皆當定之否？」答曰：「后土，土官之名也。死以爲社，社而祭之，故曰后土社。句龍爲后土，後轉爲社，故世人謂社爲后土，無可怪也。欲定者，定之亦可，不須。」是鄭以后土爲地之大名，或言土神，或言社，理皆可通也。

《禮記·郊特牲》正義云：「賈逵、馬融、王肅之徒，以社祭句龍，稷祭后稷，皆人鬼也，非地神。故《聖證論》王肅難鄭云：『《禮運》云：「祀帝於郊，所以定天位；祀社於國，所以列地利。」社若是地，應云定天位，甌寧萬中書世美曰：「『應云定天位』，『天』當作『地』。」而言列地利，故知社非地也。』爲鄭學者馬昭之等通之云：『天體無形，故須云定位。地有形，不須云定位，故唯云列地利。』肅又難鄭云：『祭天牛角繭栗而用特牲，祭社用牛角尺而用大牢。又祭天地大裘衮冕，祭社稷絺冕，又唯天子令庶民祭社，社若是地神，豈庶民得祭地乎？』爲鄭學者通之云：『以天神至尊而簡質事之，故牛角繭栗而用特牲，服著大裘。天地至尊，天子至貴，社稷是地之別體，有功於人，報其載養之功，故用大牢，貶降於天，故角尺也。祭用絺冕，取其陰類。庶人蒙其社功，故亦祭之，非是方澤神州之地也。』肅又難鄭云：『《召誥》用牲于郊牛二，明后稷配天，故知牛二也。』又云：『「社于新邑，牛一、羊一、豕一」，明知唯祭句龍，更無配祭之人。』爲鄭學者通之云：『是后稷與天，尊卑既別，不敢同天牲。句龍是上公之神，社是地祇之別，尊卑不甚懸絶，故云配同牲也。』肅又難鄭云：『后稷配天，《孝經》有配天明文，后稷不稱天也。《祭法》及昭二十九年《傳》云：「句龍能平水土，故祀以爲社。」不云祀以配社，明知社即句龍也。』爲鄭學者通之云：『后稷非能與天同功，唯尊祖配之，故云不得稱天。句龍與社同功，故得云祀以爲社，而得稱社也。』肅又難云：『《春秋》説伐鼓於社責上公，不云責地祇，明社是上公也。又《月令》「命民社」鄭注云：「社，后土也。」《孝經》注云：「后稷，土也。句龍爲后土。」鄭記云「社，后土，則句龍也」。是鄭自相違反。』爲鄭學者通之云：『伐鼓責上公者，以日食，臣侵君之象，故以責上公言之。句龍爲后土之官，其地神亦名后土，故《左傳》云：「君戴皇天而履后土。」地稱后土，與句龍稱后土名同而實異也。鄭注云「后土」者，謂土神也，非謂句龍也。故《中庸》云：「郊社之禮。」注云：「社，祭地神。」又《鼓人》云：「以靈鼓鼓社祭。」注云：「社祭，祭地祇也。」是社爲地祇也。』」

《續漢書·祭祀志下》劉昭注：「《禮·郊特牲》曰：『社祭土而主陰氣也。』王肅注曰：『五行之主也，能吐生百穀者也。』馬昭曰：『列爲五官，直一行之名耳，自不專主陰氣。陰氣地可以爲之主，曰五行之主也；若社則爲五行之主，何復主社稷五祀乎？土自列爲五祀，社亦自復有祀，不得同也。』昭又曰：『土地同也，焉得有二。《書》曰：禹敷土。又曰：句龍能平九土。九土，九州之土。地官是五行土官之名耳。』」

劉注又引：「荀彧問仲長統以社所祭者何神也？統答所祭者土神也。侍中鄧義以爲不然而難之，或令統答焉。統答義曰：

難曰：社祭土，主陰氣，正所謂句龍土行之官，爲社則主陰明矣，不與《記》說有違錯也？答曰：今《記》之言社，輒與郊連，體有本末，辭有上下，謂之不錯不可得。《禮運》曰：『政必本於天，殽以降命，命降於社之謂殽地，①參於天地，並於鬼神。』又曰：『祭帝於郊，所以定天位也；祀社於國，所以列地利也。』《郊特牲》曰：『社所以神地之道也。地載萬物，天垂象。取財於地，取法於天，是以尊天而親地。家主中霤，國主社，示本也。』相此之類，元尚不道配食者也。主以爲句龍，無乃失與？

難曰：信如此，所言土尊，故以爲首，在於上宗伯之體，所當列上下之敘。上句當言天神、地祇、人鬼，何反先人而後地？上文如此，至下何以獨不可，而非社非句龍，當爲地哉？答曰：此形成著體，數從上來之次言之耳，豈足據使從人鬼之例耶？三科之祭，各指其體。今獨擿出社稷，以爲但句龍有烈山氏之子，恐非其本意也。案《記》言社土，而云何得不爲句龍，則《傳》雖言祀句龍爲社，亦何嫌，反獨不可謂之配食乎？《祭法》曰：『周人禘嚳，郊稷，祖文王，宗武王。』皆以爲配食者，若復可須，謂之不祭天乎？備讀《傳》者則真土，獨據《記》者則疑句龍，未若交錯參伍，致其義以相成之爲善也。

難曰：再特于郊牛者，后稷配故也。『社于新邑，牛一羊一豕一。』所以用二牲者，立社位祀句龍，

①「地」，原本及《清經解》本均誤作「也」，今據《禮記·禮運》、《後漢書·祭祀志》改。

緣人事之也。如此，非祀地明矣。以宫室新成，故立社耳。又曰『軍行載社』者，當行賞罰，明不自專，故告祖而行賞，造社而行戮。二主明皆人鬼，人鬼故以告之。必若所云，當言載地主於齋車，又當言用命賞于天，不用命戮于地，非其謂也。所以有死社稷之義者，凡賜命受國，造建宫室，無不立社。是奉言所受，不可棄捐苟免而去，當死之也。易句龍爲其社，傳有見文；今欲易神之相，令記附食，宜明其徵。祀國大事，不可不重。據經依傳，庶無咎悔。答曰：郊特牲者，天至尊，無物以稱專誠，而社稷太牢者，土於天爲卑，緣人事以牢祭也。社禮今亡，并特之義未可得明也。昭告之文，皆於天地，何獨人鬼？此言則未敢取者也。郊社之次，天地之序矣。今使句龍載冒其名，耦文於天，以度言之，不可謂安矣。土者，人所依以國而最近者也。故立以爲守祀，居則事之以時，軍則告之以行戮，自順義也。何爲當平於社，不言用命賞於天乎？帝王兩儀之參，宇中之莫尊者也。而盛一官之臣，以爲土之貴神，置之宗廟之上，接之郊禘之次，俾守之者有死無失，何聖人制法之參差，用禮之偏頗？其列在先王人臣之位，其於四官，爵侔班同，比之司徒，於數居二。縱復令王者不同，禮儀相變，或有尊之，則不過當。若五卿之與冢宰，此坐之上下，行之先後耳。不得同祖與社，言俱坐處尊位也。《周禮》爲禮之經，而《禮記》爲禮之傳，案經傳求索見文，在於此矣。鈞之兩者，未知孰是。去本神而不祭，與貶句龍爲土配，比其輕重，何謂爲甚？經有條例，記有明義，先儒未能正，不可稱是。鈞枚典籍，論本考始，矯前易故，不從常説，不可謂非。孟軻曰：『予豈好辯哉？予豈得已哉！』鄭司農之正，此之謂也。」

《晉書》十九《禮志》：「車騎司馬傅咸表曰：『《祭法》王社、太社，各有其義。天子尊事宗廟，故冕而躬畊。躬耕也者，所以重孝享之粢盛。親耕故自報，自爲立社者，爲籍田而報者也。國以人爲本，人以穀爲命，故又爲百姓立社而祈報焉。事異報殊，此社之所以有二也。王景侯之論王社，亦謂春祈籍田，秋而報之也。其論太社，則曰王者布下境内，爲百姓立之，謂之太社，不自立之於京都也。景侯此論據《祭法》「大夫以下成羣立社，曰置社」。景侯解曰「今之里社是也」。景侯解《祭法》，則以置社爲人間之社矣。而别論復以太社爲人間之社，未曉此旨也。太社，天子爲百姓而祀，故稱天子社。《郊特牲》曰：「天子太社，必受霜露風雨。」以羣姓之衆，王者通爲立社，故稱太社也。若夫置社，其數不一，蓋以里所爲名，《左氏傳》盟於清丘之社，是衆庶之社，既已不稱太矣，若復不立之京師，當安所立乎！《祭法》又曰：王爲羣姓立七祀，王自爲立七祀。言自爲者，自爲而祀也；爲羣姓者，爲羣姓而祀也。按祭，五祀國之大祀，七者小祀。《周禮》所云祭凡小祀，則墨冕之屬也。景侯解大厲曰「如周社，鬼有所歸，乃不爲厲」。今云無二社者稱景侯，《祭法》不謂無二，則曰「口傳無其文也」。夫以景侯之明，擬議而後爲解，而欲以口論除明文，如此非但二社當見思惟，景侯之解亦未易除也。前被勑，《尚書·召誥》乃社于新邑，惟一太牢，不二社之明義也。按《郊特牲》曰社稷太牢，必援一牢之文以明社之無二，明稷無牲矣。說者曰：舉社則稷可知。苟可舉社以明稷，何獨不舉一以明二？國之大事，在祀與戎。若有二而除之，不若過而存之。況存之有義，而除之無據乎？』」○時成粲議稱景侯論太社不立京都，欲破鄭氏學。咸重表以爲：「如《祭法》之論，景侯之解文以此壞。《大雅》云『乃立冢土』，毛公解曰：『冢土，大社也。』景侯解《詩》，即用此說。《禹貢》『惟土五色』，景侯解曰：『王者取五色土爲太社，封四方諸侯，各割其方色土者覆四方也。』①如此，太社復爲立京都也。不知此論從何而出，而與解乖，上違經記明文，下壞景侯之解。」○其後摯虞奏，以爲：「臣按《祭法》『王爲羣姓立社曰太社，王自爲立社曰王社』，《周禮》大司徒『設其社稷之壝』，又曰『以血祭祭社稷』，則太社也。又曰『封人掌設王之社壝』，又有軍旅宜乎社，則王社也。太社爲羣姓祈報，祈報有時，主不可廢。故凡被社釁鼓，②主奉以從是也。此皆二社之明文，前代之所尊。以《尚書·召誥》社于新邑三牲各文，《詩》稱『乃立冢土』，無兩社之文，故廢帝社，唯立太社。《詩》、《書》所稱，各指一事，又皆在公旦制作之前，未可以易《周禮》之明典、《祭法》之正義。」

《通典·禮五》：「説曰：《周禮》以血祭祭社稷、五祀、五嶽，樂用靈鼓。大喪，三年不祭，唯天地社稷，爲越紼而行事。若句龍、周棄爲社稷，則不得先五嶽而埋血也，以人鬼雖用血而不埋。且人鬼之道，不用靈鼓，不得越紼而祭也。」

社木

鄭《駁異義》引《州長職》曰：「以歲時祭祀州社，是二千五百家爲社也。」又云：

---

① 「土」，原本及《清經解》本均誤作「王」，今據《晋書·禮志》改。

② 「被」，原本及《清經解》本均誤作「被」，今據《晋書·禮志》改。

「有國及治民之大夫，乃有社稷。」又引《大司徒職》云：「樹之田主，各以其野之宜木，遂以名其社與其野。」《禮記》四十九《祭法》正義。

蒙案：《說文》第一《示》篇曰：「社，地主也。《春秋傳》曰共工之子句龍爲社神。《周禮》：二十五家爲社，各樹其土所宜之木。𥘵，古文社。」是許从《左氏》說也。《說文》以《周禮》二十五家爲社，《異義》當同此說，故鄭《駁》引《州長》之州社是二千五百家爲社以破之。然此謂天子、諸侯之大社、國社也，卿大夫以下則不然。故《郊特牲》云：「惟爲社事，單出里。」鄭注：「單出里者，皆往祭社於都鄙，二十五家爲里。」正義云：「案《祭法》云：『大夫以下，成羣立社曰置社。』注云：『大夫不得特立社，與民族居，百家以上則共立一社，今時里社是也。』如鄭此言，則周之政法，百家以上得立社。其秦漢以來，雖非大夫，民二十五家以上則得立社，故云今之里社。又《鄭志》云：『《月令》命民社謂秦社也。』此鄭義也。」

附《續漢書·祭祀志下》引馬融《周禮注》曰：「社稷在右，宗廟在左。或曰，王者五社，太社在中門之外，惟松；東社八里，惟柏；西社九里，惟栗；南社七里，惟梓；北社六里，惟槐。」

《魏書》五十五《劉芳傳》：「芳以社稷無樹，上疏曰：

依《合朔儀注》：日有變，以朱絲爲繩，以繞係社樹三匝。而今無樹。又《周禮·司徒職》云：『設其社稷之壝，而樹之田主，各以其社之所宜木。』鄭玄注云：『所宜木，謂若松栢栗也。』此其一證也。又《小司徒》、《封人職》云：『掌設王之社壝，爲畿封而樹之。』鄭玄云：『不言稷者，王主於社，稷，社之細也。』此其二證也。又《論語》曰：『哀公問社於宰我，宰我對曰：夏后氏以松，殷人以栢，周人以栗。』是乃土地之所宜也。此其三證也。又《白虎通》云：『社稷所以有樹何也？尊而識之也，使民望即見敬之，又所以表功也。』案此正解所以有樹之義，了不論有之與無也。此其四證也。此云『社稷所以有樹何』，然則稷亦有樹明矣。又《五經通義》云：『天子太社、王社，諸侯國社、侯社。制度奈何？曰：社皆有垣無屋，樹其中以木，有木者土，主生萬物，萬物莫善於木，故樹木也。』此其五證也。此最其丁寧備解有樹之意也。又《五經要義》云：『社必樹之以木。《周禮·司徒職》曰：班社而樹之，各以土地所生。《尚書逸篇》曰：太社惟松，東社惟栢，南社惟梓，西社惟栗，北社惟槐。』此其六證也。此又太社及四方皆有樹別之明據也。又見諸家《禮圖》、《社稷圖》皆書爲樹，惟誠社、誡稷無樹。此其七證也。雖辨有樹之據，猶未正所植之木。按《論語》稱『夏后氏以松，殷人以栢，周人以栗』，便是世代不同。而《尚書逸篇》則云『太社惟松，東社惟栢，南社惟梓，西社惟栗，北社惟槐』，如此，便以一代之中，而五社各異也。」

禘祫

《異義》：「古《春秋左氏》説，古者先王日祭於祖考，月薦於曾高，時享及二祧，歲禱於壇，禘及郊宗石室。謹案：叔孫通宗廟有日祭之禮，知古而然也。三歲一祫，此周禮也；五歲一禘，疑先王之禮也。」《御覽》五百二十八《禮儀七》。○又「謹案」以下見《初學記》十三《禮部》，又《藝文類聚》三十八「知古」作「自古」。

《春秋左氏傳》曰：「歲祫及壇墠，終禘及郊宗石室。」許慎舊説曰：「終者，謂孝子三年喪終則禘于太廟，以致新死者也。」《通典·禮九·吉禘祫上》晉博士徐禪議。

鄭《駁異義》云：「三年一祫，五年一禘，百王通義。」以爲《禮讖》云「殷之五年殷祭」亦名禘也。《毛詩·長發》正義。○又《閟宮》、《玄鳥》正義，《禮記·王制》正義。

孔廣林曰：「《記》云：『虞而立尸，有几筵，卒哭而諱，生事畢而鬼事始已。』日祭祖考，漢之寢日上食也。是以人道事神明，不應禮制，故匡衡奏可亡修。且祭不欲數，數則煩，煩則不敬，故制月薦時享之禮。日就祭之，何以爲敬？何以云嚴？鄭《駁異義》不見，故補之。」

蒙案：《禮記》四十六《祭法》正義云：「此經祖禰月祭，《楚語》云『日祭祖禰』，非鄭義，故《異義》駁。」今鄭駁之文無可考矣。竊意《楚語》稱古者先王，乃夏殷禮也，《祭法》，鄭答趙商以爲周禮也。

又蒙案：《漢書·韋玄成傳》：「劉歆以爲禮，去事有殺，故《春秋外傳》曰：『日祭，月祀，時享，歲貢，終王。』祖禰則日祭，曾高則月祀，二祧則時享，壇墠則歲貢，大禘則終王。德盛而游廣，親親之殺也。」歆引《春秋外傳》者，《國語·周語》文。許氏《異義》稱古《春秋左氏》説，本於劉歆，據《國語》爲説也。《楚語》亦云：「古者先王日祭，月享，時類，歲祀。」韋昭注《周語》云：「日祭，祭於祖考，謂上食也。近漢亦然。月祀於曾高，時享於二祧，歲貢於壇墠。」此注皆與《左氏》説同，惟解「終王」不言「大禘」，疎矣。《通典》載晉徐禪引《春秋左氏傳》曰：「歲祫及壇墠，終禘及郊宗石室。」《左氏傳》無此文，《通典》載袁準、虞喜所引與此同，並作「《左氏》説」，然則「説」字譌爲「傳」耳。或以爲《左氏傳》佚文，則誤。《異義》言叔孫通宗廟有日祭之禮，韋昭亦云日祭謂上食，近漢亦然。今考《漢書・韋玄成傳》：「日祭於寢，月祭於廟，時祭於便殿。寢，日四上食；廟，歲二十五祠；便殿，歲四祠。」此謂在陵寢廟之禮。然晉灼注引《漢儀》：宗廟一歲十二祠。又每月一太牢，如閏，加一祠，與此十二爲二十五祠。則是陵廟本仿宗廟之禮行之，此可考見叔孫通所制漢儀之舊。

又蒙案：《藝文類聚》、《初學記》、《太平御覽》並引《五經異義》云：「三歲一祫，此周禮也。五歲一禘，疑先王之禮也。」此文有譌脱，當作「三歲一祫，五歲一禘，此周禮也。三歲一禘，疑先王之禮也」。《册府元龜・掌禮部・奏議十七》引此作「三年一禘」，《舊唐書・禮儀志》開元二十七年，太常議曰「《白虎通》及《五經通義》、許慎《異義》、何休《春秋》、賀循《祭議》並云三年一禘」，是其顯據。何以言之？《左氏》説言禘祫有二義。一説「歲祫及壇墠，終禘及郊宗石室」，《通典》載晉徐禪、虞喜、袁準引《左氏》説是也。徐禪引爲「《春秋左氏傳》」，乃「《左氏》説」之譌。喜引作「《左氏》説」，見《通典》建中八年裴樞議。一説祫即禘，《通典》載賈逵、劉歆曰禘、祫一祭二名，禮無差降，是也。然皆以禘爲三年一祭。《禮記・王制》正義引《左氏》説，禘爲三年大祭，在太祖之廟。《周禮・鬯人》疏引賈、服以爲三年終禘，遭烝嘗則行祭禮，是也；《禮緯》説則云三年一祫，五年一禘，《禮記・王制》正義、《毛詩・閟宫》正義及《後漢書・張純傳》

所引是也；許君從《禮緯》説，以三歲一祫爲周禮，則不得以五歲一禘非周禮。《説文》弟一上《示》篇：「禘，諦祭也，從示帝聲。《周禮》曰五歲一禘。」「祫，大合祭先祖，親疏遠近也，從示合聲，《周禮》曰三歲一祫。」叔重援用《禮》説，目爲周禮，其所撰《異義》，文雖殘闕不詳，要不得與《説文》乖違明矣。此一證也。《説文》既稱《周禮》曰五歲一禘，「祏」字解又曰「《周禮》有郊宗石室」，此據《周禮》説，而不據《左氏》説也。《異義》中必有引《周禮》説之文，而今佚矣。觀謹案言三年一祫可見。徐禪引許慎稱舊説曰：「終者，孝子三年喪終則禘於太廟，以致新死者。」此即《異義》所引《左氏》説也。《異義》謹案多從《左氏》，然獨於三歲一禘存疑，蓋其慎也。此二證也。歲祫終禘之説本於《周語》「歲貢終王」，而《周語》稱歲貢終王曰先王之訓也，故叔重疑三年終禘爲先王之禮，此三證也。許惟以先王三歲一禘，故鄭《駁》謂「三歲一祫，五歲一禘，百王通義」，又引《禮讖》云「殷之五年大祭亦名禘」以破之。若《異義》謂五歲之禘爲先王禮，則與《禮讖》正合，且以五歲之禘非周禮，則必以三歲之禘是周禮，鄭《駁》何爲不援《周禮》以攻其非，轉援殷禮以伐其是乎？此四證也。後人習見五歲一禘之文，而不審《左氏》説有三歲一禘之解，采綴異義，遂併誤三爲五，舛繆相仍，使學者無由考見許、鄭異同之恉，禘祫疎數之義，不可以不辨。

附《魏書》一百八之一《禮志》：①「高祖詔曰：

《禮記·祭法》稱：『有虞氏禘黃帝。』《大傳》曰『禘其祖之所自出』，又稱『不王不禘』。《論

---

①「之」，原誤作「十」，今據《清經解》本改。

語》曰：『禘自既灌。』《詩・頌》：『《長發》，大禘。』《爾雅》曰：『禘，大祭也。』夏殷四時祭：礿、禘、烝、嘗。周改禘爲祠。《祭義》稱『春禘、秋嘗』，亦夏殷祭也。《王制》稱：『犆礿、祫禘、祫嘗、祫烝。』其《禮》、《傳》之文如此。鄭玄解禘，天子祭圓丘曰禘，宗廟大祭亦曰禘。三年一祫，五年一禘。祫則合羣毀廟之主於太廟，合而祭之。禘則增及百官配食者，審諦而祭之。天子先禘祫而後時祭，諸侯先時祭而後禘祫。魯禮，三年喪畢而祫，明年而禘。圓丘、宗廟大祭俱稱禘，祭有兩禘明也。王肅解禘祫，稱天子、諸侯皆禘於宗廟，非祭天之祭。郊祀后稷，不稱禘，宗廟稱禘。禘、祫一名也，合而祭之故稱祫，審諦之故稱禘，非兩祭之名。三年一祫，五年一禘，總而互舉之，故稱五年再殷祭，不言一禘一祫，斷可知矣。禮文大略，諸儒之説，盡具於此。卿等便可議其是非。

游明根、郭祚、封琳、崔光等對曰：『鄭氏之義，禘者大祭之名。大祭圓丘謂之禘者，審諦五精星辰也；大祭宗廟謂之禘者，審諦其昭穆。圓丘常合不言祫，宗廟時合故言祫。斯則宗廟祫禘並行，圓丘一禘而已。宜於宗廟俱行禘祫之禮。二禮異，故名殊。依《禮》，春廢犆礿，於嘗於蒸則祫，不於三時皆行禘祫之禮。』

高閭、李韶、高遵等十三人對稱：『禘祭圓丘之禘與鄭義同，其宗廟禘祫之祭與王義同。與鄭義同者，以爲有虞禘黄帝，黄帝非虞在廟之帝，不在廟，非圓丘而何？又《大傳》稱禘其所自出之祖，又非在廟之文。《論》稱「禘自既灌」，似據。《爾雅》：「禘，大祭也。」《頌》「《長發》，大禘也」，殷王之祭。斯皆非諸侯之禮，諸侯無禘。禮惟夏殷，夏祭稱禘，又非宗廟之禘。魯行天子之禮，不敢專行圓丘之禘，改殷之禘，取其禘名於宗廟，因先有祫，遂生兩名。據王氏之義，祫而禘祭之，故言禘祫，總謂再殷祭，明不異也。禘、祫一名也。其禘祫止於一時，止於一時者，祭不欲數，數則黷。一歲而三禘，愚以爲過數。』

帝曰：『夫先王制禮，内緣人子之情，外協尊卑之序。故天子七廟，諸侯五廟，大夫三廟，數盡則毁，藏主於太祖之廟，三年而祫祭之。世盡則毁，以示有終之義；三年而祫，以申追遠之情。禘、祫既是一祭，分而兩之，事無所據。毁廟三年一祫，又有不盡四時，於禮爲闕。七廟四時常祭，祫則三年一祭，而又不究四時，於情爲簡。王以禘祫爲一祭，王義爲長。鄭以圓丘爲禘，與宗廟大祭同名，義亦爲當。今互取鄭、王二義。禘祫并爲一名，從王；禘是祭圓丘大祭之名，上下同用，從鄭。若以數則黷，五年一禘，改祫從禘。五年一禘，則四時盡禘，以稱今情。禘則依《禮》文，先禘而後時祭。』」

蒙案：禘祫之義，先儒聚訟。《漢書·韋玄成傳》：「劉歆以爲大禘則終王。」《太平御覽·禮儀七》引《五經異義》古《春秋左氏》説禘及郊宗石室，《通典》載晉博士徐禪議引《春秋左氏傳》曰：「歲祫及壇墠，終禘及郊宗石室。」許慎舊説曰：「終禘者，謂孝子三年喪終則禘於太廟，以致新死者也。」《通典》又引袁準、虞喜説同。《周禮·鬯人》疏引賈、服以爲三年終禘，遭烝嘗則行祭禮。此以歲祫終禘爲一説也。《通典·禮九》引賈逵、劉歆曰禘、祫一祭二名，禮無差降。《王制》正義云：「《左氏》説及杜元凱皆以禘爲三年一大祭，在太祖之廟，傳無祫文，然則祫即禘也，取其序昭穆謂之禘，取其合集羣祖謂之祫。」案：正義稱《左氏》説，則此文當亦出《五經異義》。《通典》引王肅曰：「《曾子問》唯祫于太祖，羣主皆從，而不言禘。臣以爲禘祫殷祭，羣主皆合，舉祫則禘可知也。《論語》孔子曰：『禘自既灌而往者，吾不欲觀之矣。』所以特言禘者，以禘大祭，故欲觀其成禮也。禘祫大祭，獨言禘，則祫亦可知也。」《王制》正義載王肅《論》引賈逵説：「吉禘於莊公，禘者，諦也，審諦昭穆遷主遞位，孫居王父之處。」又引《禘于太廟逸禮》：「其昭尸穆尸，其祝辭總稱孝子孝孫，則是父子並列。」《逸禮》又云：「皆升合於其祖。」所以劉歆、賈逵、鄭衆、馬融等皆以爲然。《穀梁》閔二年疏：「王肅、杜預之徒皆以二十五月除喪即得行禘祭。」此以禘祫爲一，禘是三年之祭，又一説也。見《王制》疏。《太平御覽》引《白虎通》曰：「禘之爲言諦也，序昭穆，諦父子也。祫者，合也，毁廟之主皆合食於太祖也。」《宋書·臧燾傳》引《白虎通》曰：「禘祫祭遷廟者，以其繼君之體，持其統而不絶也。」此以禘、祫分二祭，而皆及遷廟，又一説也。《後漢書·張純傳》：「建武二十六年，純奏：『《禮》，三年一祫，五年一禘。漢舊制三年一祫，毁廟主合食高廟，存廟主未嘗合祭。元始五年，諸王公列侯廟會，始爲禘祭。』」《續漢志》引此下云：「父爲昭，南嚮；子爲穆，北嚮。父子不並坐，而孫從王父。」李賢注：「元始五年春，祫祭明堂。今純及司馬彪《書》並云『禘祭』，蓋禘祫俱是大祭，名可通也。」又前十八年親幸長安，亦行此禮。李賢注引《續漢書》曰：「十八年，上幸長安，詔太常行禘禮於高廟，序昭穆。父爲昭，南向，子爲穆，北向也。」禮説三年一閏，天氣小備；五年再閏，天氣大備。故三年一祫，五年一禘。禘之爲言諦，諦定昭穆尊卑之義也。禘祭以夏四月，夏者陽氣在上，陰氣在下，故正尊卑之義也。祫祭以冬十月，冬者五穀成熟，物備禮成，故合聚飲食也。此以禘祫分三年五年而祫則止及毁廟，禘則總陳昭穆，又一說也。蒙案：前漢有祫無禘，其祭皆不及存廟。惟元始五年，祫祭明堂，是總祭遷廟、存廟之主于大廟，與舊制異，故班固《平帝本紀》以爲祫，張純以爲禘也。李賢注謂禘祫通名，尚未晰。《通典》引王肅議云：「漢光武時言祭禮，以禘者毀廟之主皆合於太祖，祫者惟未毀之主合而已矣。」此以禘及毀廟祫惟存廟，又一說也。《毛詩·閟宮》正義引《禘祫志》曰：「或云三年一禘，五年再禘。」此又一說也。《公羊》文二年《傳》：「五年而再殷祭。」何休解詁云：「殷，盛也。謂三年祫五年禘。禘所以異於祫者，功臣皆祭也。祫，猶合也。禘，猶諦也，審諦昭穆無所遺失。禮，天子特禘特祫；諸侯禘則不礿，祫則不嘗；大夫有賜於君，然後祫其高祖。」閔二年「吉禘於莊公」，何休云：「禮，禘祫從先君數，朝聘從今君數，三年喪畢，遭禘則禘，遭祫則祫。」此以禘及功臣而喪畢禘祫先後無定，又一說也。《通典》引徐邈曰：「禮五年再殷，凡六十月，中分，每三十月殷也。」邈又曰：「五年再殷，象再閏，無取三年喪也。祫三時皆可者，喪終則吉而祫，服終無常，故祫隨所遇，惟春不祫，故曰特礿，非殷祀常也。禮，大事有時日，故烝嘗以時，況祫之重無定月乎！」邈以前二後三，二祭相去各三十月，然禘在祫前則是三年而禘，祫在禘後則是五年而祫，故楊氏《穀梁疏》云禘既三年，祫則五年，此又一說也。《穀梁》楊氏疏云「或以爲禘祫同三年，但禘在夏，祫在秋，直時異耳」，此又一說也。

衆說不同，今以鄭學爲折衷。《毛詩·周頌》：「《雝》，禘太祖也。」鄭箋云：「禘，大祭也。大於四時，而小於祫。」《禮記·王制》曰：「天子犆礿，祫禘，祫嘗，祫烝。諸侯礿則不禘，禘則不嘗，嘗則不烝，烝則不礿。諸侯礿犆，禘一犆一祫，嘗祫，烝祫。」鄭注云：「天子、諸侯之喪畢，合先君之主於祖廟而祭之，謂之祫。後因以爲常。天子先祫而後時祭，諸侯先時祭而後祫。凡祫之歲，春一礿而已。不祫，以物無成者不殷祭。周改夏祭曰礿，以禘爲殷祭也。」「魯禮，三年喪畢而祫於太祖，明年春禘於羣廟。自爾之後，五年而再殷祭，一祫一禘。虞夏之制，諸侯歲朝，廢一時祭。」案：「魯禮」至「一祫一禘」，《周禮・大宗伯》注、《毛詩・玄鳥》箋並同。正義云：「《禮緯》云『三年一祫，五年一禘』，鄭云『百王通義』，則虞夏及殷，皆與周同，祫亦三年一爲也。皇氏取先儒之義，以爲虞夏祫祭，每年皆爲。又云『三年祫』者，謂夏秋冬。或一時得祫則爲之，不三時俱祫。然按鄭以夏殷三時俱殷祭，皇氏之説非也。」鄭君《魯禮禘祫志》曰：「《王制》記先王之法，祫爲大祭，祫於秋於夏於冬。周公制禮，祭不欲數。」以上《禘祫志》文，見《王制》正義。周改先王夏祭之名爲礿，故禘以夏。先王祫於三時，周人一焉，則宜以秋。以上見《閟宮》正義。禘則太王、王季以上遷主，祭於后稷之廟，其坐位與祫祭同。文武以下遷主，若穆之遷主，祭於文王之廟，文王居室之奧，東面。文王孫成王居文王之東而北面。以下穆王直至親盡之祖，以次繼而東，皆北面，而無昭主。若昭之遷主，祭於武王之廟，武王亦居室之奧，東面。其昭，孫康王亦居武王之東而南面。亦以次繼而東，直至親盡之祖，無穆主也。以上見《通典》。此鄭推周禮禘祫之法也。

《禘祫志》又曰：「魯莊公以其三十二年秋八月薨，閔二年五月而吉禘。此時，慶父使賊殺子般之後，閔公心懼於難，務自尊成，以厭其禍。至二年春，其間有閏。二十一月禫，除喪，夏四月則祫，又即以五月禘。比月大祭，故譏其速。譏其速者，明當異歲也。經獨言『吉禘于莊公』，閔公之服凡二十一月，於禮少四月，又不禫，無恩也。魯閔公二年秋八月，君薨。僖二年除喪而明年春禘。自此之後，乃五年再殷祭，六年祫，故八年經曰：『秋七月，禘于太廟，用致夫人。』然致夫人自魯禮，因禘事而致哀姜，故譏焉。魯僖公以其三十三年冬十二月薨，文三年秋八月祫。僖喪至此而除，間有閏，積二十一月，從閔除喪，不禫，故明月即祫。經云：『八月丁卯，大事于大廟，躋僖公。』僖公之服亦少四月。不刺者，有恩也。魯文公以其十六年春二月薨，宣二年除喪而祫，明年春禘。自此之後，五年而再殷祭，與僖爲之同。六年祫，故八年禘。經曰：『夏六月，辛巳，有事於太廟，仲遂卒於垂。』説者以爲，有事謂禘，爲仲遂卒張本，故略之言有事耳。魯昭公十一年夏五月，夫人歸氏薨。十三年夏五月大祥，七月而禫。公會劉子及諸侯于平丘，公不得志。八月歸，不及祫。冬，公如晉。明十四年春歸乃祫。故十五年春乃禘。經曰：『二月癸酉，有事于武宮。』《傳》曰：『禘于武公。』及二十五年《傳》『將禘于襄公』，此則十八年祫，二十年禘；二十三年祫，二十五年禘，於茲明矣。儒家之説禘祫也，通俗不同。或云歲祫終禘，或云三年一禘，五年再禘。」十六字據《閟宮》正義增，《閟宮》正義引「儒家」至此止。學者競傳其間，是用訩訩爭論從數百年來矣。竊念《春秋》者，書天子、諸侯中失之事，得禮則善，違禮則譏，可以發起是非，故據而述焉，從其禘祫之先後，考其疏數之所由，而粗記注焉。魯禮，三年之喪畢則祫於太祖，明年春禘於羣廟，僖也宣也八年皆有禘祫祭，則《公羊傳》所云五年而再殷祭，祫在六年明矣。《明堂位》曰：「魯，王禮也。」以相準況可知也，此鄭考校魯禮禘祫之期也。以上見《毛詩·玄鳥》正義、《禮記·王制》正義節引。

壽祺謹案：《周禮·大宗伯》：「以肆獻祼享先王，以饋食享先王。」鄭注：「宗廟之祭，肆獻祼、饋食，在時享之上，則是祫也，禘也。」《司尊彝》：「凡四時之追享朝享。」先鄭注：「追享，朝享，謂禘祫也。

在四時之間，故曰間祀。」據《大宗伯》、《司尊彝》皆於時享之外別此二祭，文義正同，則禘、祫不得爲一祭二名，亦不得有禘而無祫矣。後鄭以追享爲追祭遷廟之主，以事有所請禱，朝享謂朝受政於廟，非也。禘祫大祭，《周禮》不應舍此而舉他，其兩文或在時享之上，或在時享之下，不足爲異，當如先鄭解爲確。《周語》言歲貢終王，先王之訓也，則歲祫終禘非周禮矣。《禮緯》、《春秋説》皆云三年一祫，五年一禘，《禮緯》見《毛詩·閟宫》、《禮記·王制》正義及《説文》第一《示》篇，《春秋説》見《公羊》文二年徐氏疏。張純、何休、許氏《説文》、孫炎《爾雅注》並從之。純引禮説，以爲法天道三歲一閏，五歲再閏，其義甚精，則不得專以禘爲三年之祭矣。《通典》引《逸禮》祫祭七尸，《禘于太廟之禮》云：「毁廟之主升合食而立二尸。」《韓詩内傳》云：「禘取毁廟之主皆升合食于太祖。」據《禘祫志》所次主位，是后稷廟中后稷尸一，昭穆尸各一；文王廟中文王尸一，穆尸共一；武王廟中，武王尸一，昭尸共一。《韓詩内傳》所言太祖謂后稷廟也，則禘不及親廟矣。《春秋》文二年：「八月丁卯，大事於太廟。」《公羊傳》曰：「大事者何？大祫也。大祫者何？合祭也。其合祭奈何？毁廟之主，陳于大祖。未毁廟之主，皆升合食于大祖，五年而再殷祭。」《漢書》韋玄成議引此《傳》而釋之曰「言一禘一祫也」。《曾子問》孔子曰：「當七廟五廟無虚主。祫祭於祖，則祝迎四廟之主。」《詩·周頌》：「《雝》，禘大祖也。」其詞曰「假哉皇考」，曰「既右烈考，亦右文母」而已。《春秋》唯大祫稱大事，禘稱有事，又直云禘于某公，《公羊》言合食惟大祫，《曾子問》言無虚主唯祫祭，《詩》言禘惟頌文武，《周禮·酒正》祫備五齊，禘惟四齊，則祫大禘小，祫兼毁廟未毁廟，禘不得總陳昭穆矣。《周禮》言祭於大烝，《周書》言登於明堂，則禘祫皆功臣與祭矣。喪畢之禘出劉歆等《左氏》説，何休《公羊》説亦云，而一以爲三年即禘，一以遭禘則禘，鄭以《春秋》校之，定爲喪畢先祫後禘，其精密實勝諸家。《通典》載高堂隆曰：「喪以奇年畢則祫亦常在奇年，偶年畢則祫亦常在偶年。」晉博士陳舒表曰：「三歲一閏，五年祭，八年又殷，兩頭如四，實不盈三。又十一年殷，十四年殷，凡間含二，則十年四殷，與禮五年再殷合。」曹述初云：「三年之喪，其實二十五月，則五年何必六十月。禮，天子特礿，三時皆祫。禘祫雖有定年，而文無定月。」杜佑曰：「殷間歲間偶如虞夏。周制，天子、諸侯三年喪畢，禫祭之後，乃祫於太祖，來年春禘於羣廟。爾後五年再殷祭，一禘一祫，所以喪畢有此禘祫者，爲後再殷之祭本也。喪畢之祫，祫之本；明年之禘，禘之本。故從此後各自數，每至三年，則各爲之，故得五年再殷祭。因以法五歲再閏，天道大成也。」此皆申明鄭氏之恉也。其禘祫之月，《詩·閟宫》毛傳云：「諸侯夏禘則不祫，秋祫則不嘗，惟天子兼之。」《通典》引崔靈恩云：「禘以夏者，以審諦昭穆，序别尊卑，夏時陽在上，陰在下，尊卑有序，故大次第而祭之，故禘者諦也，第也。祫以秋者，以合聚羣主，其禮最大，必秋時萬物成熟，大合而祭之，祫者，合也。」鄭同毛義。張純謂祫以冬，然皆取萬物成熟之時，其意一也。《周頌·雝》正義云：「此禘，毛以春，鄭以夏，不同。」今考傳、箋本無此説，正義以臆測之，不足據。陸氏《毛詩音義》於《玄鳥》箋附載「一本，祫於大祖之上」，更有「禘於其廟」四字。陸云前祫後禘是前本，兩禘夾一祫是後本，《商頌》正義亦舉此本，以爲文誤，且辨《禮》注及《志》皆無此言，則箋不當獨有。案：《商頌》正義及《釋文》是也。《商頌》正義所云《禮》注及《志》，謂《周禮·大宗伯》注、《禮記·王制》注、《禘祫志》，皆與《玄鳥》箋同，今俗本《毛詩·玄鳥》箋乃有此文，與正義乖。又《王制》正義據鄭箋謁本更有「禘於其廟」之文，謂練時遷主，新死者當禘於其廟，引《鬯人》「廟用修」注「謂始禘時」爲證，蓋《五經正義》非成於一手，故不相應。《周禮·鬯人》疏亦以練後遷廟而祭新主解始禘，引《穀梁傳》「於練焉壞廟」爲證，誤與《王制》正義同，不知練後大祥、禫之祭皆非吉祭，惡得有禘？經傳及注從無此言，而疏家誤據譌本以誣康成，後儒復不察而横加詆諆，繆妄甚矣。

宗廟卜日

《五經異義》曰：「今《春秋公羊》説，宗廟筮而不卜。《傳》曰禘祫不卜。《御覽》五百二十八《禮儀部》。古《周禮》説，《大宗伯》曰：『凡祀大神，享大鬼，祭大祇，率執事而卜日。』大鬼謂先王也。」《御覽》五百二十五《禮儀部》。

孔廣林曰：「鄭《箴膏肓》云：『當卜祀日月耳，不當卜可祀與否。』其意以爲魯郊常祀，不須卜，但卜祀日，則宗廟常祀亦不卜可祀與否，仍卜日，不謂祀宗廟用筮不用卜也。故《周禮》『大祭祀命龜，凡國之大事，先簭而後卜』，鄭皆無祭不用卜之解。而《學記》『未卜禘不視學』，鄭亦不以《記》文爲誤，是從古《周禮》説矣。」

祔主

《異義》：「《左氏》説，凡君薨，祔而作主，特祀主於寢，畢三時之祭，期年然後烝、嘗、禘於廟。」許慎云《左氏》說與《禮》同。鄭無駁。《周禮·鬯人》疏。○案：許言《左氏》說與《禮》同，其《禮》說今佚不可考。

蒙案：《左氏》僖三十三年《傳》：「烝、嘗、禘於廟。」無「期年」字。孔氏正義云：「新主既特祀于寢，其餘宗廟四時常祀如舊不廢。三年喪畢，新主入廟，遠主當祧，乃大禘於太廟，新死者乃得同於吉也。」賈氏《周禮·鬯人》疏云：「賈、服以爲三年終禘，遭烝嘗則行祭禮。」是說《左氏》者謂禘在喪終也。乃賈疏先引《左氏》說，言期年烝嘗禘于廟，與賈、服解異，何也？賈疏以《鬯人》鄭注「廟用修」謂始禘時者，謂練祭後遷廟，以新主入廟，特爲此祭，故云始禘，以三年喪畢，明年春禘爲終禘，故云始也。然考《周禮·鬯人》無禘祭明文，鄭云始禘亦指喪畢明年之禘，非練後也。竊意《左氏》說祀主而畢三時之祭，則已踰期矣，自是而復期年，則三年喪終矣，自是而烝嘗禘正合三年終禘之說，未有兩歧。賈疏誤仞爲君薨之期年，故生異論耳。鄭主五年一禘，不主三年，前駁已具，故此略之。

附《南齊書》九《禮志》：「宋建元四年，尚書令王儉採晉《諒闇議》奏曰：《春秋》之義，嗣君踰年即位，則預朝會聘享。至於諒闇之内而圖婚，三年未終而吉禘，齊歸之喪不廢蒐，杞公之卒不徹樂，皆致譏貶，以明鑒戒。自斯而談，朝聘烝嘗之典，卒哭而備行；婚禘蒐樂之事，三載而後舉。通塞興廢，各有由然。又案《大戴禮記》及《孔子家語》並稱武王崩，成王嗣位，明年六月既葬，周公冠成王而朝於祖，以見諸侯，命祝雍作頌。襄十五年十一月『晉侯周卒』，十六年正月『葬晉悼公』。平公既即位，『改服修官，烝於曲沃』。《禮記·曾子問》：『孔子曰：天子崩，國君薨，則取羣廟之主而藏諸祖廟，禮乎。卒哭成事，而後主各反其廟。』《春秋左氏傳》：『凡君卒哭而祔之，而後特祀於主，烝嘗禘於廟。』先儒云：『特祀於主者，特以喪禮奉新亡者至於寢，不同於吉。①烝嘗禘於廟者，卒哭成事，羣廟之主各反其廟。則四時之祭，皆即吉也。三年喪畢，吉禘於廟，躋羣主以定新主也。』凡此諸義，皆著在經誥，昭乎方册，所以晉、宋因循，同規前典，卒哭公除，親奉烝嘗，率禮無違，因心允協。爰至泰豫元年，禮官立議，不宜親奉，乃引『三年之制自天子達』。又據《王制》稱『喪三年不祭，唯祭天地社稷，越紼而行事』。曾不知『自天子達』，本在至情，即葬釋除，事以權奪，委衰襲衮，孝享宜申；越紼之旨，事施未葬，卒哭之後，何紼可越？復依范宣之難杜預，譙周之論士祭，並非明據。」蒙案：王儉謂「卒哭成事，羣廟之主各反其廟」，則四時之祭皆即吉，阿世之論殊謬。

祧廟

《五經異義》曰：「《禮·祭法》云天子有祧，遠廟曰祧，將祧而去之，故曰祧。去祧曰壇，去壇曰墠。皆藏於祖廟，有事則禱，無事則止。」《御覽》五百二十九《禮儀部》。

蒙案：《周禮·守祧》注：「先王之遷主，藏於文武之廟。先公之遷主，藏於后稷之廟。」此即據《祭法》爲說。

---

① 「吉」，原本及《清經解》本均誤作「古」，今據《南齊書·禮志》改。

宗不復毀

《異義》：「《詩》魯說，丞相匡衡蒙案：匡衡習《齊詩》，此云魯說，蓋傳寫誤，當作齊說。以爲殷中宗，周成、宣王皆以時毀。《古文尚書》說，經稱中宗，明其廟宗而不毀。謹案：《春秋公羊》御史大夫貢禹說，蒙案：此則貢禹習《公羊春秋》，《本傳》不言。王者宗有德，廟不毀。宗而復毀，非尊德之義。」鄭從而不駁。《毛詩·烈祖》正義。

孔廣林曰：「《明堂位》注云：『世室者，不毀之名也。』是鄭亦以爲宗不復毀矣。而注《稽命徵》『殷五廟，至於子孫六』，則又云：『契爲始祖，湯爲受命王，各立其廟與親廟四，故六。』似又謂殷毀中宗者。《詩·烈祖》正義云：『鄭據其正者而言，宗既無常數，亦不定，故不數二宗之廟是也。』」

蒙案：諸儒廟議有與《異義》相發明者，節録於左。

《漢書·韋玄成傳》：「元帝時，貢禹奏言『古者天子七廟，今孝惠、孝景廟皆親盡，宜毀。及郡國廟不應古禮，宜正定』云云。永光四年，丞相玄成等皆曰：『《春秋》之義，父不祭於支庶之宅，君不祭於臣僕之家，王不祭於下土諸侯。臣愚以爲宗廟在郡國，宜無修。』奏可。因罷昭靈后、武哀王、昭哀后、衛思后、戾太子、戾后園，皆不奉祠。後月餘，下詔議立親廟云云，玄成等奏曰：『《禮》，王者始受命，諸侯始封之君，皆爲太祖。以下，五廟而迭毀，毀廟之主藏乎太祖，五年而再殷祭，言壹禘壹祫也。

祫祭者，毁廟與未毁廟之主皆合食於太祖，父爲昭，子爲穆，孫復爲昭，古之正禮也。《祭義》曰：「王者禘其祖自出，以其祖配之，而立四廟。」言始受命而王，祭天以其祖配，而不爲立廟，親盡也。立親廟四，親親也。親盡而迭毁，親疏之殺，示有終也。周之所以七廟者，以后稷始封，文王、武王受命而王，是以三廟不毁，與親廟四而七。非有后稷，文、武受命之功者，皆當親盡而毁。成王成二聖之業，制禮作樂，功德茂盛，廟猶不世，以行爲謚而已。蒙案：此周成王以時毁之説。禮，廟在大門之内，不敢遠親也。臣愚以爲高帝受命定天下，宜爲帝者太祖之廟，世世不毁，承後屬盡者宜毁。太上皇、孝惠、孝文、孝景廟皆親盡宜毁，皇考廟親未盡，如故。』大司馬車騎將軍許嘉等以爲孝文皇帝宜爲帝者太宗之廟。廷尉忠以爲孝武皇帝宜爲世宗之廟。諫大夫尹更始等以爲皇考廟上序於昭穆，非正禮，宜毁云云。後匡衡爲丞相，上疾久不平。衡禱高祖、孝文、孝武廟，又告謝毁廟曰『往者大臣以爲在昔帝王承祖宗之休典，取象於天地，天序五行，人親五屬，天子奉天，故率其意而尊其制。是以禘嘗之序，靡有過五。受命之君躬接於天，萬世不墮。繼烈以下，五廟而遷，上陳太祖，間歲而祫，其道應天，故福禄永終。太上皇非受命而屬盡，義則當遷。又以爲孝莫大於嚴父，故父之所尊子不敢不承，父之所異子不敢同。禮，公子不得爲母信，爲後則於子祭，於孫止，尊祖嚴父之義也。寢日四上食，園廟間祠，皆可亡修。皇帝即以令日遷太上、孝惠廟，孝文太后、孝昭太后寢』云云。『今皇帝未受兹福，迺有不能共職之疾』云云。詔中朝臣具復毁廟之文。臣衡、中朝臣咸復以爲天子之祀義有所斷，禮有所承，云云。『事如失指，罪迺在臣衡，當深受其殃。皇帝宜厚蒙祉福』云云。久之，上疾連年，遂盡復諸所罷寢廟園，皆修祀如初，云云。哀帝即位，丞相孔光、大司空何武奏言：『永光五年制書，高皇帝爲漢太祖，孝文皇帝爲太宗。建昭五年制書，孝武皇帝爲世宗。損益之禮，不敢有與。臣愚以爲迭毀之次，當以時定，非令所爲擅議宗廟之意也。臣請與羣臣雜議。』奏可。於是，光禄勳彭宣、詹事滿昌、博士左咸等皆以爲繼祖宗以下，五廟而迭毀，後雖有賢君，猶不得與祖宗並列。案：此亦殷中宗、周成、宣王皆以時毀之説。子孫雖欲褒大顯揚而立之，鬼神不饗也。孝武皇帝雖有功烈，親盡宜毀。太僕王舜、中壘校尉劉歆議曰云云：『高帝建大業，爲太祖；孝文皇帝德至厚也，爲文太宗；孝武皇帝功至著也，爲武世宗，此孝宣帝所以發德音也。《禮記·王制》及《春秋穀梁傳》，天子七廟，諸侯五，大夫三，士二。天子七日而殯，七月而葬；諸侯五日而殯，五月而葬。此喪事尊卑之序也，與廟數相應。其文曰：「天子三昭三穆，與太祖之廟而七；諸侯二昭二穆，與太祖之廟而五。」故德厚者流光，德薄者流卑。《春秋左氏傳》曰：「名位不同，禮亦異數。」自上以下，降殺以兩，禮也。七者，其正法數，可常數者也。宗不在此數中。宗，變也，苟有功德則宗之，不可豫爲設數。故於殷，太甲爲太宗，太戊曰中宗，武丁曰高宗。周公爲《無逸》之戒，舉殷三宗以勸成王。繇是言之，宗者數也，案：此即《古文尚書》説，經稱中宗，明其廟宗而不毀之説。然則以勸帝者之功德博矣。以七廟言之，孝武皇帝未宜毀；以所宗言之，則不可謂無功德。《禮記》祀典曰：「夫聖王之制祀也，功施於民則祀之，以勞定國則祀之，能救大災則祀之。」竊觀孝武皇帝，功德皆兼而有焉。凡在於異姓，猶將特祀之，況於先祖？或説天子五廟無見文，又説中宗、高宗者，宗其道而毀其廟。案：此亦殷中宗以時毀之説。名與實異，非尊德貴功之意也。案：此與貢禹説宗而復毀，非尊德之義同。《詩》

云：「蔽芾甘棠，勿翦勿伐，邵伯所茇。」思其人猶愛其樹，況宗其道而毁其廟乎？迭毁之禮自有常法，無殊功異德，固以親疏相推及。至祖宗之序，多少之數，經傳無明文，至尊至重，難以疑文虛説定也，云云。臣愚以爲孝武皇帝功烈如彼，孝宣皇帝崇立之如此，不宜毁。」上覽其議而從之。」

蒙案：貢禹建迭毁之議，劉歆以爲失禮意，而《異義》所引禹説王者宗有德廟不毁，則與歆等合，此蓋禹言古者天子七廟之法。《異義》取其一端，言各有當。

附《禮記·王制》：「天子七廟，三昭三穆，與太祖之廟而七。諸侯五廟，二昭二穆，與太祖之廟而五。大夫三廟，一昭一穆，與太祖之廟而三。」鄭氏注：「此周制。七者，大祖及文王、武王之祧，與親廟四。大祖，后稷。殷則六廟，契及湯與二昭二穆。夏則五廟，無大祖，禹與二昭二穆而已。」正義曰：「案《禮緯稽命徵》云：『唐虞五廟，親廟四，始祖廟一。夏四廟，至子孫五。殷五廟，至子孫六。』《鈎命訣》云：『唐虞五廟，親廟四，與始祖五。禹四廟，至子孫五。殷五廟，至子孫六。周六廟，至子孫七。』鄭據此爲説，故謂七廟，周制也。周所以七者，以文王、武王受命，其廟不毁，以爲二祧，并始祖后稷，及高祖以下親廟四，故爲七也。若王肅則以爲天子七廟者，謂高祖之父及高祖之祖廟爲二祧，并始祖及親廟四爲七。故《聖證論》肅難鄭云：周之文武，受命之王，不遷之廟，權禮所施，非常廟之數。殷之三宗，宗其德而存其廟，亦不以爲數。凡七廟者，皆不稱周室。《禮器》云：『有以多爲貴者，天子七廟。』孫卿云：『有天下者事七世。』又云：『自上以下，降殺以兩。』今使天子、諸侯立廟，並親廟四而止，則君臣同制，尊卑不別。禮，名位不同，禮亦異數，況其君臣乎？又《祭法》云『王下祭殤五』，及五世來孫。則下及無親之孫，而祭上不及無親之祖，不亦詭哉！《穀梁傳》云：『天子七廟，諸侯五。』《家語》云：『子羔問尊卑立廟制，孔子云：「禮，天子立七廟，諸侯立五廟，大夫立三廟。」』又云：『遠廟爲祧，有二祧焉。』又儒者難鄭云：《祭法》『遠廟爲祧』，鄭注《周禮》云『遷主所藏曰祧』，違經正文。鄭又云『先公之遷主，藏於后稷之廟。先王之遷主，藏於文武之廟』，便有三祧，何得《祭法》云有二祧？

馬昭難王義云：按《喪服小記》王者立四廟，又引《禮緯》『夏無大祖，宗禹而已，則五廟。殷人祖契而宗湯，則六廟。周尊后稷，宗文王武王，則七廟。自夏及周，少不減五，多不過七』。《禮器》云周旅酬六尸，一人發爵，則周七尸七廟明矣。今使文武不在七數，既不同祭，又不享嘗，豈禮也哉！故漢侍中盧植説又云：『二祧謂文、武。』《曾子問》當七廟，無虛主；《禮器》天子七廟，堂九尺；《王制》七廟，盧植云：『皆據周言也。』《穀梁》天子七廟，尹更始説天子七廟，據周也。《漢書》韋玄成等四十八人議，皆云周以后稷始封，文、武受命。《石渠論》、《白虎通》云：『周以后稷、文、武特七廟。』

又張融謹案：《周禮·守祧職》：『奄八人，女祧每廟二人。』自大祖以下與文、武及親廟四，用七人，姜嫄用一人，適盡。若除文、武，則奄少二人。《曾子問》孔子説周事而云七廟無虛主。若王肅數高祖之父、高祖之祖廟，與文、武而九，主當有九，孔子何云七廟無虛主乎？故云以《周禮》、孔子之言爲本，《穀梁》説及《小記》爲枝葉，韋玄成、《石渠論》、《白虎通》爲證驗，七廟斥言，玄説爲長。是融申鄭之意。」

正義又曰：「且天子七廟者，有其人則七，無其人則五。若諸侯廟制，雖有其人，不得過五。則此天子諸侯七、五之異也。王肅云『君臣同制，尊卑不別』，其義非也。又『王下祭殤五』者，非是別立殤廟，七廟外親盡之祖，禘祫猶當祀之。而王肅云『下祭無親之孫，上不及無親之祖』，又非通論。且《家語》，先儒以爲肅之所作，未足可依。按《周禮》惟存后稷之廟不毀。按昭七年《傳》云『余敢忘高圉、亞圉』，注云『周人不毀其廟，報祭之』，似高圉、亞圉廟亦不毀者。此是不合鄭説，故馬融説云：『周人所報而不立廟。』」

《通典》：「鄭玄云：『周制七廟，太祖及文王、武王之祧與親廟四，并而七。』王肅云：『尊者尊統於上，故天子七廟。其有殊功異德，非太祖而不毀，不在七廟之數，其禮與太祖同，則文、武之廟是。』」

《通典》：「玄注《王制》，據《禮緯元命包》云：『唐虞五廟，殷六廟，周七廟。』又注《祭法》云：『天子遷廟之主，以昭穆合藏於二祧之中。』王肅非之曰：『周之文、武，受命之主，不遷之廟。殷之三宗，宗其德而存其廟，並不以爲常數也。凡七廟者，不稱周室，下及文、武，而曰天子、諸侯，是同天子、諸侯之名制也。孫卿子曰：「有天下者事七廟，有一國者事五代，所以積厚者流澤廣，積薄者流澤狹也。」《祭法》云「遠廟曰祧」，親盡之上，猶存二廟也。文、武百代不遷者，《祭法》不得云「去祧爲壇」。又曰「遷主所藏曰祧」，「先公遷主藏后稷之廟，先王遷主藏文、武之廟」，是爲三祧，而《祭法》云「有二祧」焉。《祭法》親廟四與太祖皆月祭之，二祧享嘗乃止，是后稷月祭，文、武則享嘗，非禮意也。《祭法》又曰「王下祭殤五，嫡子、嫡孫」。此爲下祭五代來孫，則無親之孫也，而上祭何不及無親之祖乎？』馬昭非王曰：『《喪服小記》王者立四廟，《王制》曰「天子七廟」，是則立廟之正，以親爲限，不過四也。親盡爲限，不過四也。親盡之外，有大功德，可祖宗者也。有其人則七，無其人則少。故夏氏無太祖則五，殷人祖契而宗湯則六，周尊后稷、文、武則七。《禮器》「周旅酬六尸」，發爵，周則七廟矣。肅言文、武不得稱遠廟，不得爲二祧者，凡別遠近以親爲限，親內爲近，親外爲遠，文武適在親外當毀，故言遠廟。自非文、武，親外無不毀者。』」

《通典》：「孔晁曰：『夫無功德則以親遠近爲名。文、武以尊重爲祖宗，何取遠近。故后稷雖極遠，以爲太祖，不爲遠也。』」

《魏書》一百八之二《禮志》：「太學博士王延業議曰：案《王制》云諸侯祭二昭二穆，與太祖之廟而五。又《小記》云王者立四廟，鄭玄云：『高祖已下，與始祖而五。』明立廟之正，以親爲限，不過於四。其外有大功者，然後爲祖宗。然則無太祖者，止於四世，有太祖乃得爲五，禮之正文也。《文王世子》云：『五廟之孫，祖廟未毀，雖爲庶人，冠、娶妻必告。』鄭玄云：『實四廟而言五廟者，容高祖爲始封君之子。』明始封之君，在四世之外，正位太祖，乃得稱五廟之孫。若未有太祖，已祀五世，則鄭無爲釋高祖爲始封君之子也。此先儒精義，當今顯證也。又《喪服傳》曰：『若公子之子孫，有封爲國君者，則世世祖是人也，不祖公子。』鄭玄云：『謂後世爲君者，祖此受封之君，不得祀別子也。公子若在高祖已下，則如其親服，後世遷之，乃毀其廟爾。』明始封猶在親限，故祀止高祖。又云如親而遷，尤知高祖之父，不立廟矣。此又立廟明法，與今事相當者也。又《禮緯》云：『夏四廟，至子孫五。殷五廟，至子孫六。』注云：『言至子孫，則初時未備也。』此又顯在《緯》籍，區別若斯者也。竊謂太祖者，功高業大，百世不遷，故親廟之外，特更崇立。苟無其功，不可獨居正位，而遽見遷毀。且三世已前，廟及於五；玄孫已後，祀止於四。一與一奪，名位莫定，求之典禮，所未前聞。」○博士盧觀議：「案《王制》：『天子七廟，三昭三穆，與太祖之廟而七；諸侯五廟，二昭二穆，與太祖之廟而五；大夫三；士一。』自上已下，降殺以兩，庶人無廟，死爲鬼焉。故曰尊者統遠，卑者統近。是以諸侯及太祖，天子及其祖之所自出。《祭法》曰：『諸侯立五廟，一壇一墠，曰考廟，曰王考廟，曰皇考廟，皆月祭之。顯考廟，祖考廟，享嘗乃止。去祖爲壇，去壇爲墠，去墠爲鬼。』至於禘祫，方合食太祖之宫。《大傳》曰：『別子爲祖。』《喪服傳》曰：『公子不得禰先君，公孫不得祖諸侯。』鄭說不得祖禰者，不得立其廟而祭之也；世世祖是人者，謂世世祖受封之君；不得祖公子者，後世爲君者，祖此受封之君，不得祀別子也；公子若在高祖以下，則如其親服，後世遷之，乃毀其廟耳。愚以爲遷者，遷於太祖廟，毀者，從太祖而毀之。若不遷於祖，不須廢祖是人之文；明非始封，故復見乃毀之節。何以知之？案諸侯有祖考之廟，祭五世之禮。五禮正祖爲輕，一朝頓立。而祖考之廟，要待六世之君，六世以前，虚而蔑主。求之聖旨，未爲通論。《曾子問》曰：『廟無虚主。』虚主惟四，祖考不與焉。明太祖之廟，必不空置。《禮緯》曰：『夏四廟，至子孫五；殷五廟，至子孫六；周六廟，至子孫七。』見夏無始祖，待禹而五；殷人郊契，得湯而六；周有后稷，及文王至武王而七。言夏即大禹之身，言子謂啟、誦之世，言孫是迭遷之時。禹爲受命，不毀之親；湯爲始君，不遷之主；文、武爲二祧，亦不去三昭三穆。三昭三穆謂通文、武，若無文、武，親不過四。觀遠祖漢侍中植所説云然，鄭玄、馬昭亦皆同爾。且天子逆加二祧，得并爲七。諸侯豫立太祖，何爲不得爲五乎？今始封君子之立禰廟，頗似成王之於二祧。孫卿曰：『有天下者事七世，有一國者事五世。』假使八世，天子乃得事七；六世，諸侯方通祭五；推情準理，不其謬乎！雖王侯用禮，文節不同，三隅反之，自然昭灼。《禮緯》又云：『諸侯五廟，親四。』始封之君或上或下，雖未居正室，無廢四祀之親。《小記》曰：『王者禘其祖之所自出，以其祖配之，而立四廟。』此實殷湯時制，不爲難也。」僊遊王捷南曰：「『亦不去三昭三穆』，此兩『三』字疑皆『二』字之譌。」①

《隋書》七《禮儀志》：「大業元年，許善心、褚亮等議曰：

謹案《禮記》：『天子七廟，三昭三穆，與太祖之廟而七。』鄭玄注曰：『此周制也。七者，太祖及文王、武王之祧，與親廟四也。殷則六廟，契及湯與二昭二穆也。夏則五廟，無太祖，禹與二昭二穆而已。』玄又據王者禘其祖之自出，而立四廟。案鄭玄義，天子唯立四親廟，并始祖而爲五。周以文、武爲受命之祖，特立二祧，是爲七廟。王肅注《禮記》：『尊者尊統上，卑者尊統下。故天子七廟，諸侯五廟。其有殊功異德，非太祖而不毁，不在七廟之數。』案王肅以爲天子七廟，是通百代之言，又據《王制》之文『天子七廟，諸侯五廟，大夫三廟』，降二爲差。是則天子立四親廟，又立高祖之父，高祖之祖，并太祖而爲七。周有文、武、姜嫄，合爲十廟。漢諸帝之廟各主，無迭毁之

① 此王捷南所云，原本無，今據《清經解》本補。

義。至元帝時，貢禹、匡衡之徒，始建其禮，以高帝爲太祖，而立四親廟，是爲五廟。唯劉歆以爲天子七廟，諸侯五廟，降殺以兩之義。七者，其正法，可常數也，宗不在數内，有功德則宗之，不可豫毁爲數也。是以班固稱考論諸儒之議，劉歆博而篤矣。光武即位，建高廟於雒陽，乃立南頓君以上四廟，就祖宗而爲七。至魏初，高堂隆爲鄭學，議立親廟四，太祖武帝，猶在四親之内，乃虚置太祖及二祧，以待後代。至景初間，乃依王肅，更立五世、六世祖，就四親而爲六廟。晉武受禪，博議宗祀，自文帝以上六世祖征西府君，而宣帝亦序於昭穆，未升太祖，故祭止六也。江左中興，賀循知禮，至於寢廟之儀，皆依魏晉舊事。宋武帝初受晉命爲王，依諸侯立親廟四。即位之後，增祠五世祖相國掾府君、六世祖右北平府君，止於六廟。逮身殁，主升從昭穆，猶太祖之位也。降及齊、梁，守而弗革，加崇迭毁，禮無違舊。自歷代以來，雜用王、鄭二義，若尋其指歸，較其優劣，康成止論周代，非謂經通，子雍總貫皇王，事兼長遠。又案周人立廟，亦無處置之文。據《冢人職》而言之，先王居中，以昭穆爲左右。阮忱撰《禮圖》，亦從此義。」

《通典》：「唐貞觀九年，岑文本議曰：『《春秋穀梁傳》及《禮記·王制》《祭法》《禮器》、《孔子家語》，並云天子七廟，諸侯五廟，大夫三廟，士一廟。《尚書·咸有一德》曰：「七世之廟，可以觀德。」至於孫卿、孔安國、劉歆、班彪父子、孔晁、虞喜、干寶之徒，商較今古，咸以爲然。』」

神龍元年，張齊賢議：『伏尋禮經，始祖即太祖，太祖之外，更無始祖。或有引《白虎通義》云后稷爲始祖，文王爲太祖，武王爲太宗耳。非祫祭羣主合食之太祖。』」

諸侯祖天子

《異義》：「《禮》戴引此《郊特牲》云：『諸侯不敢祖天子，大夫不敢祖諸侯。』又匡衡說，支庶不敢薦其禰，下士諸侯不敢專祖於王。案：《漢書·韋玄成傳》玄成說與此同。古《春秋左氏》說，天子之子以上德爲諸侯者，得祀所自出。魯以周公之故，立文王廟。《左氏傳》：『宋祖帝乙，鄭祖厲王，猶上祖也。』又曰：『凡邑，有宗廟先君之主曰都。』以其有先君之主。公子爲大夫，所食采地亦自立所自出宗廟，其立先公廟，準禮，公子得祖先君，公孫不得祖諸侯。」許慎謹案：「周公以上德封於魯，得郊天，兼用四代之禮樂，知亦得祖天子。諸侯有德祖天子者，知大夫亦得祖諸侯。」鄭氏無駁，與許慎同。《禮記》二十五《郊特牲》正義。

孔廣林曰：「《喪服傳》云：『公子不得禰先君，公孫不得祖諸侯。』鄭注云：『不得禰、不得祖者，不得立其廟而祭之也。』據尋常諸侯、大夫言。《都宗人》注云：『王子弟立其祖王之廟。』《家宗人》注云：『大夫若先王之子孫，亦有祖廟。』則據有大功德者而言，是鄭同許君義也。」

蒙案：古《左氏》說以所自出爲始祖，鄭君注《禮記·喪服小記》、《大傳》以所自出爲天，謂感生帝，與《左氏》義異，蓋本韋玄成等說，見《漢書·玄成傳》。

主所用木

《異義》：「《論語》：哀公問主於宰我，宰我答：『夏后氏以松，夏人都河東，宜松也；殷人以柏，殷人都亳，宜柏也；周人以栗，周人都灃鎬，宜栗也。』」《御覽》五百三十一《禮儀部》。①

《異義》：「今《春秋公羊》說，祭有主者，孝子之主繫心，夏后氏以松，殷人以柏，周人以栗。案：「之主」，「之」當爲「以」，《初學記》引《白虎通》曰「孝子以主繼心」可證。又案：「又」當爲「古」。《周禮》說，虞主用桑，練主以栗，無夏后氏以松爲主之事。」許君謹案：「從《周禮》說，《論語》所云，謂社主也。」鄭氏無駁，從許義也。《禮記》四十六《祭法》正義。

孔廣林曰：「鄭注《檀弓》云『虞主用桑，練主用栗』，是從《周禮》說。注《周禮》云『社主以石』，則鄭君亦未有定說。」

蒙案：《公羊春秋》：「文二年丁丑，作僖公主。」傳：「虞主用桑，練主用栗。栗主者，藏主也。」何休解詁云：「期年練祭，埋虞主于兩階之間，易用栗也。夏后氏以松，殷人以柏，周人以栗。松猶容

---

① 「《御覽》五百三十一《禮儀部》」，原誤作「《御覽》五百《禮儀部三十一》」，今據《清經解》本改。

也，想見其容貌而事之，主人正之意也。柏猶迫也，親而不遠，主地正之意也。栗猶戰栗，謹敬貌，主天正之意也。」疏云：「《論語》鄭氏注云謂社主，正以《古文論語》『哀公問社於宰我』故也。《今文論語》無『社』字，是以何氏以爲廟主耳。」《左氏傳》文二年杜注：「主者，殷人以柏，周人以栗。」正義云：「《論語》『哀公問主於宰我』云云，先儒舊解，或有以爲宗廟主者，故杜依用之。案《古論語》及孔、鄭皆以爲社主，社爲木主者，《古論》不行於世，且社主，《周禮》謂之『田主』，無單稱主者。以張、包、周等竝爲廟主，故杜所依用。劉炫以規杜過，未爲得也。」壽祺案：皇侃《論語義疏》曰：「鄭《論》本云『問主』也。」《經典釋文》曰：「『問社』，鄭本作『主』，云：『主，田主，謂社。』」鄭君就《魯論》篇章，考之《齊》、《古》爲注，今解問主爲社主，是仍《魯論》之字，而讀从《古》也。

卿大夫士有主不

《五經異義》曰：「主者，神象也。孝子既葬，心無所依，所以虞而立主以事之。唯天子、諸侯有主，卿大夫無主，尊卑之差也。卿大夫無主者，依神以几筵，故少牢之祭，但有尸無主。三王之代，小祥以前主用桑者，始死尚質，故不相變。既練易之，遂藏於廟，以爲祭主。凡虞主用桑。練主，夏后氏以松，殷人以柏，周人以栗。《春秋左氏傳》曰：『凡君薨，卒哭而祔。祔而作主，特祀于主。烝、嘗、禘于廟。』主之制，正方，穿中央達四方。天子長尺二寸，諸侯長一尺，皆刻謚於背。」《通典・禮八・吉禮七》。○「凡虞主」以下似節録《異義》之文。「虞主」至「以栗」又見《禮記・祭法》正義。「春秋」至「于廟」，又見《周禮・鬯人》疏。「主之制」至「長一尺」，又見《禮記》四《曲禮下》正義。又《初學記》十三《禮部上》引《五經要義》説木主之狀與此同。○《魏書・禮志》王延業、盧觀並據許慎、鄭玄之解，謂天子、諸侯作主，大夫及士則無。

蒙案：《禮記・曲禮下》正義引《白虎通》曰：「所以有主者，神無依據，孝子以繼心也。案：「繼」與「係」通。主用木，木有始終，又與人相似也。」蓋記之爲題，欲令後可知也。方尺，或曰尺二寸。《白虎通》言主長短，不言天子、諸侯之異。正義又引《五經異義》，以爲天子主長尺二寸，諸侯長一尺。《公羊》文二年《傳》何休解詁曰：「主狀正方，穿中央達四方，天子長尺二寸，諸侯長一尺。」説同《異義》。徐疏以爲皆《孝經説》文，然則許、何並據《孝經説》言之也。《祭法》正義曰：「案《漢儀》：『高帝廟主九寸，前方後圓，圍一尺。后主七寸。』」《穀梁》文二年《傳》疏曰：「麋信引衛次仲云：『宗廟主皆用栗，右主八寸，左主七寸，廣厚三寸。若祭訖，則納於西壁陷中，去地一尺六寸。右主，謂父也。左主，謂母也。』」此出衛宏《漢舊儀》，其長短又與《白虎通》、《五經異義》、《公羊解詁》不合。據《續漢書》劉注引《漢舊儀》，則八寸者，小斂後所作，虞主也；下言皇后主長七寸，高皇帝長九寸者，廟主也。麋信所引有誤。

《五經異義》：「或曰：『卿大夫、士有主否？』答曰：『案《公羊》説，卿大夫非有土之君，不得祫享昭穆，故無主。大夫束帛依神，士結茅爲菆。』」以上亦見《文獻通考》。許慎據《春秋左氏傳》曰：「衛孔悝反祏于西圃。祏，石主也。言大夫以石爲主。」《通典》四十八《吉禮七》。

鄭駁云：「《少牢饋食》，大夫祭禮也，束帛依神。《特牲饋食》，士祭禮也，結茅爲菆。」《通典·吉禮七》。○以上亦見《文獻通考》。

謹案：「大夫以石爲主，禮無明文。大夫、士無昭穆，不得有主。今山陽民俗，祠有石主。」《御覽》五百三十一《禮儀部十·神主類》。《周禮·小宗伯》疏引云：「今南陽俗，祠有石主。」

《駁異義》云：「大夫無主，孔悝之反祏，所出公之主爾。」《左傳》哀十六年正義引《駁異義》。○又《禮記》四十六《祭法》正義節引，此篇云鄭《駁異義》從《公羊》説。○又《周禮·小宗伯》疏、《禮記》九《檀弓下》正義並節引。

蒙案：《説文·示部》：「祏，宗廟主也。《周禮》有郊宗石室。一曰大夫以石爲主。」《宀部》：「宔，宗廟主石也。」皆用古《左氏》説。《管子·山至數》篇云：「君人之主，弟兄三世則昭穆同祖，十世則爲祏。」《左氏》莊十四年，原繁曰：「先君桓公命我先人典司宗祏。」昭十八年，鄭災，子產使祝史徙主祏于周廟，告于先君。此祏之見于經傳者。祏所以盛主，非即主也。

蒙案：許、鄭皆以大夫、士廟無主，以《少牢》、《特牲》二禮有尸不言主，《士虞禮》有重不言主故也。鄭《祭法》注亦云：「惟天子、諸侯有主，禘祫。大夫有祖考者，亦鬼其百世，不禘祫，無主爾。」《鄭志》：「張逸問：『《許氏異義駁》衛孔悝之反祏有主者何謂也？』答云：『禮，大夫無主而孔獨有者，或時末代之君賜之，使祀其所出之君也。諸侯不祀天而魯郊，諸侯不祖天子而鄭祖厲王，皆時君之賜也。』」見《通典》四十八《吉禮》注。今考孔悝反祏於西圃，鄭謂祀其所出之君，蓋以意言之。《左氏傳》哀十六年正義曰：「案孔氏，姞姓。春秋時，國唯南燕爲姞姓。孔氏仕於衛朝，已歷多世，不知本出何國，安得有所出公之主也？知是僭爲之爾。」然則孔悝祀所出君之説無據明矣。正義以爲僭爲之，亦順鄭而言耳。何休注《公羊》文二年《傳》引《士虞記》曰：「桑主不文，吉主皆刻而謚之。」《魏書・禮志》清河王懌引饋食設主，見於《逸禮》，此《逸禮》言大夫士有主之明文也，許、鄭何以遺之？《禮記・郊特牲》：「直祭祝于主。」鄭注：「謂薦孰時也，如《特牲》、《少牢饋食》之爲也。」正義：「薦孰正祭之時，祝官以祝詞告于主。」則鄭亦據大夫士禮以釋之矣。《特牲饋食禮》曰：「祝洗，酌奠于鉶南，主人再拜稽首。祝在左。」鄭注：「祝在左，當爲主人釋辭於主也。」則鄭亦以士有主矣。薦孰在迎尸之前，將爲陰厭，神必有所憑依。祝之祝也，主人之拜也，無主則何祝何拜？《士虞禮》「明日以其班祔」，無主則何所祔以班昭穆？束帛茅菆，得無誕乎？《通典》載徐邈説，《魏書・禮志》載清河王懌議，並辨大夫、士有主，義證甚明，具録於左。

《通典》：「徐邈云：『《左傳》稱孔悝反祏。又《公羊》，大夫聞君之喪，攝主而往。案：昭十五年《傳》。注義以爲斂攝神主而已，不暇待祭也。案：此非何休注。皆大夫有主之文。大夫以下不云尺寸，雖有主，無以知其形制，然推義謂亦應有。按喪之銘旌，題別亡者，設重於庭，①亦有所憑，祭必有尸，想

① 「重」，原本及《清經解》本均誤作「香」，今據《通典》卷四十八改。

像乎存。此皆自天子及士，並有其禮，但制度降殺爲殊，何至於主，惟侯王而已？禮言重，主道也，案《檀弓》文，埋重則立主。今大夫、士有重，亦宜有主，以紀別座位。有尸無主，何以爲別？將表稱號題祖考，何可無主？』今按，經傳未見大夫、士無主之義，有者爲長。」

《魏書·禮志》：「清河王懌議曰：①『延業、盧觀前經詳議，並據許慎、鄭玄之解，謂天子、諸侯作主，大夫及士則無。意謂此議雖出前儒之事，實未允情理。何以言之？原夫作主之禮，本以依神，孝子之心，非主莫依。今銘旌紀柩，設重憑神，祭必有尸，神必有廟，皆所以展事孝敬，想像生存。上自天子，下逮於士，如此四事，並同其禮，何至於主，謂惟王侯。《禮》云：「重，主道也。」案：《檀弓》文。此爲埋重則立主矣。故王肅曰：「重，未立主之禮也。」《士喪禮》亦設重，則士有主明矣。孔悝反祏，載之《左史》；饋食設主，著於《逸禮》。大夫及士，既得有廟題祖題考，何可無主？《公羊傳》：「君有事于廟，聞大夫之喪，去樂卒事。大夫聞君之喪，攝主而往。」今以爲攝主者，攝神斂主而已，不暇待徹祭也。何休云：「宗人攝行主事而往也。」意謂不然。君聞臣喪，尚爲之不繹，況臣聞君喪，豈得安然代主終祭也？』」

虞主所藏

《異義》：「《戴禮》及《公羊》説虞主埋於壁兩楹之間，一説埋之於廟北墉下，《左氏》

---

①「懌」，原誤作「譯」，今據《清經解》本改。

説虞主所藏無明文。」

鄭駮之云：「按《士喪禮》重與柩相隨之禮，柩將出，則重倚於道左。柩將入於廟，則重止於門西。虞主與神相隨之禮亦當然。練時既特作栗主，則入廟之時，祝奉虞主於道左。練祭訖，乃出就虞主而埋之，如既虞埋重於道左。」《禮記》九《檀弓下》正義。○《通典・禮八》：「《公羊》説，主藏太廟室西壁中，以備火災。」當本《五經異義》。

《五經異義》曰：「虞主埋之廟北墉下，北方無事，虞主亦無事也。」《御覽》百八十八。○案：此條末十字當在前條「一説埋之於廟北墉下」之下。

《五經異義》曰：「《春秋左氏傳》曰：『徙主祏於周廟。』言宗廟有郊宗石室，所以藏栗主也。虞主所藏無明文也。」《御覽》五百三十一《禮儀部》。○案：此條當在前條引《左氏》説之下。

蒙案：《左氏傳》昭十八年正義引《白虎通》曰：「主祏納之西壁。」《通典》引《公羊》説「主藏太廟室西壁中，以備火災」。必在西者，長老之處，地道尊右，鬼神幽陰也。魏代，或問高堂隆曰：「昔受訓云，馮君八萬言章句，説蒙案：《隷續・嚴訢碑》：「治《嚴氏春秋》馮君章句。」然則此《公羊》説也。正廟之主，各藏太室西壁之中。遷廟之主，於太祖太室北壁之中。案《逸禮》，藏主之處，似在堂上壁中。」答曰：「章句但言藏太祖北壁中，不言堂室。愚意以堂上無藏主，當室之中也。」《通典》又引蜀譙周《禮祭集志》：「四時祭各於其廟中神位，奧西牆下，東嚮。諸侯廟，木主在戸之南，爲在戸上也。東嚮，以南爲上。」《續漢・祭祀志》補注引《漢舊儀》曰：「高帝崩三日，小斂室中墉下。作栗木主，長八寸，前方後圓，圍一尺，置墉中，已葬，收主。爲木函，藏廟太室中西牆壁埳中，望內，外不出堂室之上。」賀循引《漢儀》云：「去地六尺一寸，當祠則設座于埳下。」摯虞《決疑》云：「廟主藏於户之外西墉之中，有石函，名曰宗祏。函中笥，以盛主。」並見《通典》。「西墉」，《藝文類聚》三十八引作「北墉」。《左氏傳》莊公十四年正義：「宗祏者，慮有非常火災，於廟之北壁內爲石室，以藏木主，有事則出而祭之，既祭，納於石室。」案：昭十八年正義略同。案諸家言廟主所藏，或云西壁，或云北壁，據馮君章句則藏西壁者，正廟主也；藏北壁者，遷廟主也。《左氏正義》於宗祏言北壁，亦爲遷廟主耳。其虞主所藏，《公羊》文二年何休曰：「期年練祭，埋虞主於兩階之間，易用栗也。」考《曾子問》，天子、諸侯出，以遷廟主行，反必設奠，卒，斂幣玉，藏諸兩階之間，埋虞主不必同處也。一說埋之廟北墉下，此與遷廟主所藏同處，殆不然也。《異義》引《公羊》説則以爲虞主埋於壁兩楹之間。鄭《駮》據埋重之禮，以爲埋虞主於廟門之道左，義證最確。

虞而作主

《異義》：「《公羊》説虞而作主。《禮記》九《檀弓下》正義。古《春秋左氏》説，既葬，反虞。天子九虞，九虞者以柔日，九虞十六日也。諸侯七虞，十二日也。大夫五虞，八日也。士三虞，四日也。既虞，然後祔死者於先死者，祔而作主，謂桑主也。期年然後作栗主。」許慎謹案：「《左氏》説與《禮記》同。」《禮記》四《曲禮下》正義云：「鄭君不駮，明同許意。」又《檀弓下》正義云：「鄭氏不駮。」

孔廣林曰：「以《士虞記》始虞、再虞用柔日，三虞用剛日推之，九虞者，當八虞用柔日，第九虞則用剛日。此云九虞者以柔日，蓋有脱誤。」

蒙案：《公羊》文二年《傳》何休解詁曰：「《禮·士虞記》曰：『桑主不文，吉主皆刻而謚之。』案：今《士虞禮》無此文，蓋《逸禮》也。蓋爲禘祫時别昭穆也。虞主三代同者，用意麤觕，未暇别也。」《穀梁傳》曰：「立主，喪主於虞，吉主於練。」《白虎通》曰：「所以虞而立主何？孝子既葬，日中反虞，念親已没，棺柩已去，悵然失望，彷徨哀痛，故設桑主以虞，所以慰孝子之心，虞安其神也。所以用桑。練主用栗。」見《御覽》五百三十一。《禮記·雜記下》曰：「士三月葬，是月也卒哭。大夫三月而葬，五月而卒哭。諸侯五月而葬，七月而卒哭。士三虞，大夫五，諸侯七。」何休注《公羊傳》曰：「禮，虞祭，天子九，諸侯七，大夫五，士三。」《士虞記》曰：「始虞用柔日。再虞，皆如初。三虞，卒哭，用剛日。」是《公羊》説九虞以下尊卑之差，與《左氏》説、《禮記》並合也。惟《公羊》言虞已有主，《左氏》僖三十三年《傳》言「凡君薨，卒哭而祔，祔而作主」，二者不同。鄭注《檀弓》「重，主道也」引《公羊傳》「虞主用桑」，注《曲禮》「措之廟，立之主曰帝」引《左氏傳》「祔而作主」，孔氏正義申之云：「鄭君以二義雖異，其意則同，皆是虞祭總了，然後作主。故注《檀弓》云『重既虞而埋之，乃後作主』。下《檀弓》云：『虞爲立尸，有几筵，卒哭而諱，生事畢，而鬼事始已。既卒哭，宰夫執木鐸以命於宫中曰：舍故而諱新。』鄭以爲人君之禮，明虞唯立尸，未作主也。」

正義。

祈父

許氏《異義》引此詩曰：「『有母之尸饔』，謂陳饔以祭。恐養不及親。」《毛詩·祈父》

孔廣林曰：「鄭箋云：『已從軍，而母爲父陳饌飲食之具，自傷不得供養也。』是不從許義矣。正義云：『彼爲論饔飧，生死不爭，此文故不駁之。』」

報祭百辟

許氏《五經異義》曰：「公侯祭百辟，自卿以下，不過其族。夫鬼神之所及，非其族類則紹其國位。百辟者，國君先有功德於人者。今在其位，故報祭之。」《初學記》十三《祭祀》。

脤膰

《異義》：「《左氏》説，脤，社祭之肉，盛之以蜃，宗廟之肉名曰膰。」《周禮·大宗伯》疏。

蒙案：《公羊》、《穀梁》皆云：「脤者何？俎實也，生曰脤，孰曰膰。」《説文·示部》：「祳，社肉，盛以蜃，故謂之祳。天子所以親遺同姓。《春秋傳》曰：『石尚來歸祳。』」「鐇，宗廟火孰肉。《春秋傳》曰：『天子有事膰焉，以饋同姓諸侯。』」此用《左氏》説，而字作「脤」，蓋古文也。鄭君注《周禮・大宗伯》云：「脤、膰，社稷、宗廟之肉。」同許君義。

躋僖公

《異義》：「《公羊》董仲舒説躋僖公逆祀，小惡也；《左氏》説爲大惡也。」許君謹案：「同《左氏》説。」

鄭駁之云：「兄弟無相後之道，登僖公主於閔公主上，不順，爲小惡也。」《禮記》二十三《禮器》正義。

《禮器》正義曰：「案文二年《公羊傳》云：『逆祀奈何？先禰而後祖也。』何休解詁云：『近取法《春秋》，惠公與莊公當同南面西上，隱、桓與閔、僖亦當同北面西上。閔、僖爲兄弟，以繼代言之，有父子君臣之道。』此恩義逆順，故云『先禰後祖』，此《公羊》之義也。案《外傳》云：『躋僖公，弗綦云：明爲昭，其次爲穆。』以此言之，終文公至惠公七世，惠公爲昭，隱公爲穆，桓公爲昭，莊公爲穆，閔公爲昭，僖公爲穆。今躋僖公爲昭，閔公爲穆，自此以下，昭穆皆逆，故定公八年順祀先公，服氏云：『自躋僖公以來，昭、穆皆逆。』是同《國語》之説，與何休義異。」

蒙案：《漢書・中山孝王傳》：「孔光以爲《尚書》有殷及王，兄終弟及。師古曰：『謂兄死以弟代立，非父子相繼，故言及。』」此足明兄弟無相繼之道矣。

閏月告朔朝廟

《異義》：「《公羊》說：『每月告朔朝廟，至於閏月不以朝者，閏月，殘聚餘分之月，無正，故不以朝。經書閏月猶朝廟，譏之。』《左氏》說：『閏以正時，時以作事，事以厚生，生民之道於是乎在。不告閏朔，棄時政也。』」許君謹案：「從《左氏》說，不顯朝廟、告朔之異，謂朝廟而因告朔。」故鄭駁之，①引《堯典》以閏月定四時成歲，閏月當告朔。又云：「說者不本於經，所譏者異其是與非，皆謂朝廟而因告朔，似俱失之。朝廟之經，在文六年冬『閏月不告月，猶朝于廟』，辭與宣三年春『郊牛之口傷，改卜牛，牛死，乃不郊，猶三望』同。言『猶』者，告朔然後當朝廟，郊然後當三望，今廢其大，存其細，是以加『猶』譏之。《論語》曰：『子貢欲去告朔之餼羊。』《周禮》有朝享之禮祭。然則告朔與朝廟祭異，亦明矣。」《禮記》二十九《玉藻》正義。

《五經異義》曰：「古《春秋左氏》說，閏以正時，時以作事，事以厚生，生民之道於是

---

① 「故」，原本無，今據《清經解》本補。

乎在。不告閏朔，棄時政也；棄時政則不知其所行，故閏月不以朝者，諸侯歲遣大臣之京師，受十二月之正，還藏於太廟。月旦朝廟存神，有司因告曰：『今月當行某政。』至於閏月分之朔無正，故不以朝。經書『閏月猶朝之者』是也。」《御覽》五百三十八引。○案：末二句「朝」下當脱「于廟譏」三字。

蒙案：此所引文有錯互，「棄時政則不知其所行」以上，《左氏》説也。「閏月不以朝」以下，《公羊》説也。

又蒙案：《春秋》文六年，「閏月不告月，猶朝于廟」。《公羊傳》：「不告月者何？不告朔也。曷爲不告朔？天無是月也。」《穀梁傳》：「不告朔，則何爲不言朔也？閏月者，附月之餘日也，積分而成於月者也。天子不以告朔，而喪事不數也。」是二《傳》意同。何休《解詁》云：「禮，諸侯受十二月朔政於天子，藏於太祖廟，每月朔朝廟，使大夫南面奉天子命，君北面而受之。比時使有司先告朔，謹之至也。受於廟者，孝子歸美先君，不敢自專也。」《左傳》文六年正義云：「告朔、視朔、聽朔，朝廟、朝享、朝正，二禮各有三名，同日而爲之也。《玉藻》説天子之禮，云『聽朔於南門之外，諸侯皮弁，聽朔於太廟』，鄭玄以爲『南門之外』謂明堂也。朝享，即月祭是也。《祭法》云：『王立七廟：曰考廟，王考廟，皇考廟，顯考廟，祖考廟，皆月祭之。二祧，享嘗乃止。諸侯立五廟，曰考廟，王考廟，皇考廟，皆月祭之。顯考廟，祖考廟，享嘗乃止。』然則天子告朔於明堂，朝享於五廟；諸侯告朔於太廟，朝享自皇考以下三廟耳，皆先告朔，後朝廟。朝廟小於告朔，文公廢其大而行其小，故云『猶朝于廟』。」

竈神

《異義》：「竈神，今《禮》戴説引此燔柴盆瓶之事。蒙案：《禮記》疏不列《禮器》之文，從省，當補。古《周禮》説，顓頊氏有子曰黎，爲祝融，祀以爲竈神。」許君謹案：「同《周禮》。」**鄭駁之云：**「祝融乃古火官之長，猶后稷爲堯司馬，其尊如是，王者祭之，但就竈陘，一何陋也。祝融乃是五祀之神，祀于四郊，而祭火神于竈，于禮乖也。」《禮器》正義。○又《荆楚歲時記》注引古《周禮》説十九字。

《異義》：「《大戴記·禮器》云：蒙案：《禮器》正義云：「《異義》：今《禮》戴説引此燔柴盆瓶之事。」《御覽》引作「《大戴記·禮器》」，疑《大戴記》亦有此篇，與《小戴》同也。竈者，老婦之祭。」許君謹案：「《月令》孟夏之月，其祀竈，五祀之神，王者所祭，非老婦也。」

駁曰：「王爲羣姓立七祀，一曰司命，主督察三命也；二曰中霤，主宫室居處也；三曰門，四曰户，主出入；五曰國行，主道路；六曰大厲，主殺也；七曰竈，主飲食也。竈神非祝融，是老婦。」《御覽》五百二十九《禮儀部·五祀》。

許慎云：「《月令》孟夏祀竈。王者所祭古之有功德於人，非老婦也。」**鄭玄云：**「爲祭五祀，竈在廟門外之東，祀竈禮，設主于竈陘。祝融乃古火官之長，猶后稷爲堯司馬，上公也。今但就竈陘而祭之，屈上公之神，何其陋也！又《月令》云『其帝炎帝，其神祝融』，文列在上，與祀竈絶遠，而推合之，文義不次，焉得爲義也？又《左傳》云：『五官之神，生爲上公，死爲貴神。』若祭之竈神，蒙案：「神」字誤，當爲「陘」。豈得謂貴神乎！《特牲饋食禮》云『尸謖而祭饎爨』，以謝先炊者之功。知竈是祭老婦，報先炊之義也。臧文仲燔柴於竈，夫子譏之云『盛于盆，尊于瓶』，若是祝融之神，豈可以盆瓶之器，寘于陘而祭之乎？」

《通典》五十一《吉禮十一》。

蒙案：《白虎通·五祀》篇曰：「五祀者何謂也？謂門、户、井、竈、中霤也。所以祭何？人之所處出入、所飲食，故爲神而祭之。《月令》曰：其祀户，其祀竈，其祀中霤，其祀門，其祀井。」《白虎通》又曰：「祭五祀，天子、諸侯以牛，卿大夫以羊，因四時祭牲也。一説：户以羊，竈以雞，中霤以豚，門以犬，井以豕。或曰：中霤用牛，不得用牛者用豚，井以魚。」《通典》引馬融：「以七祀中之五：門、户、竈、行、中霤，即勾芒等五官之神配食者。勾芒食於木，祝融食於火，蓐收食於金，玄冥食於水，勾龍食於土。故《月令》五時祭祀，只是金木水火土行之祭也。」鄭冲云：「五祀雖出天地之間，陰陽之氣，實非四時五行陰陽之正也。《月令》春祀户，祭先脾；秋祀門，祭先肝。此順氣所宜，藏所值耳。又司命則司命星下食人間，司譴過小神矣。」袁準《正論》以爲：「五行之官祭於門、户、行、竈、中霤，土神也。火正祀竈，而水正不祀井，非其類也，且社奚爲於人家之屋棟間哉！《禮記》王七祀，諸侯五，大夫三，冬其祀行，是《記》之誤也。井不輕於竈，行不唯冬。《白虎通》云『《月令》冬祀井』是也。」秦靜云：「今《月令》謂行爲井，是以時俗或廢行而祀井。高堂生云《月令》仲冬，祀四海井泉。祭井自從小類，不列五祀，儒家誤以井列於五祀，宜除井而祀行。」傅玄曰：「七祀五祀，《月令》皆云祀行而無井。《月令》，先儒有直作井者。既祭竈而不祭井，於事則有闕，於情則有不類，謂之井者是也。」杜佑曰：「按漢諸儒戴聖、聞人通漢等白虎通議五祀則有井之説，蓋當時已行，中間廢闕，至魏武重修舊典而祭井焉。」鄭康成注《周禮・大宗伯》五祀以爲五官，與《左氏》説同，以其文在五嶽之上也。注《禮記・曲禮》五祀以爲户、竈、中霤、門、行，與《白虎通》同，以其文在山川之下也。注《王制》五祀又以爲司命、中霤、門、行、厲，與《祭法》同，以《曲禮》天子、諸侯、大夫同祭五祀，無差等，故疑爲殷制；《王制》「天子祭天地，諸侯祭社稷，大夫祭五祀」，有尊卑等級，故疑爲周禮也。《禮器》：「燔柴於奧。夫奧者，老婦之祭也。盛於盆，尊於瓶。」鄭注：「奧當爲爨，字之誤也，或作竈。禮，尸卒食而祭饎爨、饔爨也。時人以爲祭火神乃燔柴。老婦，先炊者也。盆、瓶，炊器也。明此祭先炊，非祭火神，燔祭似失之。」《月令》：「孟夏之月，其祀竈，祭先肺。」鄭注：「祀竈之禮，先席於門之奧，東面，設主於竈陘，乃制肺及心肝爲俎，奠於主西。又設盛於俎南，亦祭黍三，祭肺、心、肝各一，祭醴二。亦既祭徹之，更陳鼎俎，設饌於筵前。迎尸，如祀户之禮。」正義云：「『祀竈之禮』以下，皆《逸中霤禮》文。『設盛於俎南』者，盛謂黍稷盛之於簋，皇氏以爲此祭老婦盛於盆，非其義也。」鄭以奧當爲爨者，《禮器》正義云：「《特牲記》注舊説云：『宗婦祭饎爨，亨者祭饔爨，用黍肉而已，無籩豆俎。』」正義又引《異義駁》云云而申之曰：「如鄭此言，則祝融是五祀之神，祀於郊。奧者，是竈之神，常祀在夏，以老婦配之，有俎及籩、豆，設於竈陘，又延尸入奧。爨者，宗廟祭後，直祭先炊老婦之神在於爨竈。此三者所以不同也。」

壽祺謂：鄭《駁異義》辨竈神非祝融，審矣。注《禮器》破「奧」爲「爨」，非也。鄭《禮器》注云：「奧，或作竈。」許君引《大戴記·禮器》云：「竈者，老婦之祭。」是《小戴》作「奧」，《大戴》作「竈」，「奧」、「竈」聲近，「爨」則遠矣，無容致誤。祭竈必先奠于奧，既又迎尸入奧，二事一時，故「竈」或誤「奧」。老婦先炊以配竈神，故竈亦可言老婦之祭，猶勾龍爲后土，後轉以配社，因謂社爲后土也。鄭欲示分別，故據《特牲》饎爨、饔爨言之，不如從《大戴》作「竈」爲正。

五經異義疏證卷中

明堂制

《異義》：「明堂制，今《禮》戴說，《禮·盛德記》曰：『明堂自古有之，凡有九室，室有四户八牖，三十六户，七十二牖，以茅蓋屋，上圓下方，所以朝諸侯。其外，《明堂位》正義此下多「有水」二字。名曰辟廱。』《明堂月令書》說云：『明堂高三丈，東西九仞，南北七筵，上圓下方，四堂十二室，室四户八牖，其宮方三百步，在近郊，近郊《禮記·明堂位》正義不重「近郊」二字。三十里。』講學大夫淳于登說：蒙案：講學大夫，王莽置。『明堂在國之陽，丙巳之地，三里之外，七里之內，而祀之就陽位，蒙案：當作「就陽位而祀之」。《明堂位》正義無「而祀之」三字。上圓下方，八窻四闥，布政之宮，蒙案：《明堂位》正義此下有「故稱明堂明堂盛貌」八字。周公祀文王於明堂，以配上帝。上帝，五精之帝，《明堂位》正義作「神」。大微之庭，中有五帝座星。』《明堂位》正義作「位」。古《周禮》、《孝經說》：『明堂，文王之廟。夏后氏世室，殷人重屋，周人明堂。東西九筵，筵九尺，南北七筵，堂崇一筵，五室，凡室二筵，蓋之以茅。』蒙案：《明堂位》正義此下有「周公所以祀文王於明堂以昭事上帝」十五字。謹案：今《禮》、古《禮》各以其義説，無明文以知之。」

玄之聞也，《明堂位》正義無此四字，稱「鄭駮之云」。《禮》戴所云，雖出《盛德記》，及其下，顯與本章異。蒙案：《明堂位》正義無此八字，「記」字作「篇章異」，《玉藻》正義倒作「異章」，今改。九室、三十六户、七十二牖，似秦相吕不韋作《春秋》時，説者所益，非古制也。「四堂十二室」，字誤，本書云「九堂十二室」。《玉藻》正義「堂室」二字互誤，今从《明堂位》正義改正。淳于登之言，取義於《明堂位》正義此下有「孝經」二字。《援神契》。《援神契》《明堂位》正義不重此三字。説，「宗祀文王於明堂，以配上帝。曰明堂者，上圓下方，八窻四闥，布政之宫，在國之陽。帝者諦也，象上可承五精之神。五精之神實在太微，於辰爲巳」，是以登云然。今漢立明堂於丙巳，由此爲也。水木用事，交於東北；木火用事，交於東南；火土用事，交於中央；金土用事，交於西南；金水用事，交於西北。周人明堂五室，帝一室，合於數。以上見《禮記》二十九《玉藻》正義。又三十一《明堂位》正義引至「由此爲之」止，又《初學記·禮部》、《藝文類聚·禮上》節引。

周人明堂五室，是帝各有一室也，合於五行之數。《周禮》依數以爲之室，施行於今。雖有不同，時説昞然，本制著存，而言無明文，欲復何責？蒙案：《魏書·袁翻傳》引「鄭玄云」，又《賈思伯傳》引同，但至「時説然耳」止，此《駮異義》文也。《袁翻傳》「施行」誤作「德行」，今改正。

五室之位，土居中，木火金水各居四維。《魏書·李謐傳》引「鄭康成釋五室之位」。水木用事，交於東北；木火用事，交於東南；火土此下有脱文。用事，交於西南；萬中書世美曰：「當作『火土用事，交於中央。土金用事，交於西南』。」金水用事，交於西北。周人明堂五室，帝一室，合於數。同上引鄭康成言。○蒙案：此與《玉藻》正義所引合，但少「火土用事，交於中央」二句，是《駮異義》文也。考其文義，李謐所引二條當在前條「周禮依數以爲之室」下。

附明堂考

《**周書·作雒解**》**曰**：「乃位五宮：大廟、宗宮、考宮、路寢、明堂。咸有四阿、反坫。重亢，重郎，常累，復格，藻棁。設移，旅楹，春常，畫旅。內階、玄階，隄唐，山廧，應門、庫臺、玄閫。」孔晁注：「五宮，宮府寺也。太廟，后稷廟。二宮，祖考廟、考廟也。路寢，王所居也。明堂，在國南者也。咸，皆也。宗廟四下曰阿。反坫，外向室也。重亢，累棟也。重郎，累屋也。常累，系也。復格，累芝栭也。藻棁，畫梁柱也。承屋曰移。旅，列也。春常，謂藻井之飾也。畫旅，言皆畫列柱爲文也。玄階，以黑石爲階。唐，中庭道。隄，謂高爲之也。山廧，謂廧畫山雲。門者，皆有臺於庫門，見之從可知也。又以黑石爲門限也。」

《**周書**》**曰**：「明堂方一百一十二尺，高四尺，階廣六尺三寸。蒙案：九字見《隋書》及《玉海》。「四」當爲「三」，孫大夫星衍云積畫之誤。室居中方百尺，室中方六十尺。戶高八尺，廣四尺。蒙案：七字見《隋書》。牖高三尺，門方十六尺。蒙案：九字見《藝文類聚》。東應門，南庫門，西皋門，北雉門。東方曰青陽，南方曰明堂，西方曰總章，北方曰玄堂，中央曰太廟。左爲左个，右爲右个。」《藝文類聚》三十八，《隋書·宇文愷傳》，《太平御覽》五百三十三，《玉海》九十五，《初學記》十三。

《考工記》：「夏后氏世室，堂修二七，廣四修一，鄭注：「世室者，宗廟也。修，南北之深也。夏度以步，令堂修十四步，其廣益以四分修之一，則堂廣十七步半。」五室，三四步，四三尺，鄭注：「堂上爲五室，象五行也。三四步，室方也。四三尺，以益廣也。木室於東北，火室於東南，金室於西南，水室於西北，其方皆三步，其廣益之以三尺。土室於中央，方四尺，其廣益之以四尺。此五室居堂，南北六丈，東西七丈。」九階，鄭注：「南面三，三面各二。」四旁兩夾，窻，鄭注：「窻助户爲明，每室四户八窻。」白盛，鄭注：「蜃灰也。盛之言成也，以蜃灰堊牆，所以飾成宮室。」門堂，三之二，鄭注：「門堂，門側之堂，取數於正堂。令堂如上制，則門堂南北九步二尺，東西十一步四尺。」室，三之一。鄭注：「兩室與門，各居一分。」殷人重屋，堂修七尋，堂崇三尺，四阿，重屋。鄭注：「重屋者，王宮正室若大寢也。其修七尋五丈六尺，放夏周，則其廣九尋七丈二尺也。五室各二尋。崇，高也。四阿若今四柱。重室，複笮也。」周人明堂，度九尺之筵，東西九筵，南北七筵，堂崇一筵，五室，凡室二筵。」鄭注：「明堂者，明政教之堂。周度以筵，亦王者相改。周堂高九尺，殷三尺，則夏一尺矣，相參之數。禹卑宮室，謂此一尺之堂與？此三者或舉宗廟，或舉王寢，或舉明堂，互言之，以明其同制。」○賈疏：「云『其同制』者，謂當代三者其制同，非謂三代制同也。若然，周人殯於西階之上，王寢與明堂同，則南北七筵，唯有六十三尺。三室居六筵，南北共有一筵，一面唯有四尺半，何得容殯者？按《書傳》云：『周人路寢，南北二雉，東西九雉，室居二雉。』則三室之外，南北各有半雉，雉長三丈，則各有一丈五尺，足容殯矣。若然，云同制者，直制法同，無妨大矣。」○《禮記·月令》正義亦引《多士》傳云：「天子堂廣九雉，三分其廣，以二爲內，五分其內，以一爲高。東房、西房、北堂各三雉。」是其濶得容殯也。或可殯在中央土室之前，近西，在金室之東，不必要在堂簷之下。

《禮記·月令》：「孟春之月，天子居青陽左个。鄭注：「大寢東堂北偏。」正義曰：「此是明堂北偏，而云大寢者，欲明明堂與大廟、大寢制同，故兼明於明堂聽朔竟，次還大廟，次還大寢也。然云東堂，則知聽朔皆堂，不於五角之室中也。」仲春之月，天子居青陽大廟。鄭注：「東堂兼大室。」季春之月，天子居青陽右个。鄭注：「東堂南偏。」孟夏之月，天子居明堂左个。鄭注：「大寢南堂東偏也。」仲夏之月，天子居明堂太廟。鄭注：「南堂當大室也。」季夏之月，天子居明堂右个。鄭注：「南堂西偏也。」中央土，天子居太廟太室。鄭注：「中央室也。」孟秋之月，天子居總章左个。鄭注：「大寢西堂南偏。」仲秋之月，天子居總章大廟。鄭注：「西堂當大室也。」季秋之月，天子居總章右个。鄭注：「西堂北偏。」孟冬之月，天子居玄堂左个。鄭注：「北堂西偏也。」仲冬之月，天子居玄堂大廟。鄭注：「北堂當太室。」季冬之月，天子居玄堂右个。」鄭注：「北堂東偏。」

《吕氏春秋·召類》篇：「故明堂茅茨蒿柱，土階三等。」

《大戴禮·盛德》篇曰：「明堂者，古有之也。凡九室：一室而有四户八牖，凡三十六户，七十二牖。以茅蓋屋，上圓下方。明堂者，所以明諸侯尊卑。外水曰辟雍。南蠻、東夷、北狄、西戎。《明堂月令》：盧注：「於明堂之中施十二月之令。」孔檢討廣森曰：「『《明堂月令》』者，《古明堂陰陽》篇名，自『赤綴』以下引其文也。」赤綴户也，白綴牖也。二九四七五三六一八。盧注云：「用九室，謂法龜文，故取此數，以明其制也。」堂高三尺，「尺」，宋本作「丈」，與《五經異義》引合，當從之。孔檢討曰：「此謂檐榮之高，非階崇也，三丈者，一雉也。」東西九仞，南北七筵，「仞」，宋本作「筵」，《五經異義》引此作「仞」。上圓下方。九室十二堂，《玉藻》正義載《異義》引此文作「四堂十二室」，鄭《駮》云：「『四堂十二室』，字誤。本書云『九室十二堂』。」《明堂位》正義引又誤作「九堂十二室」。室四户，户二牖，其宫方三百步。在近郊，近郊三十里。或以爲明堂者，文王之廟也。周時德澤洽和，蒿茂大以爲宫柱，名爲蒿宫也。此天子之路寢也，不齊不居其室。待朝在南宫，揖朝出其南門。」《宋書》十六《禮志》：「大明五年，有司奏：『《周書》云清廟、明堂、路寢同制。郑玄注《禮》，義生於斯。』」

《尚書帝命驗》曰：「帝者承天立五府，以尊天重象也。五府者，唐虞謂之天府，夏謂之世室，殷謂之重屋，周謂之明堂，皆祀五帝之所也。文祖者，赤帝熛怒之府，名曰文祖，火精光明，文章之祖，故謂之文祖，周曰明堂。神斗者，黄帝含樞紐之府，名曰神斗。斗，主也。土精澄靜，四行之主，故謂之神斗，周曰太室。顯紀者，白帝招矩之府，名曰顯紀。紀，法也。金精斷制萬物，故謂之顯紀，周曰總章。玄矩者，黑帝光紀之府，名曰玄矩。矩，法也。水精玄昧，能權輕重，故謂之玄矩，周曰玄堂。靈府者，蒼帝靈威仰之府，名曰靈府，周曰青陽。」《史記·五帝本紀》正義。

《孝經援神契》曰：「明堂之制，東西九筵，南北七筵，筵長九尺。東西八十一尺，南北六十三尺，高九尺，故謂之大室。」《玉海》載《禮記外傳》引。

《春秋繁露·三代改制質文》篇：「郊宫明堂，内員外橢，其屋如倚靡圓橢。」

《漢書·郊祀志》：「武帝欲治明堂奉高旁，未明其制度。濟南人公玉帶上黄帝時明堂圖。圖中有一殿，四面無壁，以茅蓋，通水，水圜宫垣，爲複道，上有樓，從西南入，名曰昆侖，以拜禮上帝。」

《初學記》引《黄圖》曰：「孝武議立明堂於長安城南，許令褒等議曰：『案《五經禮樂傳記》曰：

聖人之教，制作之象，所以法天地，比類陰陽，以立宫室，本之太古，以昭令德。茅屋采椽，土階素輿，越席皮弁，蓋興黄帝、堯舜之世，是以三代修之也。』」

《隋書·牛宏傳》引漢司徒馬宫論云：「夏后氏世室，室顯於堂，故命以室。殷人重屋，屋顯於堂，故命以屋。周人明堂，堂大於夏室，故命以堂。夏后氏益其堂之廣百四十四尺，周人明堂，以爲兩序間大夏后氏七十二尺。」又見《宇文愷傳》。

《文選·東京賦》注引《黄圖》曰：「大司徒宫奏曰：明堂、辟雍，其實一也。」蒙案：明堂之制，馬宫據《考工記》解釋最爲明通。夏益其堂之廣爲百四十四尺者，蓋法坤之策也，以明堂、辟雍爲同實，亦自宫始發之。

桓譚《新論》曰：「王者造明堂，上圜下方，象天地，爲四方堂，各從其色，以倣四方，天稱明，故命曰明堂。」《藝文類聚》三十八，《初學記》十三。

《新論》曰：「天稱明，故命曰明堂。上圓法天，下方法地，八窻法八風，四達法四時，九室法九州，十二坐法十二月，三十六户法三十六雨，七十二牖法七十二風。」《續漢·祭祀志》劉昭注。

《白虎通》曰：「天子立明堂者，所以通神靈，感天地，正四時，出教化，宗有德，重有道，顯有能，褒有行者也。明堂，上圓下方，八窻四闥，布政之宫，在國之陽。」以下與桓譚《新論》同。

《白虎通》曰：「禮三老於明堂，所以教諸侯孝也；禮五更於太學，所以教諸侯弟也。」《初學記》、《藝文類聚》、《文選》注引。

《左氏》舊説及賈逵、盧植、蔡邕、服虔等皆以祖廟與明堂爲一。《左傳》文二年正義。

《毛詩·靈臺》正義：「盧植《禮記注》云：『明堂即太廟也。天子太廟，上可以望氣，故謂之靈臺。中可以序昭穆，故謂之太廟。圜之以水，似璧，故謂之辟雍。古法皆同一處，近世殊異，分爲三耳。』潁子容《春秋釋例》云：『太廟有八名，其體一也。肅然清静謂之清廟，行禘祫、序昭穆謂之太廟，告朔行政謂之明堂，行饗射、養國老謂之辟雍，占雲物、望氛祥謂之靈臺，其四門之學謂之太學，其中室謂之太室，總謂之宫。』賈逵、服虔注《左傳》亦云：『靈臺在太廟之中。』」

潁容《春秋釋例》曰：「周公朝諸侯於明堂。太廟與明堂一體也。《春秋》：人君將出，告於宗廟，及還，①策勳、獻俘於廟。」《初學記》十三。「告」字舊脱，「還」誤作「行」，今補正。

《三禮圖》曰：「明堂者，周制五室，東爲木室，南火，西金，北水，土在其中。秦爲九室，十二階，各有所居。」《藝文類聚》三十八。○《御覽》亦引作「阮諶《三禮圖》」。

徐虔《明堂議》曰：「明堂在國之陽，國門外，一堂五室，四門八階。」《藝文類聚》三十八。

蔡邕《明堂月令論》曰：「明堂者，天子太廟，所以崇禮其祖，以配上帝者也。夏后氏曰世室，殷人曰重屋，周人曰明堂。東曰青陽，南曰明堂，西曰總章，北曰玄堂，中央曰太室。《易》曰：『離也者，明也，南方之卦也。聖人南面而聽天下，嚮明而治。』人君之位，莫正於此焉，故雖有五名而主以明堂也。其正中焉皆曰太廟。謹承天隨時之令，昭令德宗祀之禮，明前功百辟之勞，起尊老敬長之義，顯教幼誨

---

① 「及還」，原誤作「反行」，今據《清經解》本改。

稚之學。朝諸侯選造士於其中，以明制度。生者乘其能而至，死者論其功而祭。故爲大教之宫，而四學具焉，官司備焉。譬如北辰，居其所而衆星拱之，萬象翼之。政教之所由生，變化之所自來，明一統也。故言明堂，事之大，義之深也。取其宗祀之清貌，則曰清廟。取其正室之貌，則曰太廟。取其尊崇，則曰太室。取其堂，則曰明堂。取其四門之學，則曰太學。取其四面周水圓如璧，則曰辟雍。異名而同事，其實一也。《春秋》因魯取宋之姦賂，則顯之太廟，以明聖王建清廟明堂之義。經曰：『取郜大鼎于宋，納于太廟。』傳曰：『非禮也。君人者，將昭德塞違，故昭令德以示子孫。是以清廟茅屋，昭其儉也。夫德，儉而有度，升降有數，文物以紀之，聲明以發之，以照臨百官，百官於是戒懼，而不敢易紀律。』所以明大教也。以周清廟論之，魯太廟皆明堂也。魯禘祀周公於太廟明堂，猶周宗祀文王於清廟明堂也。《禮記·檀弓》曰『王齋禘於清廟明堂』也。《孝經》曰：『宗祀文王於明堂。』《禮記·明堂位》曰：『太廟，天子曰明堂。』又曰：『成王幼弱，周公踐天子位以治天下，朝諸侯於明堂，制禮作樂，頒度量，而天下大服。成王以周公爲有勳勞於天下，命魯公世世禘祀周公於太廟，以天子禮樂，升歌《清廟》，下管《象》舞，所以異魯於天下。』取周《清廟》之歌歌於魯太廟明堂，魯之太廟猶周清廟也，皆所以昭文王、周公之德，以示子孫者也。《易傳·太初》篇曰：『太子旦入東學，晝入南學，暮入西學。在中央曰太學，天子之所自學也。』案：「西學」下當有「夕入北學」句，文脱耳。《禮記·保傅》篇曰：『帝入東學，上親而貴仁；入西學，上賢而貴德；入南學，上齒而貴信；入北學，上貴而尊爵；入太學，承師而問道。』與《易傳》同。魏文侯《孝經傳》曰：『太學者，中學明堂之位也。』《禮記·古文明堂之禮》

曰：『膳夫是相禮，日中出南闈，見九侯門子。日側出西闈，視五國之事。日闇出北闈，視帝節猶。』《爾雅》曰：『宮中之門謂之闈。』《王居明堂之禮》又別陰陽門，南門稱門，西門稱闈，故《周官》有門闈之學。師氏教以三德守王門，保氏教以六藝守王闈。然則師氏居東門、南門，保氏居西門、北門也。知掌教國子，與《易傳》、《保傅》、《王居明堂之禮》參相發明，爲學四焉。《文王世子》篇曰：『凡大合樂，則遂養老。天子至，乃命有司行事，興秩節，祭先師、先聖焉。始之養也，適東序，釋奠於先老，遂設三老位焉。春夏學干戈，秋冬學羽籥，皆於東序。凡祭與養老、乞言、合語之禮，皆小樂正詔之於東序。』又曰：『大司成論說在東序。』然則詔學皆在東序，東之堂也，學者詔焉，故稱太學。仲夏之月，令祀百辟卿士之有德於民者。《禮記·太學志》曰：『禮，士大夫學於聖人、善人，祭於明堂，其無位者祭於太學。』《禮記·昭穆》篇曰：《毛詩·靈臺》正義引作「政穆篇」。『祀先賢於西學，所以教諸侯之德也。』即所以顯行國禮之處也。太學，明堂之東序也，皆在明堂辟雍之內。《月令》記曰：『明堂者，所以明天氣，統萬物。』明堂上通於天，象日辰，故下十二宮象日辰也。水環四周，言王者動作法天地，德廣及四海，方此水也。名曰辟雍。《王制》曰：『天子出征，執有罪，反舍奠於學，以訊馘告。』《樂記》曰：『武王伐殷，薦俘馘於京大室。』萬世美曰：今《樂記》無此文，當在「奏樂」以下十二篇內。《詩·魯頌》曰：『矯矯虎臣，在泮獻馘。』京，鎬京也。太室，辟雍之中明堂太室也。與諸侯泮宮俱獻馘焉，即《王制》所謂『以訊馘告』者也。《禮記》曰：『祀乎明堂，所以教諸侯之孝也。』《孝經》曰：『孝悌之至，通于神明，光於四海，無所不通。《詩》云：自西自東，自南自北，無思不服。』言行孝者則曰明堂，行悌者則曰太學，故《孝經》

合以爲一義，而稱鎬京之詩以明之。凡此皆明堂、太室、辟雍、太學事通文合之義也。其制度數各有所法。堂方百四十四尺，坤之策也。屋圜徑二百一十六尺，乾之策也。太廟明堂方三十六丈，通天屋徑九丈，陰陽九六之變也。圓蓋方載，六九之道也。八闥以象八卦，九室以象九州，十二宫以應辰。三十六户七十二牖，以四户九牖乘九室之數也。户皆外設而不閉，示天下不藏也。通天屋高八十一尺，黄鍾九九之實也。二十八柱列於四方，亦七宿之象也。堂高三丈，亦應三統。四鄉五色者，象其行。外廣二十四丈，應一歲二十四氣。四周以水，象四海。王者之大禮也。」

又曰：「《月令明堂》篇名。曰因天時，制人事，天子發號施令，祀神受職，每月異禮，故謂之《月令》。所以順陰陽，奉四時，效氣物，行王政也。成法具備，各從時月，藏之明堂，所以示承祖考神明，明不敢褻瀆之義，故以《明堂》冠《月令》。」

又曰：「《月令》文義所説，博衍深遠，宜周公之所著也。官號職司，與《周官》合。《周書》七十一篇，而《月令》第五十二。秦相吕不韋著書，取《月令》爲《紀號》，淮南王安亦以取爲第四篇，改名曰《時則》，故偏見之徒，或云《月令》吕不韋作，或云淮南，皆非也。」

高誘注《吕氏春秋·孟春紀》云：「青陽者，明堂也，中方外圓，通達四出，各有左右房，謂之『个』，『个』猶隔也。東出謂之青陽，南出謂之總章，北出謂之玄堂。」

袁準《正論》曰：「明堂、宗廟、太學，禮之大物也，事義不同，各有所爲。而世之論者，合以爲一體，取《詩》《書》放逸之文、經典相似之語而致之，不復考之人情，驗之道理，失之遠矣。夫宗廟之中，人所致敬，幽隱清靜，鬼神所居。而使衆學處焉，饗射其中，人鬼慢黷，死生交錯，囚俘截耳，瘡痍流血，以干犯鬼神，非其理矣。且夫茅茨采椽，至質之物，建日月，乘玉輅，以處其中，象箸玉杯而食於土簋，非其類也。如《禮記》先儒之言，明堂之制四面，東西八丈，南北六丈。禮，天子七廟，左昭右穆，又有祖宗不在數中。以明堂之制言之，昭穆安在？若又區別，非一體也。夫宗廟，鬼神之居，祭天而於人鬼之室，非其處也。夫明堂，法天之宫，非鬼神常處，故可以祭天，而以其祖配之。配其父於天位，可也。事天而就人鬼，則非義也。自古帝王，必立大小之學，以教天下。有虞氏謂之上庠、下庠，夏后氏謂之東序、西序，殷人謂之右學、左學，周謂之東膠、虞庠，皆以養老乞言。《明堂位》曰：『瞽宗，殷學也。』周置師保之官，居虎門之側。然則學宫非一處也。《文王世子》：『春夏學干戈，秋冬學羽籥，皆於東序。』又曰：『秋學禮，冬學《書》。禮在瞽宗，《書》在上庠。』此周立三代之學也。可謂立其學，不可謂立其廟，然則大學非宗廟也。又曰：『世子齒於學，國人觀之。』宗廟之中，非百姓所觀也。《王制》曰：『周人養國老於東膠。』不曰辟雝。養國老於右學，養庶老於左學。宗廟之尊，不應與小學爲左右也。辟雝之制，圜之以水。圜象天，取生長也。水潤下，取其惠澤也。水必有魚鼈，取其所以養也。是故明堂者，大朝諸侯講禮之處。宗廟，享鬼神歲覲之宫。辟雍，大射養孤之處。太學，衆學之居。靈臺，望氣之觀。清廟，訓儉之室。各有所爲，非一體也。古有王居明堂之禮，《月令》則其序也。天子居其中，學士處其內，君臣同處，死生參並，非其義也。大射之禮，天子張三侯，大侯九十步，其次七十步，其次五十步，辟雝處其中。今未知辟雝廣狹之數，但二九十八加之，辟雝則徑三百步也。凡有公卿大夫諸侯之賓，百官侍從之衆，殆非宗廟中所能容也。禮，天子立五門，又非一門之間所能受也。明堂以祭鬼神，故亦謂之廟。明堂太廟者，明堂之内太室，非宗廟之太廟也。於辟廱獻捷者，謂鬼神惡之也。或謂之學者，天下之所學也。總謂之宫，大同之名也。生人不謂之廟，此其所以別也。先儒曰：『《春秋》人君將行，告宗廟，反獻於廟。《王制》釋奠於學，以訊馘告，則太學亦廟也。』其上句曰『小學在公宫之左，大學在郊』，明太學非廟，非所以爲證也。周人養庶老於虞庠，虞庠在國之西郊。今《王制》亦小學近而大學遠，其言乖錯，非所以爲證也。《左氏》云：『公既視朔，遂登觀臺。』以其言遂，故謂之同處。夫遂者，遂事之名，不必同處也。馬融云：『明堂在南郊，就陽位。』而宗廟在國外，非孝子之情也。古文稱明堂陰陽者，所以法天道，順時政，非宗廟之謂也。融云：『告朔行政，謂之明堂。』夫告朔行政，上下同也，未聞諸侯有明堂之稱也。順時行政，有國皆然，未聞諸侯有居明堂者也。齊宣王問孟子：『人皆謂我毁明堂，毁諸？已乎？』孟子曰：『夫明堂者，王者之堂也。王欲行王政，則勿毁之矣。』夫宗廟之設，非獨王者也。若明堂即宗廟，不得曰『夫明堂者，王者之宗廟也』。且説諸侯而教毁宗廟，爲人君而疑於可毁與否，雖復淺丈夫，未有是也。孟子，古之賢大夫，而皆子思弟子，去聖不遠，此其一證也。《尸子》曰：『昔武王崩，成王少，周公踐東宫，祀明堂，假爲天子。』明堂在左，故謂之東宫。王者而後有明堂，故曰『祀明堂，假爲天子』。此又其證也。」《毛詩·靈臺》正義引。

《三輔黄圖》曰：「周明堂。明堂，所以正四時，出教化，天子布政之宫也。黄帝曰合宫，堯曰衢室，舜曰總章，夏后曰世室，殷人曰陽館，周人曰明堂。先儒舊説，其制不同。稱九室者，取象陽數也。

八牖者，陰數也，取象八風。三十六户牖，取六甲之文，六六三十六也。上圓象天，下方法地，八窻即八牖也，四闥者，象四時四方也，五室者，象五行也。皆無明文，先儒以意釋之耳。」

《藝文類聚》引《黄圖》曰：「明堂者，明天道之堂也，所以順四時，行月令，宗祀先王，祭五帝，故謂之明堂。辟雍，圓如璧，雍以水。異名同事，其實一也。」《初學記》引同。

《晉書》十九《禮志》：「摯虞議以爲：漢魏故事，明堂祀五帝之神。新禮，五帝即上帝，即天帝也。明堂除五帝之位，惟祭上帝。按仲尼稱『郊祀后稷以配天，宗祀文王於明堂以配上帝』。《周禮》，祀天旅上帝，祀地旅四望。望非地，則上帝非天，斷可識矣。郊丘之祀，掃地而祭，牲用繭栗，器用陶匏，事反其始，故配以遠祖。明堂之祭，備物以薦，三牲並陳，籩豆成列，禮同人理，故配以近考。郊堂兆位，居然異體，牲牢品物，質文殊趣。且祖考同配，非謂尊嚴之美；三日再祀，非謂不黷之義，其非一神，亦足明矣。昔在上古，生爲明王，殁則配五行，故太昊配木，神農配火，少昊配金，顓頊配水，黄帝配土。此五帝者，配天之神，同兆之於四郊，報之於明堂。祀天，大裘而冕，祀五帝亦如之。或以爲五精之帝，佐天育物者也。前代相因，莫之或廢，晉初始從異議。庚午詔書，明堂及南郊除五帝之位，惟祀天神，新禮奉而用之。」

《宋書》十六《禮志》：「祠部郎徐邈議曰：明堂所配之神，積疑莫辨。按《易》『殷薦上帝，以配祖考』，祖考同配，則上帝亦爲天，而嚴父之義顯。《周禮》旅上帝者，有故告天，與郊祀常禮同用四圭，故並言之。若上帝者五帝，經文何不言祀天旅五帝，祀地旅四望乎？人帝之與天帝，雖天人之通謂，然五方不可言上帝，諸侯不可言大君也。」

《南齊書》九《禮志》：「隆昌元年，國子助教謝曇濟議：『案《祭法》禘郊祖宗，並列嚴祀。鄭玄注義，亦據兼饗。宜祖宗兩配，文武雙祀。』永元二年，何佟之議：『案《祭法》，鄭玄云「禘郊祖宗，謂祭祀以配食也。禘謂祀昊天於圜丘也。祭上帝於南郊曰郊，祀五帝五神於明堂曰祖宗」，「郊祭一帝，而明堂祭五帝，小德配寡，大德配衆」。王肅云「祖宗是廟不毀之名」。果如肅言，殷有三祖三宗，並應不毀，何故止稱湯、契？且王者之後存焉，舜寧立堯、頊之廟，傳世祀之乎？漢文以高祖配泰畤，至武帝立明堂，復以高祖配食，一人兩配，有乖聖典。自漢明以來，未能反者。故明堂無兼配之祀。』國子博士王摛議：『《孝經》「周公郊祀后稷以配天，宗祀文王於明堂以配上帝」，不云武王。又《周頌》「《思文》，后稷配天也」，「《我將》，祀文王於明堂也」。武王之文，唯《執競》云「祀武王」。此自周廟祭武王詩，彌知明堂無矣。』佟之又議：『《孝經》是周公居攝時禮，《祭法》是成王反位後所行。故《孝經》以文王爲宗，《祭法》以文王爲祖。又孝莫大於嚴父配天，則周公其人也。尋此旨，寧施成王乎？若《孝經》所說，審是成王所行，則爲嚴祖，何得云嚴父邪？且《思文》是周公祀后稷配天之樂歌，《我將》是祀文王配明堂之樂歌。若如摛議，則此二篇，皆應在復子明辟之後。請問周公祀后稷、文王，爲何所歌？又《國語》云「周人禘嚳郊稷，祖文王，宗武王」，韋昭云：「周公時，以文王爲宗，其後更以文王爲祖，武王爲宗。」尋文王以文治而爲祖，武王以武定而爲宗，欲明文亦有大德，武亦有大功，故鄭注《祭法》云：「祖宗通言耳。」是以《詩》云「昊天有成命，二后受之」，注云：「二后，文王、武王也。」且明堂之祀，有單有合。

故鄭云：「四時迎氣於郊，祭一帝，還於明堂，因祭一帝，則以文王配。」明一賓不容兩主也。「享五帝於明堂，則泛配文、武」，泛之爲言，無的之辭。其禮既盛，故祖宗並配。』參議以佟之爲允。」

《隋書》六**《禮儀志一》**：「梁武帝制曰：『明堂，准《大戴禮》「九室八牖，三十六户」。以茅蓋屋，上圓下方」。鄭玄據《援神契》亦云「上圓下方」，又云「八窻四達」。明堂之義，本是祭五帝神，九室之數，未見其理。若五堂而言，雖當五帝之數，向南則背叶光紀，向北則背赤熛怒，東向西向，又亦如此，於事殊未可安。且明堂之祭五帝，則是總義，在郊之祭五帝，則是别義。宗祀所配，復應有室，若專配一室，則是義非配五，若皆配五，則便成五位。以理而言，明堂本無有室。』朱异以爲：『《月令》「天子居明堂左个、右个」，聽朔之禮，既在明堂，今若無室，則於義成闕。』制曰：『若如鄭玄之義，聽朔必在明堂，於此則人神混淆，莊敬之道有廢。《春秋》云：「介居二大國之間。」此言明堂左右个者，謂所祀五帝堂之南，又有小室，亦號明堂，分爲三處聽朔。既三處，則有左右之義。在營域之内，明堂之外，則有个名，故曰明堂左右个也。以此而言，聽朔之處，自在五帝堂之外，人神有别，差無相干。』」

《南齊書》九**《禮志一》**：「王儉議引《周官·匠人職》録明堂有五室，初不聞有文王之寢。《鄭志》趙商問云：『説者謂天子廟制如明堂，是爲明堂即文廟耶？』鄭答曰：『明堂主祭上帝，以文王配耳，猶如郊天以后稷配也。』又引太元十三年孫耆之議，稱郊以祀天，故配之以后稷；明堂以祀帝，故配之以文王。由斯言之，郊爲皇天之位，明堂即上帝之廟。徐邈謂配之爲言，必有神主；郊爲天壇，則堂非文廟。」

《太平御覽》引崔靈恩《三禮義宗》曰：「天子、諸侯宫寢之制，春居東北之寢，夏居東南之寢，秋居西南之寢，冬居西北之寢。春三月之中，居正寢。三月之末，土王之日，則居中寢，餘三時亦如之，以從時氣。」《御覽》十九。

《魏書》六十九《袁翻傳》：「翻議曰：『案《周官·考工》所記，皆記其時事，具論夏殷名制，豈其紕繆？是知明堂五室，三代同焉，配帝象行，義則明矣。及《淮南》、《吕氏》與《月令》同文，雖布政班時，有堂、个之别，然推其體例，則無九室之證。既而世衰禮壞，法度淆弛，正義殘隱，妄説斐然。明堂九室，著自《戴禮》，探緒求源，罔知所出，而漢氏因之，自欲爲一代之法。故鄭玄云：「周人明堂五室，是帝一室也，合於五行之數。《周禮》依數以爲之室。施行於今，雖有不同，時説昞然，本制著存，而言無明文，欲復何責？」本制著存，是周五室也；於今不同，是漢異周也。漢爲九室，略可知矣。但就其此制，猶竊有懵焉。張衡《東京賦》云：「乃營三宫，布教班常，複廟重屋，八達九房。」此乃明堂之文也。而薛綜註云：「房，室也，謂堂後有九室。」堂後九室之制，非巨異乎？裴頠又云：「漢氏作四維之个，不能令各居其辰，就使其像可圖，莫能通其居用之禮，此爲設虚器也。」甚知漢世徒欲削滅周典，捐棄舊章，改物創制，故不復拘於載籍。且鄭玄之詁訓《三禮》，及釋《五經異義》，並盡思窮神，故得之遠矣。覽其明堂圖義，皆有悟人意，察察著明，確乎難奪，諒足以扶微闡幽，不墜周公之舊法也。伯喈損益漢制，章句繁雜，既違古背新，又不能易玄之妙矣。』」

《魏書》七十二《賈思伯傳》：「思伯上議曰：

按《周禮・考工記》云夏后氏世室，殷重屋，周明堂，皆五室。鄭注云：『此三者互言，明其制同。』若然，則夏殷之世已有明堂矣。案：思伯引鄭注，蓋以爲三代制同，與《周禮》賈疏異。唐虞以前，其事未聞。戴德《禮記》云明堂凡九室，十二堂。蔡邕云：『明堂者，天子太廟，饗功養老，教學選士，皆於其中，九室十二堂。』按戴德撰《記》，世所不行。凡九室十二堂，其於規制，恐難得厥衷。《周禮》營國，左祖右社，明堂在國之陽，則非天子太廟明矣。然則《禮記・月令》四堂及太室皆謂之廟者，當以天子暫配享五帝故耳。又《王制》云：『周人養國老於東膠。』鄭注云：『東膠即辟雍，在王宫之東。』又《詩・大雅》云：『邕邕在宫，肅肅在廟。』鄭注云：『宫，謂辟雍宫也，所以助王。養老則尚和，助祭則尚敬。』又不在明堂之驗矣。按《孟子》云：『齊宣王謂孟子曰：吾欲毁明堂。』若明堂是廟，則不應有毁之問。且蔡邕論明堂之制云：『堂方一百四十四尺，象坤之策；屋圓徑二百一十六尺，象乾之策；方六丈，徑九丈，象陽陰九六之數；九室以象九州；屋高八十一尺，象黄鍾九九之數；二十八柱以象宿；外廣二十四丈以象氣。』按此皆以天地陰陽氣數爲法，而室獨象九州，何也？若立五室以象五行，豈不快也？如此，蔡氏之論非爲通論，九室之言或未可從。竊尋《考工記》雖是補闕之書，相承已久，諸儒注述無言非者，方之後作，不亦優乎？且《孝經援神契》、《五經要義》、《舊禮圖》，皆作五室，及徐、劉之論，同《考工》者多矣。且損益之極，極於三王，後來疑議，難可準信。鄭玄云：『周人明堂五室，是帝各有一室也，合於五行之數，《周禮》依數以爲之室。施行於今，雖有不同，時説然耳。』尋鄭此論，非爲無當。案《月令》亦無九室之文，原其制置，不乖五室。其青陽右个即明堂左个，明堂右个即總章左个，總章右个即玄堂左个，玄堂右个即青陽左个。如此，則室猶是五，而布政十二。五室之理，謂爲可安。其方圓高廣，①自依時量。戴氏九室之言，蔡子廟學之議，子幹靈臺之説，裴逸一屋之論，及諸家紛紜，並無取焉。」

《魏書》卷九十《李謐傳》：「謐著《明堂制度論》曰：

凡論明堂之制者雖衆，然校其大略，則二途而已。言五室者，則據《周禮·考工》之記以爲本，是康成之徒所執；言九室者，則案《大戴禮·盛德》之篇以爲源，是伯喈之論所持。此之二書，雖非聖言，然是先賢之中博見洽通者也。但各記所聞，未能全正，可謂既盡美矣，未盡善也。而先儒不能考其當否，便各是所習，卒相非毀，豈達士之確論哉？小戴氏傳禮事四十九篇，號曰《禮記》，雖未能全當，然多得其衷，方之前賢，亦無媿矣。而《月令》、《玉藻》、《明堂》三篇，頗有明堂之義，余故採掇二家，參之《月令》，以爲明堂五室，古今通則。其室居中者謂之太廟，太室之東者謂之青陽，太室之南者謂之明堂，當太室之西者謂之總章，當太室之北者謂之玄堂；四面之室，各有夾房，謂之左右个，三十六户七十二牖矣。室个之形，今之殿前，是其遺像耳。个者，即寢之房也。但明堂與寢，施用既殊，故房、个之名隨事而遷耳。今粗書其像，以見鄙意，案圖察義，略可驗矣。

---

①「圓」，原誤作「國」，今據《清經解》本改。

故檢之五室，則義明於《考工》；校之户牖，則數協於《盛德》；考之施用，則事著於《月令》；求之閏也，合《周禮》與《玉藻》。既同夏殷，又符周秦，雖乖衆儒，儻或在斯矣。

《考工記》曰：『周人明堂，度以九尺之筵，東西九筵，南北七筵，堂崇一筵。五室，凡室二筵。室中度以几，堂上度以筵。』余謂《記》得之於五室，而謬於堂之修廣。何者？當以理推之，令愜古今之情也。夫明堂者，蓋所以告月朔、布時令、宗文王、祀五帝者也。然營構之範，自當因宜創制耳。故五室者，合於五帝各居一室之義。且四時之祀，各據其方之正。又聽朔布令，咸得其月之辰。求之古義，竊爲當矣。

鄭康成，漢末之通儒，後學所取正，釋五室之位，謂土居中，水火金木各居四維。然四維之室既乖其正，施令聽朔各失厥衷。左右之个，棄而不顧，乃反文之以美説，飾之以巧辭，言水木用事交於東北，木火用事交於東南，火土用事交於西南，金水用事交於西北。既依五行，當從其正，蒙案：「正」字今以意補。用事之交，出何經典？可謂攻乎異端，言非而博，疑誤後學，非所望於先儒也！《禮記·玉藻》曰：天子『聽朔於南門之外，閏月則闔門左扉，立於其中』，鄭玄注曰：『天子之廟及路寢，皆如明堂制。明堂在國之陽，每月就其時之堂而聽朔焉。卒事，反宿路寢亦如之。閏月非常月，聽其朔於明堂門下，還處路寢門終月也。』①而《考工記》『周人明堂』，玄注云：『或舉

① 「還」，原誤作「通」，今據《清經解》本改。

制，抑亦可哂之甚也。余謂其九室之言，誠亦有由。然竊以爲戴氏聞三十六户、七十二牖，弗見其制，靡知所置，便謂一室有四户之窻，計其户牖之數，即以爲九室耳。或未之思也。蔡伯喈，漢末之時學士，而見重於當時，即識其修廣之不當，而未必思其九室之爲謬，更修而廣之，假其法象。可謂因僞飾辭，順非而澤，諒可歎矣。

余今省彼衆家，委心從善，庶探其衷，不爲苟異，脱有深賞君子者，覽而揣之，儻或存焉。」

《**北史·封軌傳**》：「軌議曰：『《周官·匠人職》云：夏后氏世室，殷人重屋，周人明堂，五室，九階，四户，八窻。鄭玄云：「或舉宗廟，或舉正寢，或舉明堂，互文以見同制。」然則三代明堂，其制一也。案周與夏殷，損益不同。至於明堂，因而弗革，明五室之義，得天數矣。是以鄭玄又曰：「五室者，象五行也。」然則九階者法九土，四户者達四時，八窻者通八風，誠不易之大範，有國之恒式。若其上圓下方以則天地，通水環宫以節觀者，茅蓋白盛爲之質飾，赤綴白綴爲之户牖，皆典籍所載，制度之明義也。秦焚滅五典，非毁三代，變更先聖，不依舊憲。故吕氏《月令》見九室之義，大戴之《禮》著十二堂之文。漢承秦法，亦未能改，東西二京，俱爲九室。是以《黄圖》、《白虎通》、蔡邕、應劭等盛稱九室以象九州，十二堂以象十二辰。天室以祭天，天堂以布政。依行而祭，故室不過五；依時布政，故堂不踰四。州之與辰，非所可法。九與十二，厥用安在？今聖朝欲遵道訓人，備禮化物，宜則五室，以爲永制。至如廟學之嫌，臺治之雜，袁準之徒已論正矣。』」

《**隋書**》四十九《**牛宏傳**》：「宏請依古制修立明堂，上議曰：

之制，不爲通矣。驗之衆塗，略無算焉。且凡室二筵，丈八地耳，然則户牖之間不踰二尺也。《禮記・明堂》：『天子負斧扆南向而立。』鄭玄注云設斧於户牖之間。而鄭氏《禮圖》説扆制曰：『縱廣八尺，畫斧文於其上，今之屏風也。』以八尺扆置二尺之間，此之叵通，不待智者，較然可見矣。且若二筵之室爲四尺之户，則户之兩頰裁各七尺耳，全以置之，猶自不容，矧復户牖之間哉？其不然二也。

又復以世代檢之，即虞夏尚朴，殷周稍文，制造之差，每加崇飾。而夏后世室，堂修二七，周人之制，反更促狹，豈是夏禹卑宫之意，周監郁郁之美哉？以斯察之，其不然三也。又云『堂崇一筵』，便基高九尺，而壁户之外裁四尺五寸，於營制之法自不相稱。其不然四也。又云『室中度以几，堂上度以筵』，而復云『凡室二筵』，而不以几。還自相違，其不然五也。以此驗之，記者之繆，抑可見矣。

《盛德》篇云：『明堂凡九室，三十六户，七十二牖，上圓下方，東西九仞，南北七筵，堂高三尺也。』余謂《盛德》篇得之於户牖，失之於九室。何者？五室之制，旁有夾房，面各有户，户有兩牖。此則因事立則，非拘異術，户牖之數，固自然矣。九室者，論之五帝，事既不合，施之時令，又失其辰。左右之个，重置一隅，兩辰同處，參差出入，斯乃義無所據，未足稱也。且又堂之修廣，裁六十三尺耳。假使四尺五寸爲外之基，其中五十四尺便是五室之地。計其一室之中，僅可一丈，置其户牖，則於何容之哉？若必小而爲之，以容其數，則令帝王側身出入，斯爲恠矣。此匪直不合典制，抑亦可哂之甚也。余謂其九室之言，誠亦有由。然竊以爲戴氏聞三十六户、七十二牖，弗見其制，靡知所置，便謂一室有四户之窻，計其户牖之數，即以爲九室耳。或未之思也。蔡伯喈漢末之時學士，而見重於當時，即識其修廣之不當，而未必思其九室之爲謬，更修而廣之，假其法象。可謂因僞飾辭，順非而澤，諒可歎矣。

余今省彼衆家，委心從善，庶探其衷，不爲苟異，脱有深賞君子者，覽而揣之，儻或存焉。」

《北史·封軌傳》：「軌議曰：『《周官·匠人職》云：夏后氏世室，殷人重屋，周人明堂，五室，九階，四户，八窻。鄭玄云：「或舉宗廟，或舉正寢，或舉明堂，互文以見同制。」然則三代明堂，其制一也。案周與夏殷，損益不同。至於明堂，因而弗革，明五室之義，得天數矣。是以鄭玄又曰：「五室者，象五行也。」然則九階者法九土，四户者達四時，八窻者通八風，誠不易之大範，有國之恒式。若其上圓下方以則天地，通水環宫以節觀者，茅蓋白盛爲之質飾，赤綴白綴爲之户牖，皆典籍所載，制度之明義也。秦焚滅五典，非毁三代，變更先聖，不依舊憲。故吕氏《月令》見九室之義，大戴之《禮》著十二堂之文。漢承秦法，亦未能改，東西二京，俱爲九室。是以《黄圖》、《白虎通》、蔡邕、應劭等盛稱九室以象九州，十二堂以象十二辰。天室以祭天，天堂以布政。依行而祭，故室不過五；依時布政，故堂不踰四。州之與辰，非所可法。九與十二，厥用安在？今聖朝欲遵道訓人，備禮化物，宜則五室，以爲永制。至如廟學之嫌，臺治之雜，袁凖之徒已論正矣。』」

《隋書》四十九《牛宏傳》：「宏請依古制修立明堂，上議曰：

竊謂明堂者，所以通神明，感天地，出教化，崇有德。《孝經》曰：『宗祀文王於明堂，以配上帝。』《祭義》云：『祀於明堂，教諸侯孝也。』黄帝曰合宫，堯曰五府，舜曰總章，布政興治，由來尚矣。《周官·考工記》曰：『夏后氏世室，殷人重屋，周人明堂。』馬融、王肅、干寶所注，與鄭亦異，今不具出。漢司徒馬宫議云：『夏后氏世室，室顯於堂，故命以室。殷人重屋，屋顯於堂，故命以屋。周人明堂，堂大於夏室，故命以堂。夏后氏益其堂之廣百四十四尺，周人明堂，以爲兩序間大夏后氏七十二尺。』若據鄭玄之説，則夏室大於周堂，如依馬宫之言，則周堂大於夏室。後王轉文，周大爲是。但宫之所言，未詳其義。此皆去聖久遠，禮文殘缺，先儒解説，家異人殊。鄭注《玉藻》亦云：『宗廟路寢，與明堂同制。』《王制》曰：『寢不踰廟。』明大小是同。今依鄭玄注，每室及堂，止有一丈八尺，四壁之外，四尺有餘。若以宗廟論之，祫享之時，周人旅酬六尸，并后稷爲七，先公昭穆二尸，先王昭穆二尸，合十一尸，三十六王，及君北面行事於二丈之堂，愚不及此。若以正寢論之，便須朝宴。據《燕禮》：『諸侯宴，則賓及卿大夫脱屨升堂。』是知天子燕，則三公九卿並須升堂。《燕義》又云：『席，小卿次上卿。』言皆侍席。止於二筵之間，豈得行禮？若以明堂論之，總享之時，五帝各於其室。設青帝之位，須於大室之内，少北西面。太昊從食，坐於其西，近南北面。祖宗配享者，又於青帝之南，稍退西面。丈八之室，神位有三，加以簠簋籩豆，牛羊之俎，四海九州美物咸設，復須席工升歌，出罇反坫，揖讓升降，亦以隘矣。據兹而説，近是不然。

案劉向《别録》及馬宫、蔡邕等所見，當時有《古文明堂禮》、《王居明堂禮》、《明堂圖》、《明堂大圖》、《明堂陰陽》、《太山通義》、《魏文侯孝經傳》等，並説古明堂之事。其書皆亡，莫得而正。今《明堂月令》者，鄭玄云：『是呂不韋著《春秋十二紀》之首章，禮家鈔合爲記。』蔡邕、王肅云周公所作《周書》內有《月令》第五十三，即此也。各有證明，文多不載。束晳以爲夏時之書。劉瓛云：『不韋鳩集儒者，尋於聖王月令之事而記之。不韋安能獨爲此記？』今案不得全稱《周書》，亦未可即爲秦典，其內雜有虞、夏、殷、周之法，皆聖王仁恕之政也。蔡邕具爲章句，又論之曰云云。蒙案：此下引《明堂月令論》言明堂之名、制度之數，今不具出。觀其模範天地，則行陰陽，必據古文，義不虛出。今若《紀》取《考工》，不參《月令》，青陽、總章之號不得而稱，九月享帝之禮不得而用。今檢明堂必須五室者何？《尚書帝命驗》曰：『帝者承天立五府，赤曰文祖，黃曰神斗，白曰顯紀，黑曰玄矩，蒼曰靈府。』鄭玄注曰：『五府與周之明堂同矣。』且三代相沿，多有損益，至於五室，確然不變。夫室以祭天，天實有五，若立九室，四無所用。布政視朔，自依其辰。鄭司農云：『十二月分在青陽等左右之位。』不云居室。鄭玄亦①言：『每月與其時之堂而聽政焉。』《禮圖》畫个，皆在堂偏，是以須爲五室。明堂必須上圓下方者何？《孝經援神契》曰：『明堂者，上圓下方，八窻四達，布政之宫。』《禮記·盛德》篇曰：『明堂四户八牖，上圓下方。』《五經異義》稱講學大夫淳于登亦云，鄭玄同之。是以須爲圓方。明堂必須重屋者何？案《考工記》，夏言『九階，四旁夾窻，門堂三之二，

---

①「亦」，原本及《清經解》本皆誤作「不」，今據《隋書》改。

室三之二』。殷周不言者，明一同夏制。殷言『四阿重屋』，周承其後不言屋，制盡同可知也。其『殷人重屋』之下，本無五室之文，鄭注云：『五室者，亦據夏以知之。』明周不云重屋，因殷則有，灼然可見。《禮記·明堂位》曰：『太廟天子明堂。』言魯爲周公之故，得用天子禮樂，魯之太廟與周之明堂同。又曰：『複廟重檐，刮楹達嚮，天子之廟飾。』鄭注：『複廟，重屋也。』據廟既重屋，明堂亦不疑矣。《春秋》文公十三年：『太室屋壞。』《五行志》曰：『前堂曰太廟，中央曰太室，屋其上重者也。』服虔亦云：『太室，太廟太室之上屋也。』《周書·作洛》篇曰：『乃立太廟、宗宫、路寢、明堂，咸有四阿反坫，重亢重廊。』孔晁注曰：『重亢累棟，重廊累屋也。』依《黄圖》所載，漢之宗廟皆爲重屋。此去古猶近，遺法尚在，是以須爲重屋。明堂必須爲辟廱者何？《禮記·盛德》篇曰：『明諸侯尊卑也。外水曰辟雍。』《明堂陰陽録》曰：『明堂之制，周圜行水，左旋以象天，内有分室以象紫宫。』此明堂有水之明文也。然馬宫、王肅以爲明堂、辟廱、太學同處，蔡邕、盧植亦以爲明堂、靈臺、辟雍、太學同實異名。其言别者，《五經通義》曰：『靈臺以望氣，明堂以布政，辟廱以養老教學。』三者不同。袁準、鄭玄亦以爲别。歷代所疑，豈能輒定？今據《郊祀志》云：『欲治明堂，未曉其制。濟南人公玉帶上黄帝時明堂圖，一殿無壁，蓋之以茅，水圜宫垣，天子從之。』以此而言，其來則久。漢中元二年，起明堂、辟雍、靈臺於洛陽，並别處。然明堂亦有璧水，李尤《明堂銘》云『流水洋洋』是也。以此須有辟雍。夫帝王作事，必師古昔，今造明堂，須以《禮經》爲本。形制依於周法，度數取於《月令》，遺闕之處，參以餘書。其五室九階，上圓下方，四阿重屋，兩旁夾門，依《考工記》、《孝經説》。堂方一百四十四尺，屋圓楣徑二百一十六尺，太室方六丈，通天屋徑九丈，八闥二十八柱，堂高三尺，四向五色，依《周書·月令》論。殿垣方在內，水周於外，水內徑三百步，依《太山盛德記》、《覲禮經》。仰觀俯察，皆有則象，足以盡誠上帝，祇配祖宗，宏風布教，作範於後矣。」

《隋書》六十八《宇文愷傳》：「愷奏《明堂議》曰：

臣愷謹案：《淮南子》曰：『昔者神農之治天下也，甘雨以時，五穀蕃植，春生夏長，秋收冬藏，月省時考，終歲獻貢，以時嘗穀，祀於明堂。明堂之制，有蓋而無四方，風雨不能襲，燥濕不能傷，遷延而入之。』臣愷以爲上古朴略，刱立典刑。《尚書帝命驗》曰：『帝者承天立五府，以尊天重象。赤曰文祖，黃曰神斗，白曰顯紀，黑曰玄矩，蒼曰靈府。』《尸子》曰：『有虞氏曰總章。』《周官·考工記》曰：『夏后氏世室，堂修二七，博四修一。』注云：『修，南北之深也。夏度以步，令堂修十四步，其博益以四分修之一，則明堂博十七步半也。』臣愷按，三王之世，夏最爲古，從質尚文，理應漸就寬大，何因夏室乃大殷堂？相形爲論，理恐不爾。《記》云『堂修七，博四修』，若夏度以步，則應修七步。注云『令堂修十四步』，乃是增益《記》文。殷周二室獨無加字，便是其義，類例不同。山東《禮》本輒加『二七』之字，何得殷無加尋之文，周闕增筵之義？研覈其趣，或是不然。讎校古書，並無二字，此乃桑間俗儒信情加減。《黃圖》議云：『夏后氏益其堂之大一百四十四尺，周人明堂以爲兩杼間。』馬宮之言，止論堂之一面，據此爲準，則三代堂基並方，得爲上圓之制。

諸書所説，並云下方，鄭注《周官》，獨爲此義，非徒與古違異，亦乃乖背禮文。尋文求理，深恐未愜。《尸子》曰：『殷人陽館。』《考工記》曰：『殷人重屋，堂修七尋，堂崇三尺，四阿重屋。』注云：『其修七尋，五丈六尺，放夏周則其博九尋，七丈二尺。』又曰：『周人明堂，度九尺之筵，東西九筵，南北七筵。堂崇一筵。五室，凡室二筵。』《禮記·明堂位》曰：『天子之廟，複廟重檐。』鄭注：『複廟，重屋也。』注《玉藻》云：『天子廟及路寢，皆如明堂制。』《禮圖》云：『於内室之上，起通天之觀，八十一尺，得宫之數，其聲濁，君之象也。』《大戴禮》曰：『明堂者古有之，凡九室，一室有四户八牖。以茅蓋，上圓下方，外水曰璧廱。赤綴户，白綴牖。堂高三尺，東西九仞，南北七筵。其宫方三百步。凡人民疾，六畜疫，五穀災，生於天道不順。天道不順，生於明堂不飾。故有天災，則飾明堂。』《周書·明堂》曰：『堂方百一十二尺，高四尺，階博六尺三寸。室居内，方百尺，室内方六十尺。户高八尺，博四尺。』《作洛》曰：『明堂太廟路寢，咸有四阿，重亢重廊。』孔氏注云：『重亢，累棟。重廊，累屋也。』《禮圖》曰：『秦明堂九室十二階，各有所居。』《吕氏春秋》曰：『有十二堂。』與《月令》同，並不論丈尺。臣愷案：十二階雖不與《禮》合，一月一階，非無理思。《黄圖》曰：『堂方百四十四尺，法坤之象也，方象地。屋圓楣徑二百一十六尺，法乾之策也，圓象天。室九宫，法九州。太室方六丈，法陰之變數。十二堂法十二月，三十六户法極陰之變數，七十二牖法五行所行日數。八達象八風，法八卦。通天臺徑九尺，法乾以九覆六。高八十一尺，法黄鍾九九之數。二十八柱象二十八宿。堂高三尺，土階三等，法三統。堂四向五色，法四時五行。殿門去殿七十二步，法五行所行。門堂長四丈，取太室三之二。垣高無蔽目之照，牖六尺，其外倍之。殿垣方，在水内，法地陰也。水四周於外，象四海，圓法陽也。水濶二十四丈，象二十四氣。水内徑三丈，應《覲禮經》。』武帝元封二年，立明堂汶上，無室。其外略依此制。《泰山通議》今亡，不可得而辨也。《禮圖》曰：『建武三十年作明堂，明堂上圓下方，上圓法天，下方法地，十二堂法日辰，九室法九州。室八牕，八九七十二，法一時之王。室有二户，二九十八户，法土王十八日。内堂正壇高三尺，土階三等。』胡伯始注《漢官》云：『古清廟蓋以茅，今蓋以瓦，下藉茅，以存古制。』自古《明堂圖》惟有二本，一是宗周，劉熙、阮諶、劉昌宗等作，三圖略同。一是後漢建武三十年作，《禮圖》有本，不詳撰人。臣遠尋經傳，旁求子史，研究衆説，總撰今圖。其様以木爲之，下爲方堂，堂有五室，上爲圓觀，觀有四門。」

《舊唐書·禮儀志》：「貞觀十七年，秘書監顏師古《明堂議》曰：『《周書》之敘明堂，紀其四面，則有應門、雉門，據此一塗，固是王者之常居耳。其青陽總章，玄堂太廟，左个右个，與四時之次相用，則路寢之義，足爲明證。又古文《王居明堂》之篇，帶以弓韣，祠于高禖下，九門磔禳以禦疾疫，置梁除道，以利農夫，令國有酒，以合三族。此等事，皆合《月令》之文。觀其所爲，皆在路寢者也。《戴禮》：「昔周公朝諸侯于明堂之位，天子負斧扆，南向而立。明堂也者，明諸侯之尊卑也。」又云：「周人明堂，度九尺之筵，東西九筵，堂一筵。」據其制度，即大寢也。亦曰：「黄帝曰合宫，有虞氏曰總章，殷曰陽館，周曰明堂。」斯皆路寢之徵，知非別處。《大戴》所説，初有近郊之言，復稱文王之廟，進退無據，自爲矛盾。原夫負扆受朝，常居出入，既在皋庫之内，亦何云於郊野哉？《孝經傳》云：「在國之陽，又無里數。漢武有懷創造，詢於搢紳，言論紛然，終無定據，乃立於汶水之上，而宗祀焉。」明其不拘遠近，無擇方面。孝成之代，表行城南，雖有其文，厥功靡立。平帝元始四年，大議營創。孔牢等乃以爲明堂、辟雍、太學，其實一也，而有三名。金褒等又稱經傳無文，不能分别同異。蔡邕作《論》，復云明堂、太廟，一物二名。鄭玄則曰：「在國之陽，三里之外，七里之内，丙巳之地。」潁容《釋例》亦云：「明堂、太廟，凡有八名，其體一也。」苟立同異，競爲巧説，並出自胸懷，曾無師祖。審夫功成作樂，理定制禮，草創從宜，質文遞變，旌旗冠冕，古今不同，律度權衡，前後不一，隨時之義，斷可知矣。」

《禮記·玉藻》正義：「太廟、路寢既如明堂，則路寢之制，止有五室，不得有房。而《顧命》有東房、西房。又鄭注《樂記》云：『文王之廟，爲明堂制。』按《覲禮》，朝諸侯在文王廟，而《記》云『几俟於東箱』者，鄭答趙商云：『成王崩，時在西都。文王遷豐，作靈臺、辟雍而已。其餘猶諸侯制度焉，故知此喪禮，設衣服有夾有房也。周公攝政，制禮作樂，乃立明堂於王城。』如鄭此言，是成王崩時，路寢猶如諸侯之制，故有左右房也。《覲禮》在文王之廟，而《記》云『几俟於東箱』者，是記人之説誤耳。或可文王之廟，不如明堂制，但有東房、西房，故魯之太廟如文王廟，《明堂經》云『君卷冕立於阼，夫人副褘立於房中』是也。《樂記》注稱『文王之廟如明堂制』，有『制』字者誤也。然西都宫室既如諸侯制，按《詩·斯干》云：『西南其户。』箋云：『路寢制如明堂。』是宣王之時在鎬京，而云『路寢制如明堂』，則西都宫室如明堂也。故張逸疑而致問，鄭答之云：『周公制於土中，《洛誥》云：「王入太室祼。」是

《顧命》成王崩於鎬京，承先王宮室耳。宣王承亂，又不能如周公之制。』如鄭此言，則宣王之時，所營宮室，還依天子制度也。按《詩·王風》：『右招我由房。』鄭答張逸云：『路寢，房中可用。男子而路寢，又有左右房者。』劉氏云：『謂路寢下之燕寢，故有房也。』熊氏云：『平王微弱，路寢不復如明堂也。』」

正義又云：「《王制》云：『小學在公宮南之左，大學在郊。』即云：『天子曰辟雍。』是學不得與明堂同爲一物。又天子宗廟在雉門之外。《孝經緯》云：『明堂在國之陽。』《玉藻》又云『聽朔於南門之外』，是明堂與宗廟別處，不得爲一也。」

休寧戴吉士震《明堂考》曰：「明堂，法天之宮。五室十二堂，故曰明堂月令。中央太室，正室也，一室而四堂，其東堂曰青陽，大廟南堂曰明堂，大廟西堂曰總章，大廟北堂曰玄堂。大廟四隅之室，夾室也。《釋名》：「夾室在堂兩頭，故曰夾也。」四室而八堂：東北隅之室，玄堂之右夾，青陽之左夾也，其北堂曰玄堂右个，東堂曰青陽左个；東南隅之室，青陽之右夾，明堂之左夾也，其東堂曰青陽右个，南堂曰明堂左个；西南隅之室，明堂之右夾，總章之左夾也，其南堂曰明堂右个，西堂曰總章左个；西北隅之室，總章之右夾，玄堂之左夾也，其西堂曰總章右个，北堂曰玄堂左个。凡夾室前堂或謂之『箱』，或謂之『个』，《左傳·昭公四年》：「使寘饋于个而退。」杜注云：「个，東西箱。」是箱得通稱曰个也。兩旁之名也。劒脅之兩旁謂之兩相，侯之左右謂之左个、右个，亦此義。古者宮室恒制，前堂後室，有夾，堂東曰東夾室，堂西曰西夾室。有个，東夾前曰東堂，亦曰東箱。西夾前曰西堂，亦曰西箱，《左傳》所謂「个」。有房，室東曰東房，亦曰左房，室西曰西房，亦曰右房。惟南嚮一面。明堂四面闓達，亦前堂後室，有夾，有个而無房。房者，行禮之際，別男女，婦人在房，明堂非婦人所得至，故無房宜也。王者而後有明堂，其制蓋起於古遠。夏曰世室，殷曰重屋，周曰明堂。三代相因，異名同實與？明堂在國之陽，淳于登說：「在三里之外，七里之內，丙巳之地。」《韓詩》說，明堂在南方七里之郊。祀五帝、聽朔、會同，諸侯大政在焉。夏曰世室，世世弗壞，案：世室猶太室也。夏曰世室，舉中以該四方，猶周曰明堂，舉南以該三面也。或以意命之也。殷曰重屋，阿閣四注，或以其制命之也。周人取天時、方位以命之，東青陽，南明堂，西總章，北玄堂，而通曰明堂，舉南以該其三也。四正之堂皆曰大廟，四正之室共一大室，故曰大廟大室，明大室處四正之堂中央爾。世之言明堂者，有室無堂，不分个夾，失其傳久矣。」

曲阜孔檢討廣森《禮學卮言·世室明堂解》曰：「夏后氏世室，世室者，明堂之中室，夏以室舉，周以堂稱，異名而同實。故周公作洛，立文武之廟，制如明堂，謂之文世室、武世室。《洛誥》曰：「王入太室祼。」太室猶世室也。《春秋》「世室屋壞」，《左氏經》爲「太室」。堂修二七，廣四修一，明堂之制，順時布政，四方有堂，東曰青陽，南曰明堂，西曰總章，北曰玄堂。修二七者，每一面之堂其深十四步也。廣四修一者，謂堂之廣與四堂之修皆若一也。然則四堂各方十四步，全基方四十二步，以六尺之步計之，爲二百五十二尺。鄭君以十四步遂爲堂室之通基，而又自覺其隘，乃疑《記》是假令之數，誤矣。五室，三四步，四三尺，注云：「堂上爲五室，象五行也。木室於東北，火室於東南，金室於西南，水室於西北，土室於中央。」廣森謂：《易》之卦位，乾爲金，居西北，巽爲木，居東南。《鄉飲酒義》亦以東南爲仁，西北爲義。鄭君所說，似失其方，今更正之。東北水室，東南木室，西南火室，西北金室。《呂氏春秋》曰周明堂，金在其後，此之謂也。三四步者，十二步也。四三尺者，十二尺也。四隅之室方十二步，中央之室，益以十二尺，則亦方十四步，與堂修廣同。九階，注曰：「南面三，三面各二。」案《管子》

曰：「立三階之上，南面而受要。」《明堂位》曰：「三公，中階之前。」知明堂南面正中有階，與廟寢惟賓階、阼階者異也。四旁兩夾，四旁猶四方也，四方各有兩夾，當隅室户牖之外，即所謂左右个也。木室南之前曰明堂左个，東之前曰青陽右个。水室東之前曰青陽左个，北之前曰玄堂右个。金室北之前曰玄堂左个，西之前曰總章右个。火室西之前曰總章左个，南之前曰明堂右个。《盛德記》十二堂謂此四方各一堂兩个，通之爲十二矣。凡廟寢兩序之外，必有東堂、西堂，其後有室，謂之夾室。明堂之有左右个，猶廟寢之有東西堂。由此言之，明堂之所異者，在四面如一，而自其一面視之，則皆前堂後室。隅室之墉即序也。个即箱也，隅室當个之後，即夾室也。與《儀禮》廟寢之制固不相遠也。太室之户四通，自南視之，前明堂後太室。自北視之，前玄堂後太室。自東視之，前青陽後太室。自西視之，前總章後太室。窻，白盛，《明堂月令》曰：「室四户，户二牖。赤綴户，白綴牖也。」白盛即所謂白綴，獨言者，明其尚潔質。門堂，三之二，室，三之一。明堂周垣有四門，《三朝記》曰：「天子盛服朝日于東堂。」此明堂之東門也。虎闈蓋西門也，玄闈蓋北門也，皆爲臺門，故有階有堂。堂之左右有室，所謂塾矣。其度，門基通廣取於堂廣三分之二，得五十六尺。又取堂廣三分之一，得二十八尺，以爲兩室。左右之室各廣丈有四尺。實則室基居門基之半，而門中兩棖相距亦合堂三之一也。舊注兩室與門各居一分，今不從者，據下記「廟門容大扃七个」，鄭云「大扃，牛鼎之扃，長三尺，七个二丈一尺」，計周堂六丈三尺，若取其三分之一以爲門，適得二丈一尺，以是知之。殷人重屋，堂修七尋，堂崇三尺，四阿，重屋。殷人始爲重檐，故以重屋名。八尺曰尋，七尋五十六尺也。不言廣，正方可知。四堂之基，通方二十一尋，凡百六十八尺。四阿者，屋上四角爲飛簷也。《逸周書》曰：「乃位五宫：太廟、宗宫、考宫、路寢、明堂。咸有四阿、反坫，重亢、重廊。」鄭注《儀禮》云坫在堂角，此四阿之下即堂之四角，所謂「反坫出尊，崇坫康圭」者，蓋在其上焉。裴頠云「漢氏作四維之个」，則於堂坫增建四室，故聶氏《三禮圖》繪九室明堂，並接四角爲之。而孔晁之徒以反坫爲外向室者，或亦本于此。周人明堂，度九尺之筵，東西九筵，南北七筵，堂崇一筵，五室，凡室二筵。」九筵似記者之誤，《明堂月令》曰：「東西九仞，南北七筵。」《五經異義》及宇文愷、李謐所引並同。七尺謂之仞，九仞七筵，變文言之，實皆六丈三尺，其堂正方，四堂之基，通方二十一筵，爲百八十九尺，侈于殷，小于夏焉。凡室二筵，謂四隅之室，其中室必從堂之方，故《記》略之。隋宇文愷《明堂議》引《周書·明堂》曰：「室居内，方百尺，室内方六十尺。」愚謂：室内，太室之内也；爲方六十三尺，加兩夾之室各二筵，則五室之方居堂内九十九尺。云百尺及六十尺者，皆舉成數。夏室廣而个狹，周室狹而个廣，三王異世，損益相變。漢司徒馬宫《明堂議》云：「夏后氏世室，室顯於堂，故命以室。周人明堂，堂大於室，故命以堂。」今所推論，爲與宫議合也。宫又云：「夏后氏益其堂之廣百四十四尺，周人明堂，以爲兩序間大夏后氏七十二尺。」蓋宫以堂修二七爲修十四丈，廣四修一爲益廣四尺，故夏堂得廣一百四十四尺，周兩序間七十二尺者，亦據東西九仞言之，但彼以八尺之仞計耳！

歙金修撰榜《禮箋》曰：「漢以來言明堂者，人各異説，由未辨於其地，以王居聽政之明堂，與合諸侯之明堂溷而一之也。所謂王居聽政之明堂即路寢，路寢者，大寢也。《月令》：『孟春之月，天子居青陽左个，仲春居青陽太廟，季春居青陽右个。孟夏居明堂左个，仲夏居明堂大廟，季夏居明堂右个。中央土，居大廟大室。孟秋居總章左个，仲秋居總章大廟，季秋居總章右个。孟冬居玄堂左个，仲冬居玄堂太廟，季冬居玄堂右个。』鄭康成氏以大寢東堂、大寢南堂、大寢西堂、大寢北堂釋之。《周官經》：『大史閏月，詔王居門終月。』鄭君注：『門，爲路寢門。』又援鄭司農云：『《月令》十二月分在青陽、明堂、總章、玄堂左右之位，惟閏月無所居，居于門，故于文，「王」在「門」謂之閏。』先後鄭皆知《月令》所舉曰大室，曰大廟，曰左右个者爲路寢，蓋順時布令，日所有事于其地，終月而遷焉，歲徧。《逸禮·王居明堂之禮》有曰：「出十五里迎歲。」曰：「帶以弓韣，禮之禖下，其子得天材。」曰：「季春，出疫于郊，以攘春氣。」曰：「毋宿于國。」曰：「仲秋，乃命國醵。」曰：「仲秋，九門磔攘，以發陳氣，禦止疾疫。」曰：「仲秋，命庶民畢入于室。」曰：「時殺將至，毋罹其災。」曰：「季秋，除道致梁，以利農也。」曰：「孟冬之月，命農畢積聚，繫收牛馬。」曰：「季冬命國爲酒，以合三族。君子悦，小人樂。」其事皆國中順時而布之，天子日視朝，退適聽政在此，故其禮如此。《考工記》：『周人明堂，度九尺之筵，東西九筵，南北七筵，五室，凡室二筵。』《大戴禮記・盛德》篇綴明堂數説，於末有曰：『此天子之路寢也。不齊不居其室。待朝在南宫，揖朝出其南門。』凡月朔先朝日，而後聽朔。故《禮記・玉藻》篇曰：『玄端鄭注：「端」當作「冕」。而朝日於東門之外，聽朔於南門之外，閏月則闔門左扉，立於其中。皮弁以日視朝。』天子聽朔、視朝同地，《記》於視朝不言地，蒙上『南門之外』省文。據下諸侯「朝服以日視朝於内朝」言地知之。南門即路門。注釋東門、南門爲國門，釋闔門爲明堂門，自成齟齬。《周官經・典瑞》『王搢大圭，執鎮圭，繅藉五采五就，以朝日』，所以明有尊也。會同率諸侯朝日，《大戴禮記・朝事義》：「天子冕而執鎮圭，尺有二寸，藻藉尺有二寸，搢大圭，乘大輅，建大常十有二旒，樊纓十有二就，貳車十有二乘。率諸侯朝日於東郊，所以教尊尊也。退而朝諸侯。」《覲禮》王見諸侯服衮冕，會同之禮先朝日，然後朝諸侯，明其同服。及春朝朝日，孔子《三朝記》：「《詩》云：『東有啓明。』于時雞三號，以興庶虞，庶虞動，蜚征作。嗇夫執功，百草咸淳，地傾水流之。天子盛服朝日于東堂，以教敬示威于天下也。」此天子春朝朝日之禮。東堂，東郊之堂。《皇覽》：「迎春東堂。」皆在東郊，服衮冕。月朔朝日，《春秋》：「莊十八年春，王正月，日有食之。」《穀梁傳》：「不言日，不言朔，夜食也。何以知其夜食也？曰：王者朝日。」日食皆在朔，因朝食而知夜食，則天子有月朔朝日之禮審矣。天子先朝日然後聽朔，于朝諸侯則聽朔于太廟然後朝廟，故《穀梁傳》云：「天子朝日，諸侯朝朔。」明尊卑異禮。在路寢東門之外，服玄冕。魏文帝詔曰：「漢時不拜日于東郊，而旦夕常於殿下東面拜日。」見《後漢書・禮儀志》注。猶略循古法。由宫中言之，是爲某門外，其國門之外則謂之郊，如《記》言「兆于南郊，迎春東郊」，不曰某門之外。舉近舉遠異辭。路寢之四門，東、南稱門，西、北亦稱闈。蔡邕《明堂月令論》引《王居明堂逸禮》。《周官》：師氏使其屬守王門，保氏使其屬守王闈。凡祭祀，齋于路寢，『隸僕掌五寢之埽除糞灑之事。祭祀，修寢』是也。五寢即五室，別言之爲五寢，統言之爲大寢。鄭君以爲廟寢，失之矣。《守祧職》云：「其廟則有司修除之，其祧則守祧黝堊之。」注：「有司，宗伯也。修除、黝堊互言之，有司恒主修除，守祧恒主黝堊。」隸僕爲王宮執事之官，『王行，洗乘石。掌蹕宮中之事』。然則廟祧非其職掌所得及甚明，前云五寢，後云『大喪，復於大寢、小寢』，以《檀弓》『君復於大祖、小祖、大寢、小寢』考之，《天官・夏采》『以冕服復於大祖』，《祭僕》『大喪復于小廟』，是天子復于大祖、小祖之事，其復于大寢、小寢，則此隸僕所職是也。《士喪禮》：「死於適室，復者升自東榮，降衣於前。受用篋，升自阼階，以衣尸。」此士復適寢之禮，足相證明矣。鄭君云：「小寢，高祖以下廟之寢，始祖曰大寢。」亦誤。宮人掌王宮六寢之修。大寢既稱五寢，合小寢而六歟？古者寢興之地尚專一，蓋自天子達。路寢五室之制，夏后、殷、周一也。夏曰世室，殷曰重屋，周曰明堂。鄭君唯釋重屋爲「王宮正堂，若大寢然」，匠人營國，言「國中九經九緯，經涂九軌。左祖右社，面朝後市，市朝一夫」，皆據王宮所居言之，遂明王宮大寢之制。其言左祖，則謂世室爲宗廟者，非也。其言國中，則謂明堂爲在國之陽者，非也。據大室言之曰世室，據南堂言之曰明堂，蓋異名同實。所謂合諸侯之明堂，于《周官經・司儀》及《覲禮》見。宮壇之制，于《明堂位》見。階門之位，《大戴禮記・朝事義》則兼舉之。《司儀職》曰：『將合諸侯，則令爲壇三成，宮，旁一門。』《覲禮》曰：『諸侯覲於天子，爲宮方三百步，四門，壇十有二尋，深四尺，加方明于其上。天子出拜日于東門之外，反祀方明。《覲禮》：「方明者，木也，方四尺。設六色：東方青，南方赤，西方白，北方黑，上玄，下黃。設六玉：上圭，下璧，南方璋，西方琥，北方璜，東方圭。」《大宗伯》：「以玉作六器，以禮天地四方。以蒼璧禮天，以黃琮禮地，以青圭禮東方，以赤璋禮南方，以白琥禮西方，以玄璜禮北方，皆有牲幣，各放其器之色。」其文次六瑞、六贄下。六瑞，諸侯執以朝；六贄，諸臣執以見，此六器則會同諸侯祀方明所設，其事相因，文故相次。《小行人》：「合六幣：圭以馬，璋以皮，璧以帛，琮以錦，琥以繡，璜以黼。」《典瑞》：

「駔圭璋璧琮琥璜之渠眉，疏璧琮以斂尸。」是皆六玉有琮，與《大宗伯》文合。《覲禮》不云上琮下璧，而云上圭下璧，記者文誤耳。鄭君以六器爲圜丘、方澤，及四時迎氣所用之玉，據《典瑞》「祀天以四圭，祀地以兩圭」，其旅上帝亦以四圭，與《大宗伯》禮天地四方異玉。《牧人》「陽祀用騂牲，毛之。陰祀用黝牲，毛之」，《禮記》亦云「郊之祭也，牲用騂」，又與《大宗伯》「牲幣，各倣其器之色」者異牲。然則六器、六幣爲祀方明所用甚明。禮日於南門外，禮月與四瀆于北門外，禮山川丘陵于西門外。』《盛德》篇曰：『明堂者，所以明諸侯尊卑。其宫方三百步。在近郊。』《明堂位》曰：『昔者周公朝諸侯於明堂之位，天子負斧依，南鄉而立。宫廟之中設斧扆皆在牖户之間，故《爾雅》云：「牖户之間謂之扆。」此以其所在處名之者也。《周官·司几筵職》：「凡大朝覲、大饗射，凡封國、命諸侯，王位設黼依，依前南鄉。」則黼依所設非一地。《明堂位》：「昔者周公朝諸侯于明堂之位，天子負斧依，南鄉而立。」則非設于牖户之間，故謂牖户間爲扆則可，謂依必設于牖户間則不可也。三公，中階之前，北面東上。諸侯之位，阼階之東，西面北上。諸伯之國，西階之西，東面北上。此言階者，即《司儀》所云「爲壇三成」是也。當階中者爲中階，當階東者爲阼階，當階西者爲西階。鄭君據此釋《匠人》「九階」爲南面三階，非也。九階當以賈、馬諸家九等階之説爲定。諸子之國，門東，北面東上。諸男之國，門西，北面東上。九夷之國，東門之外，西面北上。八蠻之國，南門之外，北面東上。六戎之國，西門之外，東面南上。五狄之國，北門之外，南面東上。九采之國，應門之外，北面東上。四塞之國，世告至。此周公明堂之位也。』此爲壇爲宫，謂之明堂，無室廟个之制，惟四面表其門，則不殊南門之前，又表正門亦謂之應門。《覲禮》于祀方明言反，則出拜日爲出其宫門可知。鄭君亦以國門釋之，非也。方明之祀配以受命之王。《古文尚書·伊訓》：『伊尹祀于先王，誕資有牧方明。』《漢書》援之而曰：『言雖有成湯、大丁、外丙之服，以冬至越茀祀先王於方明以配上帝。』《孝經》：『宗祀文王於明堂以配上帝。四海之内，各以其職來祭。』《大戴禮記・盛德》篇有「或説明堂爲文王之廟」，緣此致誤。殷周典禮相沿之可稽者，若此書『禋于六宗』，説者釋爲上下四方之宗，《書大傳》：「萬物非天不覆，非地不載，非春不生，非夏不長，非秋不收，非冬不藏。禋于六宗，此之謂也。」歐陽和伯、夏侯建云：「六宗，上不謂天，下不謂地，旁不謂四方，在六者之間，助陰陽變化者也。」後代不聞祀六宗，方明蓋其遺象，宗祀之名所由昉也。巡狩則方岳之下，覲其方之羣后，亦曰明堂。《孟子》書：『齊宣王曰：人皆謂我毁明堂。』《史記》：『泰山東北趾，古時有明堂處。』楊倞注《荀子・彊國篇》云：「明堂，壇也，謂巡狩至方岳之下，會諸侯，爲宫三百步，四門，壇十有二尋，深四尺，加方明其上。《左氏傳》『爲王宫于踐土』，亦其類也。」宋吴仁傑《兩漢刊誤補遺》並主斯説。鄭君知《月令》室廟个之爲大寢，又以五室之明堂在國之陽，以宗祀爲祀五帝。榜謂：古者神祇皆兆祀。《小宗伯》『兆五帝于四郊』，未聞祀於五室之堂。兆祀五帝配以五人帝、五人神，未聞更配以文王。昔儒所以致誤者，《月令》、《考工》言明堂詳矣，不知其即路寢，因近郊及四岳明堂之名最著，遂以室廟个之制加之，而《周官》、《儀禮》爲宫爲壇之爲明堂，其名轉不可考。于是路寢、明堂異名同實，王朝之明堂與近郊之明堂同名殊制，均失其傳矣。」

陽湖孫大夫星衍《古合宫遺制考》曰：「明堂作自神農，傳之五帝，三代增損其制，或稱合宫，稱衢室，稱總期，稱總街，稱重屋，以此諸名，知爲九室，有交道重屋，其傳自古，無疑也。舉青陽明堂諸名則曰五室，别于太室曰四堂，兼及四隅曰九室，分爲左右个曰十二堂，義無違牾，在善讀書。九室之文，見于《考工記》，『天子廟及路寢皆如明堂制』之言出于鄭注，而後人以三代無九室者，何也？必有九室、有交道，而後可施三十六户、七十二牖，有重屋而九室明顯，有宫垣而後可施四門，前儒或未知之。靈臺者，臺門，在宮垣之南。辟雍者，水名，在宮垣之外。太學者，四門之學，在門堂。諸侯半天子之宮，故泮水不周其北，有大廟太室，無玄堂也。明堂蓋行禮之宮，禮畢則虛其位，故宗祀則曰清廟，齋宿則曰路寢，教士則曰大學，養老則曰庠，始自東則曰東序，習射則曰澤宮，大饗、獻馘諸大禮皆于此宮。漢儒知之，後儒或又惑之。」

又曰：「按《考工記》既云五室，又稱內外有九室，則知約舉青陽明堂諸有名之室爲五，而四隅室在其數中，周制本有九室也。鄭注《玉藻》云：『天子廟及路寢，皆如明堂制。』沈約《宋志》云：『《周書》亦清廟、明堂、路寢同制。』據內有九室之文，則明堂亦九室矣，非九室，則九階何施？內九室，蓋言王宮之內。」

萬中書世美曰：「《考工記》云：『內有九室，九嬪居之。外有九室，九卿朝焉。』注：『內，路寢之裏也。外，路門之外也。』與明堂何涉？孫乃引之以證明堂之九室，豈明堂之九室又可分爲十八，令九嬪、九卿分據內外耶？抑內寢及諸曹治事之處制皆如明堂耶？九階施于九室，則是每室一階，多寡適合，曾不思居中之太室階於何施耶？凡孫所言，極爲疎舛。」①

江都汪中《述學·明堂通釋》曰：「明堂有六：一，宗周；二，東都；三，路寢；四，方岳之下；五，太學；六，魯太廟。

---

①「凡孫所言極爲疎舛」八字，原本無，今據《清經解》本補。

《逸周書・明堂》篇：『周公相武王以伐紂，①夷定天下。既克紂六年而武王崩，成王嗣，幼弱，未能踐天子之位。周公攝政君天下，弭亂，六年而天下大治。乃會方國諸侯於宗周，大朝諸侯於明堂之位。天子之位，負斧扆南面立，公卿士侍於左右。三公之位，中階之前，北面東上。諸侯之位，阼階之東，西面北上。諸伯之位，西階之西，東面北上。諸子之位，門内之東，北面東上。諸男之位，門内之西，北面東上。九夷之國，東門之外，西面北上。八蠻之國，南門之外，北面東上。六戎之國，西門之外，東面南上。五狄之國，北門之外，南面東上。四塞九采之國，世告至者，應門之外，北面東上。此宗周明堂之位也。明堂，明諸侯之尊卑也，故周公建焉，而朝諸侯於明堂之位。制禮作樂，頒度量，而天下大服，萬國各致其方賄。七年，致政於成王。』周公既行斯禮，太史遂記其事，以爲禮書，今在《覲禮》，曰：『諸侯覲於天子，爲宫方三百步，四門，壇十有二尋，深四尺，加方明於其上。方明者，木也，方四尺。設六色：東方青，南方赤，西方白，北方黑，上玄，下黄。設六玉：上圭，下璧，南方璋，西方琥，北方璜，東方圭。上介皆奉其君之旂，置於宫，尚左。公侯伯子男皆就其旂而立。四傳擯。天子乘龍，載大旂，象日月、升龍、降龍，出，拜日於東門之外，反祀方明。禮日於南門外，禮月與四瀆於北門外，禮山川邱陵於西門外。』於時有位於朝者，各於其職與執事焉，《周官》載之，以爲一代之典。其在《司儀》者曰：『將合諸侯，則令爲壇三成，宫旁一門。詔王儀，南鄉見諸侯，土揖庶姓，時揖異姓，天揖同姓。及

①「公」，原誤作「王」，今據《清經解》本改。

其擯君，各以其等，公於上等，侯伯於中等，子男於下等。其將幣亦如之，其禮亦如之。』其在《掌次》者曰：『朝日，祀五帝，則張大次、小次，設重帟重案。合諸侯亦如之。』其在《掌舍》者曰：『掌王之會同之舍。爲壇壝宮，棘門。』其在《大宗伯》者曰：『以玉作六器，以禮天地四方。以蒼璧禮天，以黄琮禮地，以青圭禮東方，以赤璋禮南方，以白琥禮西方，以玄璜禮北方，皆有牲幣，各放其器之色。』皆謂是禮所謂君作故也。周公既朝諸侯，遂率之以祀文王於明堂，以配上帝，而作《詩》曰：『我將我享，惟羊惟牛，惟天其右之。儀式型文王之典，日靖四方。伊嘏文王，既右饗之。我其夙夜，畏天之威，於時保之。』國史爲之《序》曰：『《我將》，祀文王於明堂也。』古者天子即位，朝諸侯，禮百神，具有其事。故《堯典》：『正月上日，受終于文祖。在璿璣玉衡，以齊七政。肆類于上帝，禋于六宗，望于山川，徧于羣神。輯五瑞，既月乃日覲四岳羣牧，頒瑞于羣后。』《伊訓》：『惟太甲元年十有二月乙丑朔，伊尹祀于先王，誕資有牧方明。』二文與《覲禮》正合，知明堂爲古禮。周公監於前代而舉此至大之禮，因是而制爲會同，以發四方之禁，施天下之政，習禮者傳釋其文，以爲《朝事義》。而魯之儒者又因《周書》之舊而增飾之，爲《明堂位》篇，以表周公之功。然有虞氏郊堯，夏后氏郊鯀，商人郊冥，代爲一帝。周公以后稷肇封有斄，思文之德，克配彼天，而文王受命稱王，爲周太祖，祭之宗廟，以鬼享之，不足以稱其德，於是協之於義，制爲明堂配帝之禮，然後尊親之道備焉。故孔子曰：『孝莫大於嚴父，嚴父莫大於配天。』則周公其人也。昔者周公郊祀后稷以配天，宗祀文王於明堂以配上帝，是以四海之内，各以其職來祭。』斯之謂矣。祀方明以禮天地四方之神，故《尚書大傳》曰：『六宗，天地四方也。萬物非天不覆，非地不載，非春不生，非夏不長，非秋不收，非冬不藏。』皆有功於民，故尊而祀之，六宗之祀與文王同地，故曰宗祀。四海九州之君咸在，國中不足以容之，故爲壇於郊。淳于登以爲三里之外，七里之内，是也。堂有二名，有宫室之堂，有壇壝之堂。《説文》：『堂，從土高省。』《金縢》：『爲三壇同墠。』馬融注：『壇，土堂。』《楚辭》：『南房小壇，觀絶霤只。』王逸注：『壇，猶堂也。』故爲壇於郊得稱曰堂，《太傅禮・四代》篇：『天子盛服朝日於東堂。』日不可禮於堂，亦謂東郊之壇也。以其無屋，故不曰當楣、當序端、當東西榮，而曰阼階之東、西階之西。以其爲壇壝宫，故有四門，有中階，不與寢廟同制。其曰應門，亦棘門也。天子歲即其地以祀五帝。《周官・小宗伯》：『兆五帝於四郊。』五帝與上帝爲通語，故《大宗伯》：『國有大故則旅上帝。』注：『上帝，五帝也。』《王制》：『天子將出，類於上帝。』注：『謂五帝之帝，所祭於南郊者。』五帝分祭於四郊而以南郊爲尊，故孟夏大雩，季秋大享，皆在南郊。降及秦漢之時，異名同制，猶封土爲之。《説文》：「時，天地五帝所基址，祭地。」天子又月即其地聽朔。《玉藻》：『天子玄端而聽朔於南門之外。』注：「端」當作「冕」。南門者，國門也。其外則明堂。古者禮行於廟，禮莫大於王事，故天子適諸侯必舍其祖廟，諸侯聽朔必於大廟。天子、諸侯皆受國於祖，周之祖爲文王，而明堂則文王配帝之所，視太廟尤重，故天子聽朔不於廟，於明堂，以明文王受命於天，始改正朔以頒邦國，後世莫敢外焉。故《春秋》書『春王正月』，《左氏》增成其義曰：『春王周正月。』而《公羊》爲之説曰：『王者孰謂？謂文王也。』是七十子所傳之大義不可誣矣。此宗周之明堂，其地在郊，其制爲壇三百步，其深四尺，旁各一門，爲周公攝政六年大朝諸侯，宗祀文王以配上帝之所。

《逸周書·作洛》篇：『周公將致政，乃作大邑成周於土中。城方千七百二十丈，郛方七十里，南繫於洛水，北因於郟山，以爲天下之大湊。乃設丘兆於南郊，以祀上帝，配以后稷。乃位五宫：大廟、大室、宗宫、考宫、路寢、明堂。咸有四阿、反坫。重亢，重郎，常累，復格，藻棁，設移，旅楹，春常，畫旅。内階、玄階，堤唐，山墻，應門，庫臺，玄閫。』此東都之明堂也。《匠人》載其制曰：『周人明堂，度九尺之筵，東西九筵，南北七筵，堂崇一筵，五室，凡室二筵。』古之室皆分堂之後爲之，有堂無室則曰榭，未有置室於堂之中央及四隅者。凡室二筵，此言乎南北之修也。以九筵之地界爲五室，室得一筵，有十分筵之八可知。故不言廣中爲大室，東爲東房，西爲西房。又東爲東夾，又西爲西夾。夾室之南謂之東堂、西堂，五宫皆同此制。宗周之大廟、路寢亦如之，其别於他宫室者，四阿、反坫之屬及夾室、東西堂耳。故見於《洛誥》者曰大室，見於《顧命》者曰牖間，曰西序，曰東序，曰西夾，曰西房，曰東房，曰東堂，曰西堂，此有周君臣喪祭所親歷之地，當日太史載事之明文。後之君子舍是，將何徵哉？東都之明堂亦謂之清廟，故《大戴記·盛德》篇：『或以爲明堂者，文王廟也。』又云：『明堂以茅蓋屋。』而《春秋傳》云『清廟茅屋』。蔡邕《明堂論》引《檀弓》『王齊禘於清廟明堂』，古《周禮》、《孝經説》以明堂爲文王廟，皆其證也。《周書·洛誥》正言作洛事而曰『戊辰，王在新邑，烝祭歲』，『周公曰：今王，即命曰記功宗，以功作元祀』。按《司勳》之職，『凡有功者祭於大烝』，故孔悝鼎銘『勤大命，施於烝彝鼎』，然則《洛誥》所言，正功臣從享大廟之禮。而《周書·大匡》篇云『勇知害上則不登於明堂』。據篇首，此篇之作在武王十三祀，其時未有明堂。蓋古有明堂之稱，故《素問》云「黄帝坐明堂之上」。晉狼瞫引以爲未獲死所之證明乎？清廟之與明堂爲一地也。周公既祀文王於明堂，又營清廟於東都，以其同爲祀文王之地，故亦曰明堂。周公於東都之祀文王，作《詩》曰：『於穆清廟，肅雝顯相。濟濟多士，秉文之德，對越在天。駿奔走在廟，不顯不承，無射於人斯。』國史爲之《序》曰：『《清廟》，祀文王也。周公既成洛邑，朝諸侯，率以祀文王焉。』凡特立廟皆異其名，故姜嫄曰閟宫，文王曰清廟，以其禮爲先王所未有，故曰『王肇稱殷禮，祀于新邑，咸秩無文』。古之爲政於天下者，莫重乎率諸侯以祀其先祖，故《逸周書·世俘》篇：『惟四月既旁生霸，粤六日庚戌，武王燎於周廟。翼日辛亥，祀於天位。粤五日乙卯，乃以庶國祀馘於周廟。』《漢書·律曆志》亦引此，注以爲《今文尚書》，非也。《樂記》「祀乎明堂而民知孝」，即指此事。曰明堂者，後人之通語。是爲武王克商有天下之事。宗周明堂之位，是爲周公攝政，致太平之事。洛邑之祀，是爲成王即政，營東都以朝諸侯之事。三者，國之大經也。天神不可措之廟，故宗周之明堂壇而不屋；廟不可享於野，故洛邑之明堂在國中。《尸子·君治》篇：『明堂在左，謂之東宫。』是其地也。壽祺案：所引《尸子》乃袁準《正論》釋《尸子》之文，見《毛詩·靈臺》正義。此誤。古者爲宫室都邑，皆取法乎天。心三星在赤道南，中曰明堂，宗周明堂所象也。明堂三星在太微宫西南角外，東都明堂所象也。經始於周公致政之後，故曰『朕復子明辟』，曰『周公誕保文武受命七年』。

天子之路寢謂之明堂者，《玉藻》：『朝，君日出而視之，退適路寢聽政。』月朔既視朔於明堂，以其一月之政聽之路寢，是以得稱明堂，《逸禮·王居明堂》是也。與東都之明堂同制，是以得稱明堂。《盛德》篇説明堂『此天子之路寢也，不齊不居其室』，是也。《周官》：『大史閏月，則詔王居門終月。』謂路寢之門也，不於朝於門，所以見其爲餘月也。謂之曰居，是聽政之通名，非寢宿之恒處也。

方岳之下有明堂者，《孟子·梁惠王》篇：『齊宣王問曰：「人皆謂我毀明堂。」孟子對曰：「夫明堂者，王者之堂也。」』《史記·封禪書》：『泰山東北址，古時有明堂處。』其制，會盟則爲壇，文在《司儀》、《掌舍》；王所居則爲宫，《春秋傳》王巡虢守，虢公爲王宫於玤，晉侯作王宫於踐土，猶存其禮。《荀子·彊國篇》『爲之築明堂於塞外而朝諸侯』，亦斯意也。

辟雝之堂謂之明堂者，蔡邕《明堂論》引《禮記·大學志》：『禮，士大夫學於聖人、善人，祭於明堂，其無位者祭於大學。』魏文侯《孝經傳》曰：『大學者，中學明堂之位也。』《禮記·昭穆》篇：《詩·靈臺》正義引作「政穆」。『大學，明堂之東序也。』《盛德》篇：『明堂其外水環之曰辟雝。』《封禪書》：『天子曰明堂辟雝，諸侯曰泮宫。』《白虎通》：『禮三老於明堂，以教諸侯孝也。禮五更於大學，以教諸侯弟也。』此則起於周衰禮廢，名實相淆，學者各記所聞，遂成異義。然既有其名，不可没也。

魯大廟爲明堂者，《小戴記·明堂位》：『大廟，天子明堂，山節，藻梲，復廟，重檐，刮楹，達鄉，反坫出尊，崇坫康圭，疏屏，天子之廟飾也。』成王以周公爲有勳勞於天下，命魯公世世祀以天子之禮樂，故周公之廟，其制得如明堂。《記》曰：『季夏六月，以禘禮祀周公，升歌《清廟》。』蔡邕以爲『取周《清廟》之歌歌於魯大廟。明堂，魯之大廟，猶周之清廟』是也。即經典之正文以考六者之制，皆事辭明白可據，而後百家之異説可得而辨矣。

《考工·匠人職》：『夏后氏世室，堂修二七，廣四修一，五室，三四步，四三尺，九階，四旁兩夾，窻，白盛，門堂，三之二，室，三之一。殷人重屋，堂修七尋，①堂崇三尺，四阿，重屋。』此之制度，鄭、賈俱望文解義，粗明其端，其詳要不可得聞，何者？三代相因，遞有損益，夏殷權量既不能知，宫室之制更無他文可證。學非尼父，時異東周，其於文獻無徵之事，闕疑焉可也。周之五室蓋創始於夏后，『四阿反坫，重亢重郎』，或寫仿於有殷，其他則未嘗相襲，故鄭注云：『此三者或舉王寢，或舉明堂，互言之，以明其同制。』賈云：『謂當代王者其制同，非謂三代制同也。』其言覈矣。《盛德》篇采集禮説，俱有瑕瑜不掩之忠，其云一室而有四户八窻，三十六户七十二牖，則因世室之制而誤。其云上圓下方，則因重屋之制而誤。而《白虎通》、蔡邕《明堂論》並沿其説，謬學流傳，固與昆侖之圖，萬宫之柱，同其闕大矣。《吕氏春秋·十二紀》：『孟春之月，天子居青陽左个。仲春之月，天子居青陽大廟。季春之月，天子居青陽右个。孟夏之月，天子居明堂左个。仲夏之月，天子居明堂太廟。季夏之月，天子居明堂右个。中央土，天子居大廟大室。孟秋之月，天子居總章左个。仲秋之月，天子居總章大廟。季秋之月，天子居總章右个。孟冬之月，天子居玄堂左个。仲冬之月，天子居玄堂大廟。季冬之月，天子居玄堂右个。』按《吕不韋傳》稱『不韋使其客人人著所聞，集論以爲八覽、六論、十二紀，二十餘萬言，以爲備天地萬物古今之事』。今觀其書，儒、墨、刑名，兼收竝蓄，實爲後世類書之祖。此十二紀，本《逸周書》之《月

---

①「修」，原誤作「崇」，今據《清經解》本改。

令》篇，又見於《淮南·時則訓》。而其文加詳，今不知撰自何人。以中星考之，乃在周末之世，本《周書·時訓》之舊，兼《逸禮·明堂》之篇，參以新意，用垂典章，其中先王之制，豈無一二賴以傳者，而明堂制度最誕妄不經，深可忿疾！《易》曰：『聖人南面而聽天下，嚮明而治，蓋取諸《離》。』故魏舒南面，衛彪傒知其必有大咎。而孔子之美仲弓，亦曰『可使南面』。今以天下之居，而四時易位，在於三冬則皆北面而朝其臣，其謬一也。禮文雖闕，然五門、三朝、六寢猶犂然可考。今《月令》之明堂，未知建於何所。以爲在郊，則無王者終歲野處之禮。以爲在宫中，則無地容之。鄭氏雖傅之大寢，然按以《周官》諸職之文，實無一合，其謬二也。諸室周回，其象如井，若不上置衡梯，下開隧道，則更無出入之門，其謬三也。神依於廟，人居於寢，各有攸處，是以不相雜糅。今四正之室皆曰大廟，以時王聽政之地，冒始祖世祭之宫，雖宣、元之居天臺，漢高之祠黑帝，猶不至此。其謬四也。以青陽、總章、玄堂三名與明堂相配，然則總爲十二室，明堂止居其三，何以得專斯名？其謬五也。其他與周制違異者不可枚舉，以於明堂無涉，故不具論。

夷考其文，實爲太一下行九宫之學，故《盛德》篇之『二九四七五三六一八』即其制作之義。漢世謂之《明堂陰陽》，見於《藝文志》及《魏相傳》。建武以後，著爲王禮，司馬彪所編《禮儀志》，具載其文。自馬融入之《禮記》，鄭康成爲之作注，後世遂尊爲經，而莫之敢議矣。《魏書·賈思伯傳》載其言曰：『《月令》亦無九室之文，原其制置，不乖五室。其青陽右个即明堂左个，明堂右个即總章左个，總章右个即玄堂左个，玄堂右个即青陽左个。如此，則室猶是五，而布政十二。』此説傅會五室，舉四正而遺四隅，宋人祖之，遂爲《考工》、《月令》之調人，曾不知吕氏本爲假設之詞，而自古固未有此制也。《玉藻》正義引《鄭志》説五室之制：『水木用事，交於東北；木火用事，交於東南；火土用事，交於中央；金土用事，交於西南；金水用事，交於西北。周人明堂五室，帝一室。』今就其説求之，七筵之堂，大室中踞其二，南北所餘各得二筵有半，在於太廟則無以爲朝聘饗射之所，在於路寢則無以爲聽政合族之地，以其與《顧命》、《斯干》、《覲禮》不合，從爲之辭而辭則遁矣。又神祇無廟享之禮，牽合五帝五室之文，猥云每帝一室，求之禮意，尤有所違。夫風雨小祀，猶在於壇，亡國之社，始弇其上，何有天帝大神而陟降於二筵之室。以鄭氏之學，其於天神、地祇、人鬼之别，豈猶有未了於心者？而忽有斯言，可謂千慮之失。後之俗儒，自謂紹承絶學，而巧謂之説，曰：『爲壇而祭，故謂之天；祭於屋下而以神祇事之，故謂之帝。』君子於此，將哀矜之不暇，而又何尤焉！議禮之家，古稱聚訟，較其甚者，無若明堂。《禮》曰：『毋勦説，毋雷同，必則古昔，稱先王。』孔子曰：『蓋有不知而作者，我無是也。多聞，擇其善者而從之。多見而識之。知之次也。』竊取其義，以作是篇。」

儀徵阮總督《揅經室文集·明堂論》曰：「粵惟上古，水土荒沈，橧穴猶在，政教朴略，宫室未興。神農氏作，始爲帝宫，上圓下方，重蓋以茅，外環以水，足以禦寒暑，待風雨，實惟明堂之始。明堂者，天子所居之初名也。是故祀上帝則于是，祭先祖則于是，朝諸侯則于是，養老尊賢、教國子則于是，饗射獻俘馘則于是，治天文告朔則于是，抑且天子寢食恒于是，此古之明堂也。黄帝、堯、舜氏作，宫室乃備，洎夏商周三代，文治益隆，于是天子所居，在邦畿王城之中三朝，三朝後曰路寢，四時不遷。路寢之制，準郊外明堂，四方之一，鄉南而治，故路寢猶襲古號曰明堂。若夫祭昊天上帝，則有圜丘；祭祖考，則有應門内左之宗廟；朝諸侯，則有朝廷；養老尊賢，教國子，獻俘馘，則有辟雍學校。其地既分，其禮益備，故城中無明堂也。然而聖人事必師古，禮不忘本，於近郊東南别建明堂，以存古制，藏古帝治法册典於此，或祀五帝，布時令，朝四方諸侯，非常典禮乃於此行之，以繼古帝王之蹟。譬之上古，衣裳未成，始有韍皮；椎輪初制，惟尚越席；後世聖人，采備繪繡，無廢赤芾之垂；車成金玉，不增大輅之飾。此後世之明堂也。自漢以來，儒者惟蔡邕、盧植實知異名同地之制，尚昧上古、中古之分。後之儒者，執其一端，以蔽衆説，分合無定，制度鮮通，蓋未能融洽經傳，參驗古今，二千年來，遂成絶學。試執吾言以求之，經史百家，有相合無相戾者，别勒成書，以備稽覽，括其大恉，著於斯篇。」

靈臺

《異義》：「《公羊》説：『天子三臺，諸侯二。天子有靈臺以觀天文，有時臺以觀四時施化，有囿臺《初學記》引此下有「以」字。觀鳥獸魚鼈。諸侯當有時臺、囿臺，案：《公羊傳》莊公三十一年何休解詁曰：「禮，天子有靈臺，以候天地；諸侯有時臺，以候四時。」諸侯卑，不得觀天文，無靈臺。以上亦見《周禮·肆師》疏、《初學記·居處部》、《御覽》百七十七。皆在國之東南二十五里，東南少陽用事，萬物著見。用二十五里者，吉行五十里，朝行暮反也。』《韓詩》説：『辟雍者，天子之學，圓如璧，壅之以水，示圓，言辟，取辟有德。不言辟水，言辟雍者，取其雍和也，所以教天下春射秋饗，尊事三老五更。在南方七里之内，立明堂於中，《五經》之文所藏處，蓋以茅葦，取其潔清也。』《左氏》説：『天子靈臺在太廟之中，壅之靈沼，謂之辟雍。諸侯有觀臺，亦在廟中。皆以望嘉祥也。』《毛詩》説：『靈臺不足以監視。靈者，精也，神之精明稱靈，故稱台曰靈臺，稱囿曰靈囿，稱沼曰靈沼。』謹案：《公羊傳》、《左氏》説皆無明文。説各無以正之。」蒙案：「靈臺不足以監視」句「不足」二字疑誤。

玄之聞也，《禮記·王制》：「天子命之教然後爲學。小學在公宫南之左，大學在郊。天子曰辟廱，諸侯曰泮宫。天子將出征，受命於祖，受成於學。出征執有罪，反，釋奠於學，以訊馘告。」然則大學即辟廱也。《詩·頌·泮水》云：「既作泮宫，淮夷攸服。矯矯虎臣，在泮獻馘。淑問如皋陶，在泮獻囚。」此復與辟雍同義之證也。《大雅·靈臺》一篇之詩，有靈臺，有靈囿，有靈沼，有辟廱。其如是也，則辟雍及三靈皆同處在郊矣。囿也、沼也，同言靈，於臺下爲囿爲沼，可知小學在公宫之左，大學在西郊。王者相變之宜，衆家之説各不昭晳，雖然，於郊差近之耳，在廟則遠矣。《王制》與《詩》，其言察察，亦足以明之矣。《毛詩·大雅·靈臺》正義引全。〇又《禮記·王制》正義引《駁異義》云「三靈一雍在郊明矣」。

附《魏書》五十五《劉芳傳》：「芳表曰：太和二十年，發勑立四門博士，於四門置學。臣案：自周以上，學惟以二，或尚西，或尚東，或貴在國，或貴在郊。爰暨周室，學蓋有六。師氏居内，太學在國，四小在郊。《禮記》云：『周人養庶老於虞庠，虞庠在國之四郊。』《禮》又云：『天子設四學，當入學而太子齒。』註云：『四學，周四郊之虞庠也。』案《大戴·保傅》篇云：『帝入東學，尚親而貴仁；帝入南學，尚齒而貴信；帝入西學，尚賢而貴德；帝入北學，尚貴而尊爵；帝入太學，承師而問道。』周之五學，於此彌彰。案鄭注《學記》，周則六學。所以然者，註云：『内則設師保以教，使國子學焉；外則有太學、庠序之官。』此其證也。案王肅注云：『天子四郊有學，去王都五十里。』考之鄭氏，不云遠近。」案：劉引《禮記》作「四郊」，今作「西郊」。

蒙案：鄭説辟雍與蔡邕《明堂月令論》不同。鄭注《王制》「小學在公宫之左，大學在郊」，云此小學、大學，殷之制。又云東序、東膠亦大學，在國中王宫之東，西序、虞庠亦小學也，西序在西郊，周立小學於四郊。《鄉射禮》注云：「周立四代之學於國。」此皆據周制言也。《駮異義》云「大學即辟雍，辟雍、三靈同處，在郊」，此專以殷制言之。下又云「小學在公宫南之左，大學在西郊」，王者相變之宜，此謂殷制變於夏制也。《王制》正義引熊氏云：「文王時猶從殷禮，故辟雍大學在郊。」《樂記》：「散軍而郊射，左射《貍首》，右射《騶虞》。」鄭注：「郊射，爲射宫於學也。左，東學也。右，西學也。」熊氏云：「武王伐紂之後，猶用殷制，故小學射《貍首》，大學射《騶虞》也。」據此則武王作鎬京辟雍，當在散軍郊射之後更立於國中也。鄭注《王制》與《駮異義》説相貫通，或疑其兩岐者，非。《王制》正義又引劉氏以爲周之小學爲辟雍在郊，非鄭義。

朝聘

鄭《駮異義》云：「《公羊》説，比年一小聘，三年一大聘，五年一朝，以爲文、襄之制。録《王制》者，記文、襄之制耳，非虞夏及殷法也。」《禮記》十一《王制》正義。

蒙案：《左氏傳》昭三年：「子太叔曰：『文、襄之霸也，令諸侯三歲而聘，五歲而朝。』」鄭據此《傳》，故注《王制》亦云：「此大聘與朝，晉文霸時所制也。虞夏之制，諸侯歲朝。周之制，侯、甸、男、采、衛、要服六者，各以其服數來朝。」《異義》所稱《公羊》説者，《公羊》隱十一年「諸侯來曰朝，大夫來曰聘」，桓四年「諸侯時朝乎天子」，何休解詁曰：「時朝者，順四時而朝也，緣臣子之心，莫不欲朝朝暮夕。王者與諸侯别治，勢不得自專朝，①故即位比年使大夫小聘，三年使上卿大聘，四年又使大夫小聘，五年一朝。王者亦貴得天下之歡心，以事其先王，因助祭以述其職，故分四方諸侯爲五部，部有四輩，輩主一時。《孝經》曰『四海之内，各以其職來助祭』，《尚書》曰『羣后四朝，敷奏以言，明試以功，車服以庸』是也。」此《公羊》之義。

《異義》：「《公羊》説諸侯比年一小聘，三年一大聘，五年一朝天子。《左氏》説十二年之間八聘、四朝、再會、一盟。謹案：《公羊》説，虞、夏制。《左氏》説，周禮。《傳》曰三

---

① 「自專朝」，原本及《清經解》本均作「自專朝政」，今據《公羊傳》何休注改。

代不同物，明古今異説。」

鄭駁之云：「三年聘，五年朝，文、襄之霸制。《周禮・大行人》：『諸侯各以服數來朝。』其諸侯歲聘間朝之屬，説無所出。晉文公，强盛諸侯耳，非所謂三代異物也。」《禮記》十一《王制》正義。

蒙案：《王制》正義曰：「案昭十三年《左傳》云：『歲聘以志業，間朝以講禮，再朝而會以示威，再會而盟以顯昭明。』賈逵、服虔俱以爲朝天子之法，①崔氏以爲朝霸主之法，鄭康成以爲不知何代之禮。」

朝名

《異義》：「朝名，《公羊》説，諸侯四時見天子，及相聘皆曰朝。以朝時行禮，卒而相逢於路曰遇。古《周禮》説『春曰朝，夏曰宗，秋曰覲，冬曰遇』。」許慎案：「《禮》有《覲經》。《詩》曰：『韓侯入覲。』《書》曰：『江漢朝宗于海。』知其朝覲宗遇之禮。從《周禮》説。」

---

① 「俱」，原誤作「以」，今據《清經解》本改。

鄭駁之云：「此皆有似，不爲古昔。案《覲禮》曰：『諸侯前朝，皆受舍于朝。』朝，通名。」《禮記》十二《王制》正義。

《駁異義》云：「朝，通名也。秋之言覲，據時所用禮。」《毛詩·大雅·韓奕》正義。

天子聘諸侯

《異義》：「天子聘諸侯。《公羊》説天子無下聘義。《周禮》説間問以諭諸侯之志。」許慎謹案：「禮，臣疾，君親問之。天子有下聘之義。從《周禮》説。」《禮記》十一《王制》正義引「鄭無駁，與許慎同」。○又《穀梁》隱九年集解。

孔廣林曰：「《春秋》：『王使宰周公聘于魯。』經無貶詞，知周禮固成周制也。古者王於諸侯不純臣，故有頫聘之禮，相接則曰賓，來朝則車送車逆，與後代異法，且存問頫省以諭志，以除慝，亦所以察四方邦國侯度焉。鄭君注『間問』云『王使臣於諸侯之禮』，是與許君同也。」

鹿鳴

鄭《駁異義》云：「《詩》云：『呦呦鹿鳴，食野之苹。』言君有酒食，欲與羣臣嘉賓宴樂之，如鹿得苹草，以爲美食，呦呦然鳴相呼，以款誠之意盡於此耳。」《毛詩·鹿鳴》正義。

禮約盟不

《異義》：「禮，約盟不？今《春秋公羊》說，『古者不盟，結言而退』，故《穀梁傳》云：『誥誓不及五帝，盟詛不及三王，交質子不及二伯。』詛蒙案：「詛」舊作「且」，譌。盟非禮。古《春秋左氏》云，《周禮》有司盟之官，殺牲歃血，所以盟事神明，又云『凡國有疑，盟詛其不信者』，是知於禮得盟。」許君謹案：「從《左氏》說，以太平之時有盟詛之禮。」同《左氏》義。《禮記》五《曲禮下》正義云：「鄭氏不駁，從許慎義也。」

盟牲

盟牲所用，**許慎據《韓詩》云**：「天子、諸侯以牛豕，大夫以犬，庶人以雞。」又云：「《毛詩》說君以豕，臣以犬，民以雞。《左傳》云：『鄭伯使卒出豭，行出犬雞，以詛射潁考叔者。』又云：『衛伯姬盟孔悝以豭。』」

鄭云：「《詩》說及鄭伯皆謂詛小於盟。」《禮記》五《曲禮下》正義。

《駁異義》云：「《詩》說及鄭伯使卒及行所出，皆謂詛耳，小於盟也。《周禮·戎右職》云：『若盟，則以玉敦珠槃，遂役之，贊牛耳桃茢。』哀十七年《左傳》曰：『孟武伯問於高柴曰：「諸侯盟，誰執牛耳？」然則盟者，人君用牛。伯姬盟孔悝以豭，下人君牲。」《毛詩・何人斯》正義。○案《左氏傳》哀十六年正義引鄭玄云：「人君用牛。伯姬迫孔悝以豭，下人君耳。」與此條末駁語同，知《何人斯》正義所引「《周禮》」以下皆《駁異義》文。

鄭君曰：「盟牲，諸侯用牛，大夫用豭。」《穀梁》僖九年集解。○案：此條，《集解》不言是《駁異義》，以《詩》、《禮》、《左傳》正義所引鄭説定之。

祠兵

《公羊》説曰：「師出曰祠兵，入曰振旅。祠者，祠五兵：矛、戟、劍、楯、弓鼓，及祠蚩尤之造兵者。」謹案：《三朝記》曰「蚩尤，庶人之强者」，何兵之能造？《周禮・肆師》疏引不標《異義》，案其下稱「謹案」云云，是《異義》文也。據《大司馬》疏引尚有《左氏》説，此疏闕。

蒙案：《書》、《傳》、《記》言五兵者多矣。《周書》：「五陣：春牝陣，弓爲前行；夏方陣，戟爲前行；季夏圓陣，矛爲前行；秋牡陣，劍爲前行；冬伏陣，楯爲前行。」見《通典》。《司馬法》曰：「弓、矢圍，殳、矛守，戈、戟助。凡五兵，長以衛短，短以衛長。」見《司右》注。《淮南子・時則訓》曰：「春其兵矛，夏其兵戟，季夏其兵劍，秋其兵戈，冬其兵鎩。」揚雄《太玄經・玄數》曰：「木爲矛，金爲鉞，火爲戈，水爲楯，土爲弓矢。」《公羊》説曰：「五兵，矛、戟、劍、楯、弓鼓。」《周禮・司兵》：「掌五兵、五盾。」

鄭司農云：「五兵者，戈、殳、戟、酋矛、夷矛。」鄭康成云車之五兵。鄭司農所云者是也。步兵之五兵，則無夷矛而有弓矢。《禮記・月令》：「季秋習五戎。」鄭注：「五戎，謂五兵：弓矢、殳、矛、戈、戟也。」《國語・齊語》：「定三革，隱五刃。」韋昭曰：「三革，甲、冑、楯也。五刃，刀、劍、矛、戟、矢也。」説云：『三革，甲、盾、鼓。』非也。」《穀梁》莊二十五年《傳》：「天子救日，陳五兵、五鼓。」范甯集解曰：「五兵，矛、戟、鉞、楯、弓矢。」楊士勛疏引徐邈云：「五兵者，矛在東，戟在南，鉞在西，楯在北，弓矢在中央。」麋信與范數五兵與之同。《禮記隱義》云：「東方戟，南方矛，西方弩，北方楯，中央鼓。」《抱朴子》「辟五兵」爲刀、弓矢、劍、弩、戟。衛宏《漢舊儀》：「五兵：弓、弩、刀、劍、甲鎧。」考《周禮》有五兵、五盾，《穀梁傳》有五兵、五鼓，則五兵數楯與鼓非也。《公羊》説誤。

又案：許引《三朝記》，今在《大戴記・用兵》篇，「强」作「貪」，與許君本異。

鄭玄於《異義駁》不從《公羊》云「祠兵」，故云「祠兵者，字之誤，因而作説之」。亦不從《左氏》説治兵爲授兵于廟，云：「於周《司馬職》曰：仲夏教茇舍，仲秋教治兵，其下皆云如戰之陳。仲冬教大閱，修戰法，虞人萊所田之野，乃爲之。如是，治兵之屬皆習戰，非授兵于廟，又無祠五兵之禮。」《周禮・大司馬》疏。○又《禮記・曲禮上》正義引《異義》「《公羊》説以爲甲午祠兵，《左氏》説甲午治兵，鄭駁之云：『《公羊》字誤也，以治爲祠，因爲作説。』引《周禮》四時田獵、治兵振旅之法，是從《左氏》之説，不用《公羊》也」。

乘數

《異義》云：「天子萬乘，諸侯千乘，大夫百乘。」《禮記》五十一《坊記》正義。

孔廣林曰：「鄭君《坊記》注：『古者方十里，其中六十四井出兵車一乘，此兵賦之法也。成國之賦千乘。』注《論語》『千乘之國』云：『公侯之封，乃能容之。』與《異義》同。然此亦大略耳。《坊記》：『制國不過千乘，家富不過百乘。』云過有不及焉者矣。公侯伯子男及大都、小都應各有差，故《春秋傳》云：『魯賦八百乘，邾賦七百乘。』」

蒙案：《公羊》昭元年何氏解詁云：「十井爲乘。公侯封方百里，凡千乘，伯四百九十乘，子男二百五十乘。」此依伯七十里，子男五十里計之，與諸家説異。

冠齡

今《禮》戴説：「男子，陽也，成於陰，故二十而冠。」案：《公羊疏》引此條在《古尚書》説後，今依許書之例移前。《古尚書》説云：「武王崩時，成王年十三，後一年管、蔡作亂，周公東辟之，王與大夫盡弁，以開金縢之書。時成王年十四，言弁，明知已冠矣。」《公羊》隱元年疏。○案：「王與大夫」上當有「是歲大風」四字。

《五經異義》曰：「《春秋左氏傳》説，歲星爲年紀十二而一周於天，天道備，故人君年十二可以冠。自夏殷天子皆十二而冠。」《通典》五十六《嘉禮》注。○又《通鑑外紀》卷二節引。

甌寧萬中書世美曰：「案《史記·天官書》言：『歲星，以攝提格歲：歲陰左行在寅，歲星右轉居丑。正月，與斗、牽牛晨出東方，名曰監德。單閼歲：歲陰在卯，星居子。以二月與婺女、虛、危晨出，曰降入。執徐歲：歲陰在辰，星居亥。以三月與營室、東壁晨出，曰青章。大荒駱歲：歲陰在巳，星居戌。以四月與奎、婁、胃、昴案：「胃昴」二字疑衍。晨出，曰跰踵。敦牂歲：歲陰在午，星居酉。以五月與胃、昴、畢晨出，曰開明。叶洽歲：歲陰在未，星居申。以六月與觜觿、參晨出，曰長列。涒灘歲：歲陰在申，星居未。以七月與東井、輿鬼晨出，曰大音。作鄂歲：歲陰在酉，星居午。以八月與柳、七星、張晨出，曰爲長王。「爲」字疑衍。閹茂歲：歲陰在戌，星居巳。以九月與翼、軫晨出，曰天睢。大淵獻歲：歲陰在亥，星居辰。以十月與角、亢晨出，曰大章。困敦歲：歲陰在子，星居卯。以十一月與氐、房、心晨出，曰天泉。赤奮若歲：歲陰在丑，星居寅，以十二月與尾、箕晨出，曰天皓。』所謂十二年而一周於天也。《左傳》：襄公九年，晉侯與諸侯伐鄭，還，公送晉侯，以公宴于河上，問公年。季武子對曰：『會于沙隨之歲，寡君以生。』沙隨在成十六年，爲閹茂歲，歲陰在戌，而歲星所居，《左傳》所言，與《史記》恒差二舍，則是年星居未。至襄九年，作鄂歲，歲陰在酉，歲星居申，周十二舍，故晉侯曰：『十二年矣，是謂一終，一星終也。國君十五而生子，冠而生子，禮也。可以冠矣。』蓋冠而後服備，服備而後容體正，顏色齊，辭令順，容體正，顏色齊，辭令順，而後禮義立。君者，民之表也。位愈尊者責愈重，内而宗廟社稷，外而朝覲會盟，非可采衣總角以從事也，十二而冠不亦宜乎？《芄蘭》之刺衛朔也，曰『童子佩觿』，『童子佩韘』。觿、韘，成人既冠者之佩也。非刺其以幼沖而爲成人之佩，刺其佩則成人，而心則依然童子也。衛宣在位僅十九年，其娶齊女而生子也，當在既立二三年之後，而朔尚有兄，則其嗣位之初，僅十五六以下耳！」

《五經異義》曰：「周公居東，歲大風，王與大夫冠弁開金縢之書，成王年十四，喪冠也。」《通鑑外紀》卷三。

蒙案：《通典》五十六《嘉禮》注：「譙周《五經然否論》云：『《古文尚書》説，武王崩，成王年十三。推武王以庚辰歲崩，周公以壬午歲出居東，癸未歲反。《禮·公冠》記，周公冠成王，命史作祝辭辭告也，是除喪冠也。周公未反，成王冠弁開金縢之書，時十六矣。是成王十五，周公冠之而後出也。』許慎《異義》云：『武王崩，後管、蔡作亂，周公出居東，是歲大風，王與大夫冠弁開金縢之書，成王年十四，是喪冠也者，恐失矣。』按《禮》、《傳》天子之年，近則十二，遠則十五，必冠矣。」案：此段《宋書·禮志》用之。

又蒙案：《禮記·冠義》正義曰：「《祭法》云：『王下祭殤五。』若不早冠，何因下祭五等之殤？大夫冠年雖無文，案《喪服》『大夫爲昆弟之長殤』，則不二十而冠也。《喪服小記》大夫冠則不爲殤，是大夫有十九以下而冠者也。其士則二十而冠，《曲禮》云『二十曰弱冠』是也。」

公冠有樂

《五經異義》曰：「《公冠》記無樂，《春秋傳》説『君冠，必以金石之樂節之』。謹案：人君飯有舉樂，而云冠無樂，非禮義也。」《政和五禮新儀》十二。

孔廣林曰：「盧辯《公冠》注云：『成人代父始，宜盡孝子之感，不可以歡樂取之。』若然，無樂是也。故《周禮》備詳樂事，獨不及冠樂。彼《春秋傳》之文，乃衰世變禮耳。鄭君同異，無明文以知之。」

鄭《駮異義》云：「昏禮之暮，①枕席相連。」《毛詩・葛屨》正義。

諸侯娶同姓

《五經異義》：「諸侯娶同姓。今《春秋公羊》説：『魯昭公娶於吳，爲同姓也，謂之吳孟子。』《春秋左氏》説：『孟子，非小君也，不成其喪，不當譏。』謹案：《易》曰：『同人于宗，吝。』言同姓相娶，吝道也。案：許氏《説文》稱《易》孟氏，此當是孟《易》説。即犯誅絶之罪，

① 「昏禮之暮」，原誤作「昏暮之禮」，今據《清經解》本改。

言五屬之内禽獸行，乃當絶。」《通典》六十《嘉禮五》。

蒙案：《公羊春秋》：「哀十二年夏五月，甲辰，孟子卒。」傳：「孟子者何？昭公之夫人也。其稱孟子何？諱娶同姓，蓋吴女也。」《禮記・坊記》曰：「《魯春秋》猶去夫人之姓，曰『吴』。其死，曰『孟子卒』。」此謂不修《春秋》也。據《坊記》則《魯春秋》舊記當有「夫人至自吴」之文，聖人修之，深没其文，直于薨也，書「孟子卒」而已。《白虎通義・嫁娶》篇曰：「不娶同姓者，重人倫，防淫佚，恥與禽獸同也。《論語》曰：『君取於吴爲同姓，謂之吴孟子。』」何休《公羊解詁》曰：「禮，不娶同姓，買妾不知其姓，則卜之。爲同宗共祖，亂人倫，與禽獸無别。昭公既娶，諱而謂之吴孟子。《春秋》不稱夫人，不言薨，不書葬者，深諱之。」何氏義與《白虎通》同，則《白虎通》亦《公羊》説也。《異義》所舉《公羊》説，當更有「亂人倫同禽獸」之語，故「謹案」辨之言「五屬之内禽獸行，乃當絶」，許从《左氏》説也，《通典》所引《異義》不具。鄭注《坊記》云：「吴，太伯之後，魯同姓也。昭公取焉，去『姓』曰『吴』而已，至其死，亦略云『孟子卒』，不書夫人某氏薨。」是鄭亦從《公羊》説，其于《異義》當駁。鄭又注《易》「同人于宗」云「天子諸侯后、夫人無子不出」，不解爲同姓相娶，與許君異義。

天子親迎不

《異義》：「《禮》戴説天子親迎。案：七字惟《曲禮》正義有。《春秋公羊》説自天子至庶人案：「庶人」下當有「娶」字，見《毛詩正義》。皆親迎。《左氏》説天子至尊無敵，故無親迎之禮，諸侯有故若疾病，則使上大夫迎，上卿臨之。」許氏謹案：「高祖時，皇大子納妃，叔孫通制禮，以爲天子無親迎，從《左氏》義也。」《禮記》五十《哀公問》正義。又《曲禮下》正義引首多「禮戴説天子親迎」七字。「《左氏》説」下云「天子不親迎，使上卿迎之」。○又《左傳》桓八年正義、《毛詩·大明》正義並引《異義》。

駁之云：「太姒之家在渭之涘，文王親迎于渭，即天子親迎明文也。引《禮記》『冕而親迎』，『繼先聖之後，以爲天地、宗廟、社稷之主』，非天子則誰乎？」《禮記·哀公問》正義。

《春秋左氏》説曰：「王者至尊，無親迎之禮。祭公迎王后，未至京師而稱后，知天子不行而禮成也。」鄭君釋之曰：「太姒之家在郃之陽，在渭之涘，文王親迎于渭，即天子親迎之明文矣。天子雖尊，其于后猶夫婦。夫婦判合，禮同一體，所謂無敵，豈施此哉！《禮記·哀公問》曰：『冕而親迎，不已重乎？』孔子愀然作色而對曰：『合二姓之好，以繼先聖之後，以爲天地、宗廟、社稷之主。君何謂已重乎？』此言親迎繼先聖之後，爲天地、宗廟、社稷之主，非天子則誰乎？」《穀梁》桓八年集解、《毛詩·大明》正義引同，惟無「祭公」以下二十一字。「哀公問曰」下多「寡人願有言然」六字。○又《哀公問》正義引略。○又《曲禮下》正義、《通典·禮十八》。《通典》又引《春秋左氏》説「知天子不行而禮成也」下有「公子翬如齊逆女春秋不譏知諸侯有故得使卿逆」二十字。

蒙案：《禮記·哀公問》正義曰：「如鄭此言，從《公羊》義也。又《詩》説云：『文王親迎于渭，紂尚南面，文王猶爲西伯耳。』以《左氏》説爲長，鄭駁未定。」《春秋左氏傳》桓八年正義曰：「文王之迎太姒，身爲公子，迎在殷世，未可據此以爲天子禮也。孔子之對哀公，自論魯國之法。魯，周公之後，得郊祀上帝，故以先聖天地爲言耳，其意非説天子禮也。且鄭玄注《禮》，自以先聖爲周公，及《駁異義》則以爲天子，二三其説，自無定矣。」壽祺案：《公羊》桓八年冬十月，「祭公來，遂逆王后于紀」。傳曰：「祭公者何？天子之三公也。」何氏云：「婚禮成於五：先納采、問名、納吉、納徵、請期，然後親迎。時王者遣祭公來，使魯爲媒，可則因用魯往迎之，不復成禮，疾王者不重妃匹，迎天下之母若迎婢妾，故譏之。」襄十五年，「劉夏迎王后于齊」。傳：「劉夏者何？天子之大夫也。」何氏云：「禮，逆王后當使三公，故貶去大夫，明非禮也。」然則何氏不以爲天子必親迎，與《異義》《公羊》説異。

昏齡

《異義》：「《大戴》説：男三十、女二十有婚娶，合爲五十，應大衍之數，自天子達於庶人，同一也。古《春秋左氏》説：國君十五而生子，禮也；二十而嫁，三十而娶，庶人禮也。禮，夫爲婦之長殤，長殤十九至十六，知夫年十四、十五，見士昏禮也。」許君謹案：「舜三十不娶，謂之鰥。文王十五而生武王，尚有兄伯邑考，知人君早昏娶，不可以年三十，非重昏嗣也。」《禮記·昏義》正義引下云「若鄭意，依正禮，士及大夫皆三十而後娶。及《禮》云『夫爲婦長殤』

者，闕異代也。或有早娶者，非正法矣。天子、諸侯昏禮則早矣」。○《毛詩・摽有梅》正義引末句作「所以重繼嗣也」，當从之。又《通典・禮十九》節引。

莊葆琛曰：「夫爲婦之長殤，此句誤。女子笄則不爲殤，況已適人乎？《儀禮》『緦麻三月』條有婦爲夫之姑姊妹之長殤，此所引必是婦爲夫之姊之長殤也。又見《士昏禮》，亦無可考。」

人君年幾而娶

《異義》：「人君年幾而娶？今《大戴禮》説男子三十而娶，女子二十而嫁，天子已下及庶人同禮。又《左傳》案：當作「氏」。説人君十五生子，禮，三十而娶，庶人禮也。**謹案：**舜生三十不娶，謂之鰥。《禮・文王世子》曰『文王十五生武王，武王有兄伯邑考』，故知人君早娶，所以重繼嗣。」鄭玄不駁。《毛詩・摽有梅》正義。

蒙案：《豳譜》正義引《大戴禮・文王世子》篇云：「文王十三生伯邑考，十五生武王。」與《異義》所引文合，①是《大戴禮》亦有《文王世子》一篇也。

孔廣林曰：「《詩》：『迨其吉兮。』箋云：『謂年二十。』《周禮・媒氏》注云：『二三者，天

---

①「與」，原誤作「典」，今據《清經解》本改。

地相承覆之數。』是鄭君從許君說。」

蒙案：《通典》引漢戴聖云：「男子，陽也。陽成於陰。偶數起於二，終二十，謂之小成，而冠。」《尚書大傳》曰：「男子三十而娶，女子二十而嫁。」《白虎通》曰：「男三十而娶，女二十而嫁何？陽數奇，陰數偶也。男長女幼者何？陽舒，陰促。男三十，筋骨堅强，任爲人父；女二十，肌膚充盛，任爲人母。合爲五十，應大衍之數，生萬物也。故《禮·內則》曰：『男三十壯有室，女二十壯而嫁。』七歲之陽也，八歲之陰也，七八十五，陰陽之數備，有相偶之志。故《禮記》曰：『女子十五許嫁，笄而字。』禮之稱字，陰繫于陽，所以專一之節也。陽尊無所繫，二十五繫者，就陰節也。」又曰：「一說《春秋穀梁傳》曰：『男二十五繫心，女十五許嫁，感陰陽也。』案：今《穀梁傳》無此文，蓋《穀梁》說也。陽數七，陰數八，男八歲毁齒，女七歲毁齒。陽數奇故三，三八二十四，加一爲二十五而繫心也；陰數偶，故再成十四，加一爲十五，故十五許嫁也。各加一者，明其專一繫心。所以繫心者何？防其淫佚也。」《說文》弟九：「包，象人裹妊。巳在中，象子未成形也。元氣起於子。子，人所生也。男左行三十，女右行二十，俱立於巳，爲夫婦裹妊於巳。巳爲子也，十月而生，男起巳至寅，女起巳至申，故男年始寅，女年始申也。」

《穀梁》文十二年集解引譙周曰：「國不可久無儲貳，故天子、諸侯十五而冠，十五而娶。娶必先冠，以夫婦之道，王教之本，不可以童子之道治之。禮：十五爲成童，以次成人，欲人君之早有繼體，故因以爲節。《書》稱『成王十五而冠』，著在《金縢》。《周禮·媒氏》曰：『令男三十而娶，女二十而嫁。』《內則》曰：『女子十五而笄。』説曰：『許嫁也。』是故男自二十以及三十，女自十五以及二十，皆得以嫁娶，先是則速，後是則晚。凡人嫁娶，或以賢淑，或以方類，豈但年數而已。若以差紀乃爲夫婦，是廢賢淑方類，苟比年數而已，禮何爲然哉？則三十而娶，二十而嫁，説嫁娶之限，蓋不得復過此爾。故舜年三十無室，《書》稱曰『鰥』。《周禮》：女子年二十未有嫁，『仲春之月，奔者不禁』。奔者，不得禮聘因媒請嫁而已。」案：以上皆譙周語，蓋《五經然否論》之文。○案《白虎通》前説與《禮大戴》合，譙周説與許君謹案合。

《周禮·媒氏》疏引王肅曰：「《周官》云『令男三十而娶，女二十嫁』，謂男女之限，嫁娶不得過此也。三十之男，二十之女，不待禮而行之，所謂奔者不禁，娶何三十之限，前賢有言，丈夫三十不敢不有室，女子二十不敢不有其家。《家語》，魯哀公問於孔子：『男子十六精通，女子十四血化，是則可以生民矣。聞禮男三十而有室，女二十而有夫，豈不晚哉？』孔子曰：『夫禮言其極，亦不是過。男子二十而冠，有爲人父之端；女子十五許嫁，有適人之道。於此以往，則自昏矣。』然則三十之男、二十之女，中春之月者，所謂言其極法耳。」案：「王肅曰」至此，蓋《聖證論》文。馬昭曰：「《禮記·本命》曰：『中古男三十而娶，女二十而嫁，合於中節。大古男五十而有室，女三十而嫁。』《尚書大傳》曰：『男三十而娶，女二十而嫁，通於織紝紡績之事，黼黻文章之美，不若是，則上無以孝於舅姑，而下無以事夫養子。』《穀梁傳》曰：『男子二十而冠，冠而列丈夫，三十而娶。』尹更始云：『男三十而娶，女十五許嫁，笄，二十而嫁。』《曲禮》：『三十曰壯，有室。』

盧氏云：案：此盧植《禮記解詁》語。「三十盛壯，可以取女。」《内則》：「三十而有室，始理男事。女子十五笄，二十而嫁。有故，二十三而嫁。」經有「夫姊之長殤」，舊説三十而娶，而有夫姊長殤者，何關盛衰。一説關畏厭溺而殤之，盧氏以爲衰世之禮也。」案：以上皆馬昭申鄭。張融從鄭及諸家説。賈公彦曰：「《春秋外傳》，越王勾踐蕃育人民，以速報吴，故男二十而娶，女子十七而嫁。如是，足明正禮男不二十娶，女不十七嫁可知也。」范甯《穀梁集解》曰：「禮爲夫之姊妹長殤，年十九至十六。如此，男不必三十而娶，女不必二十而嫁明矣。此又士大夫之禮。」《通典·男女昏嫁年幾議》曰：「鄭玄據《周禮》、《穀梁》、《逸禮·本命》篇，男必三十而娶，女必二十而嫁。王肅據《孔子家語》、《服經》等，以爲男十六可以娶，女十四可以嫁，三十、二十，言其極耳。案：此蓋具王肅《聖證論》中。王、鄭之説，義並未明。今案，三十、二十而嫁娶者，《周官》云『掌萬民之判』，即衆庶之禮也。《服經》『爲夫姊之長殤』，士大夫之禮也。《左傳》『十五而生子』，國君之禮也。且冠有貴賤之異，而昏得無尊卑之殊乎！則卿士大夫之子，十五六之後，皆可嫁娶矣。」

蒙案：盧植、馬昭、范甯、杜佑皆引《喪服》「爲夫之姊之長殤」，王肅所據《服經》亦即指此，蓋皆本許氏《異義》。《昏義》疏引《異義》譌作「夫爲婦之長殤」，經無此文，義又大乖，其誤審矣。《異義》云夫年十四、十五見士昏禮者，言士之子年十四、十五而得行昏禮於此可見，非謂禮有其文也。

失君父終身不得，臣子當昏否

魏劉德問田瓊曰：「失君父終身不得者，其臣子當得昏否？」瓊答曰：「昔許叔重作《五經異義》，已設此疑。鄭玄駮云：『若終身不除，是絶祖嗣也。除而成昏，違禮適權也。』」《通典》九十八《凶禮二十》。

姪娣年十五以上而往，二十而御

許慎曰：「姪娣年十五以上，能共事君子，可以往，二十而御。《易》曰：『歸妹愆期，①遲歸有時。』《詩》云韓侯取妻，『諸娣從之，祁祁如雲』。娣必少於嫡，知未二十而往也。」《穀梁》隱七年集解。

蒙案：《春秋》莊十九年秋，「公子結媵陳人之婦于鄄」。《公羊傳》曰：「媵者何？諸侯娶一國，則二國往媵之，以姪娣從。姪者何？兄之子也。娣者何？弟也。諸侯壹聘九女，諸侯不再娶。」《白虎通義·嫁娶》篇曰：「天子、諸侯一娶九女者何？重國廣繼嗣也。適九者何？法地有九州，承天

---

① 「歸」，原誤作「婦」，今據《清經解》本改。

之施，無所不生也。一娶九女，亦足以承君之施。九而無子，百亦無益也。《王度記》曰：『天子、諸侯一娶九女。』《春秋公羊傳》曰諸侯娶一國，云云。或曰：天子娶十二女，法天有十二月，萬物必生也。必一娶何？防淫佚也，爲其棄德耆色，故一娶而已，人君無再娶之義也。備姪娣從者，爲其必不相嫉妒也。一人有子，三人共之，若己生之者。不娶兩娣何？博異氣也。娶三國女何？廣異類也。恐一國血脈相似，俱無子也。姪娣年雖少，猶從適人者，明人君無再娶之義也。還待年於父母之國，未任答君子也。《詩》云：『姪娣從之，祁祁如雲。韓侯顧之，爛其盈門。』《公羊傳》曰：『叔姬歸于紀。』明待年也。」何休解詁曰：「叔姬者，伯姬之媵也。婦人八歲備數，十五從嫡，二十承事君子。」莊元年《傳》何休曰：「天子嫁女於諸侯，備姪娣如諸侯之禮，義不可以天子之尊，絶人繼嗣之路。」何氏言姪娣之年與許君合。《詩·江有汜》箋云：「江水大，汜水小，然得竝流，似嫡媵宜俱行。」是亦謂十五以上與嫡同往。

五經異義疏證卷下

萬國

《異義》：「《公羊》説：『殷三千諸侯，周千八百諸侯。』古《春秋左氏傳》説：『禹會諸侯於塗山，執玉帛者萬國。』唐虞之地萬里，容百里地萬國。其侯伯七十里，子男五十里，餘爲天子閒田。謹案：《易》曰：『萬國咸寧。』《書》曰：『協和萬邦。』從《左氏》説。」

鄭駁之云：「諸侯多少，異世不同。萬國者，謂唐虞之制也。武王伐紂，三分有二，千八百諸侯，則殷末諸侯千八百也。至周公制禮之後，準《王制》千七百七十三國，而言周千八百者，舉其全數。」《禮記》十一《王制》正義。

蒙案：《公羊》説殷三千諸侯者，《逸周書·殷祝解》「湯放桀而復薄，三千諸侯大會」是也。又云周千八百諸侯者，案：《續漢·郡國志》注引《帝王世紀》云春秋時尚有千二百國，未知所出。即《王制》注所引《孝經説》曰「周千八百諸侯，布列五千里内」，正義引《尚書大傳·洛誥傳》云「天下諸侯之來，進受命於周，退見文武尸者，千七百七十三諸侯」。《漢書·地理志》「周爵五等，而土三等」，蓋千八百國，衛宏《漢官儀》「古者諸侯治民，周以上千八百諸侯」是也。鄭注《尚書·咎繇謨》及《禮記·王制》言唐虞萬國，周千八百國備矣。今録於左，以資證發。

《尚書·咎繇謨》：「卬成五服，至于五千，州十有二師。」孔氏正義引鄭玄云：「輔五服而成之，至於面方，各五千里，四面相距爲方萬里。九州州立十二人爲諸侯師，以佐牧。堯初制五服，服各五百里。要服之内方四千里，曰九州，其外荒服，四海。此禹所受。《地記書》曰『崑崙山東南，地方五千里，名曰神州』者，禹卬五服之殘數，亦每服者合五百里，①故有萬里之界、萬國之封焉。猶用要服之内爲九州，州更方七千里。七七四十九，得方千里者四十九。案：《尚書正義》「方」作「五」字，誤，今據《王制》正義改。其一以爲圻内，餘四十八，八州分而各有六。《春秋傳》曰：『禹朝羣臣於會稽，執玉帛者萬國。』萬世美曰：「『禹朝羣臣於會稽』，《魯語》文。『執玉帛者萬國』，《左氏》哀七年《傳》文。云『《春秋傳》』者，蓋採合内外《傳》以成文也。」言執玉帛者，則九州之内諸侯也。其制特置牧，以諸侯賢者爲之師。蓋百國一師，州十有二師，則州千二百國也。八州凡九千六百國，其餘四百國在圻内。與案：「與」、「以」古通。《王制》之法準之，八州通率封公侯百里之國者一，伯七十里之國二，子男五十里之國四，方百里者三，封國七有畸，「七」下正義誤衍「十」字，今从《王制》正義引删。至於圻内，則子男而已。」

---

① 「合」，原誤作「各」，今據《清經解》本改。

《春秋左氏傳》哀七年正義曰：「鄭玄注《尚書》，以爲唐虞土方萬里，九州之内，地方七千里。七七四十九，爲方千里者四十九，其一爲畿内，餘四十八，八州分之。州各有千里之方六，以千里之方二爲方百里之國二百，又以千里之方二爲七十里之國四百，又以千里之方二爲五十里之國八百，總爲一千四百國。去其方五十里之國二百，是州别千二百國也。」案：《毛詩·殷武》正義引略同，末云：「以二百國爲名山大川不封之地，餘有一千二百國。」《禮記·王制》鄭注曰：「《春秋傳》云：『禹會諸侯於塗山，執玉帛者萬國。』言執玉帛，則是唯謂中國耳。中國而言萬國，則是諸侯之地有方百里，有方七十里，有方五十里者，禹承堯舜而然矣。要服之内，地方七千里，乃能容之。夏末既衰，夷狄内侵，諸侯相并，土地減，國數少。殷湯承之，更制中國方三千里之界，亦分爲九州，而建此千七百七十三國焉。周公復唐虞之舊域，分其五服爲九，其要服之内，亦方七千里，而因殷諸侯之數廣其土，增其爵耳。《孝經説》曰：『周千八百諸侯，布列五千里内。』此文改周之法制，盛衰之中，三七之間以爲説也。終此説之意，五五二十五，方千里者二十五，其一爲畿内，餘二十四州，各有方千里者三，其餘諸侯之地，大小則未得而聞。」

中國里數

《異義》：「《今尚書》歐陽、夏侯説『中國方五千里』。《古尚書》説『五服方五千里，相距萬里』。」許慎謹案：「以今漢地考之，自黑水至東海，衡山之陽至於朔方，經略萬里，從《古尚書》説。」《禮記》十一《王制》正義。正義云：「鄭不駁。」

蒙案：《尚書釋文》「至于五千」，馬云「面五千里爲方萬里」。《禮記・王制》正義引鄭《尚書・咎繇謨》注：「禹弼成五服，去王城五百里曰甸服。其弼當侯服，去王城千里。其外五百里爲侯服，當甸服，去王城一千五百里。其弼當男服，去王城二千里。又其外五百里爲綏服，當采服，去王城二千五百里。其弼當衛服，去王城三千里。又其外五百里爲要服，與周要服相當，去王城三千五百里。四面相距爲七千里，是九州之內也。要服之弼，當其夷服，去王城四千里。又其外五百里曰荒服，當鎮服，其弼當蕃服，去王城五千里。四面相距，爲方萬里也。」又鄭注《周禮》「九畿」云「自王城以外五千里」云云，皆與許君引《古尚書》說合。

又蒙案：許君所言漢地，黑水在益州，東海在會稽，非東海郡，衡山在長沙湘南東南，朔方屬并州。《漢書・地理志》：「漢地東西九千三百二里，南北萬三千三百六十八里。」《續漢書・郡國志》：「益州郡在雒陽西五千六百里，會稽郡在雒陽東三千八百里，東西九千四百里也，長沙郡在雒陽南三千八百里。」朔方郡，《志》不言距雒陽里數。據《元和郡國志》，關內道夏州東南至東都一千八百五十里。唐之夏州即漢朔方地，唐之東都即漢雒陽地，自長沙至朔方，南北相距不及萬里，止有五千六百五十里。然則許君所云衡山之陽，當包交州刺史部之南海等七郡言之矣。

存二王之後

《異義》：「《公羊》說，存二王之後，所以通天三統之義，《禮・郊特牲》云：『天子存二代之後，猶尊賢也。尊賢不過二代。』」蒙案：《郊特牲》正義引無「《禮・郊特牲》」以下二十二字，但云「引此文」，今依文義增。古《春秋左氏》説，周家封夏、殷二王之後以爲上公，封黄帝、堯、舜之後，謂之三恪。」許慎謹案云：「治《魯詩》丞相韋玄成，治《易》施犨説引《外傳》曰：『三王之樂，可得聞觀乎。』知王者所封三代而已，而案：當作「不」。與《左氏》説同。」

鄭駁之云：「所存二王之後者，命使郊天，以天子之禮祭其始祖受命之王，自行其正朔服色。恪者，敬也，敬其先聖而封其後，與諸侯無殊異，何得比夏殷之後？」《毛詩正義》引此下有「此之謂通天三統」七字。《禮記》二十五《郊特牲》正義云：「如鄭此言，《公羊》自據二王之後，兼論三恪，義不乖異也。」〇又《毛詩・振鷺》正義引鄭駁至「三統」止。又《續漢・百官志五》注引。

《駁異義》云：「三恪尊於諸侯，卑於二王之後。」《毛詩・陳譜》正義。

朝宿之邑

《異義》：「《公羊》説，諸侯朝天子，天子之郊皆有朝宿之邑；從泰山之下，皆有湯沐之邑。蒙案：《公羊》隱八年、桓元年《傳》何休曰：「禮，四井爲邑，邑方二里，東方二州四百二十國，凡爲邑廣四十里，袤四十二里，取足舍止共槀穀而已。」《左氏》説，諸侯有功德於王室，京師有朝宿之邑，泰山有湯沐之邑。魯，周公之後；鄭，宣王母弟，此皆有湯沐邑，其餘則否。」許慎謹案：《穀梁集解》此下有「若今諸侯」四字。「京師之地，皆有朝宿邑，周千八百諸侯，京師地不能容之，不合事理之宜。」《禮記》

十三《王制》正義云：「是許慎不從《公羊》説。鄭無駁，當從許説。」又《春秋左傳》隱八年正義、《穀梁》隱八年集解節引。

孔廣林曰：「《王制》云：『方伯爲朝天子，皆有湯沐之邑於天子之縣内，視元士。』特云方伯，知羣侯不得有矣。《覲禮》云：『天子賜舍。』若皆有朝宿邑，何必每朝更致？鄭君注『賜舍』云致館，不別爲之説，是同許君義也。」

刑不上大夫

《異義》：「《戴》説『刑不上大夫』。古《周禮》説士尸肆諸市，大夫尸肆諸朝，是大夫有刑。謹案：《易》曰：『鼎折足，覆公餗，其刑渥，凶。』無刑不上大夫之事，從《周禮》之説。」

鄭康成駁之云：「凡有爵者，與王同族，大夫以上適甸師氏，令人不見，是以云刑不上大夫。」《禮記》三《曲禮上》正義。

蒙案：晁氏《古周易》引京房説「刑在頄爲剭」，荀爽作「刑渥」，九家、虞翻並作「刑剭」。李氏《集解》，九家、虞翻「剭」仍作「渥」。九家云：「渥者，厚大，言辠重也。」虞云：「渥，大刑也。」《經典釋文》引鄭作「刑剭，音屋」。《周禮·醢人》《司烜氏》、《毛詩·韓奕》諸疏義引鄭説以爲屋中刑之，鄭注《司烜氏》「邦若屋誅」云：「屋讀如『其刑剭』之『剭』。」鄭治《費氏易》，注《禮》所用則《京易》，是諸家《易》説無不解爲刑罰也。刑形，剷渥，皆古字通借。

刖刑

鄭《駮異義》云：「臯陶改臏爲剕。《吕刑》有剕，周改剕爲刖。」《公羊》襄二十九年疏。

蒙案：鄭于《周禮·司刑》注、《尚書大傳》注，皆云周改臏作刖者，原始言之。《駮異義》云周改剕爲刖，則審矣。《今文尚書》「髕」，《吕刑》言「剕」，《周禮》言「刖」。① 髕者，《白虎通》云「脱其臏也」。剕，《説文》作「跸，跀也」，「跀，斷足也」，是臏與剕異法。

獄名

《駮異義》云：「獄者，埆也，囚證於角核之處，《周禮》謂之圜土。」《毛詩·行露》正義。

墨罰

夏侯、歐陽説云：「墨罰疑赦，其罰百率，古以六兩爲率。」《古尚書》説：「百鍰，鍰

---

① 「《吕刑》言**「剕」**，《周禮》言**「刖」**」，《清經解》本作「《吕刑》以**「髕」**爲**「剕」**，失之」。

者率也，一率十一銖二十五分銖之十三也，百鍰爲三斤。」鄭玄以爲古之率多作鍰。《周禮·秋官·職金》疏。

萬世美曰：「術：以斤法十六乘三得兩之數四十有八，更以兩法二十有四乘四十八得銖之數一千一百五十二爲實，以百鍰爲法除之，實如法而一得全銖十有一，不盡五二，以分母二十五乘之，得分子十三也。」

蒙案：《尚書釋文》引馬云：「賈逵説俗儒以鋝重六兩，《周官》劍重九鋝，俗儒近是。」俗儒謂夏侯、歐陽等也。此即指《尚書大傳》「一饌六兩」，及夏侯、歐陽説「古以六兩爲率」之言也。賈逵以《尚書》之鍰爲鋝者，《説文》弟十四《金部》曰：「鋝，十一銖二十五分銖之十三也。从金寽聲。《周禮》曰重三鋝，北方以二十兩爲三鋝。」又曰：「鍰，鋝也，从金爰聲，《周書》曰罰百鍰。」是鋝與鍰義同也。《尚書釋文》：「鍰，徐户關反，六兩也。鄭及《爾雅》同。」然則賈、鄭解《古尚書》皆用《今尚書》説，以鍰爲六兩矣。《釋文》引《爾雅》乃《小爾雅》。《小爾雅》曰：「二十四銖曰兩，有半曰捷，倍捷曰舉，倍舉曰鋝，鋝謂之鍰。」此亦用六兩之説，而以鋝鍰爲一，亦本《説文》，蓋合古今文家而一之也。然《説文》自爲十一銖二十五分銖之十三之説，不用今文家説，《異義》當與《説文》同。

又蒙案：《史記·周本紀》載《甫刑》「其罰百率，其罰五百率，其罰千率」，此依《今文尚書》也。《集解》引徐廣曰：「率音刷。」《索隱》云：「率亦作選。」按《漢書·蕭望之傳》曰：「《甫刑》之罰，小過赦，薄罪贖，有金選之品。」「選」即「率」也。是《今文尚書》有作「選」者，歐陽、夏侯三家之不同也。

《史記・平準書》索隱引《尚書大傳》「死罪罰二千鐉」。《路史・後紀》卷十三引《大傳・甫刑傳》「一鐉六兩」，「鐉」即「選」也。「率」、「選」、「鐉」皆聲近。應劭注《蕭望之傳》：「選音刷。」鄭司農注《考工記・冶氏》：「鋝讀如刷。」是其聲同也。

贖死罪

鄭《駁異義》云：「贖死罪千鍰，鍰六兩大半兩，爲四百一十六斤十兩大半兩銅，與今舊謂「金」，今改正。贖死罪金三斤爲價相依附。」《尚書・舜典》正義。

萬世美曰：「大半兩者，三分兩之二也。鍰六兩大半兩，即《説文》所引《周禮》説『北方以二十兩爲三鋝』之説也。」

蒙案：鄭注《尚書大傳》云死罪出金鐵三百七十五斤，則以一鐉六兩計之，又與《駁異義》不同，鄭不从《古尚書》説，从《今尚書》説，而以鍰爲六兩大半兩又微異。

鄭聲淫

《異義》：「《今論語》説鄭國之爲俗，有溱、洧之水，男女聚會，謳歌相感，故云鄭聲淫。《左氏》説『煩手淫聲』，謂之鄭聲者，言煩手躑躅之聲，使淫過矣。謹案：《鄭詩》二十一篇，說婦人者十九，故鄭聲淫也。」《禮記》三十七《樂記》正義云：「鄭駮無，從許義。」正義又曰：「今案《鄭詩》說婦人者惟九篇，《異義》云十九者，誤也，無『十』字矣。」○又見《初學記·樂部上》。

蒙案：《公羊》莊十七年《傳》何休解詁引「放鄭聲」，徐疏曰：「案《樂記》『鄭音好濫淫志，宋音燕女溺志，衛音趨數煩志，齊音敖辟喬志，此四者，皆淫於色而害於德，是以祭祀弗用也』，然則四國皆有淫聲，蓋逐甚者言之，故許氏云『《鄭詩》二十一篇，說婦人者十九』，此之謂也。或何氏云『鄭聲淫』，與服君同，皆謂鄭重其手而聲淫過，非鄭國之鄭也。」據此疏，是服虔解《左氏傳》與許義異。

《五經異義》曰：「先王之樂，所以節百事，故有五節。遲速本末，中聲以降，五降以後，不容彈矣。」《初學記》十五《樂部》。○案：此段當在前條「《左氏》說」下。

羽舞

《異義》：「《公羊》說，樂《萬》舞，以鴻羽，取其勁輕，一舉千里。《詩》毛說《萬》以翟羽。①《韓詩》說以夷狄大鳥羽。謹案：《詩》云『右手秉翟』，《爾雅》說『翟，鳥名，雉屬也』，知翟，羽舞也。」《毛詩·簡兮》正義。

① 「詩毛」，《清經解》本作「毛詩」。

孔廣林曰：「《詩》毛傳云翟，翟羽。箋不易傳，則鄭亦與許君義同。」

賜姓

鄭玄《駮許慎五經異義》曰：「《春秋左傳》：無駭卒，羽父請謚與族。公問族於衆仲，衆仲對曰：『天子建德，因生以賜姓，胙之土而命之氏。諸侯以字爲氏，因以爲族。官有世功，則有官族，邑亦如之。』公命以字爲展氏。案：見文公八年《傳》。以此言之，天子命氏，諸侯命族。族者，氏之別名也。姓者，所以統繫百世，使不別也。氏者，所以別子孫之所出。故《世本》之篇，言姓則在上，言氏則在下也。」《史記·舜本紀》集解。

鄭《駮異義》云：「炎帝姓姜，太皞之所賜也。黄帝姓姬，炎帝之所賜也。故堯賜伯夷姓曰姜，賜禹姓曰姒，賜契姓曰子，賜稷姓曰姬，著在《書傳》。」《禮記》三十四《大傳》正義。

蒙案：《國語·周語》曰：「伯禹克厭帝心，賜姓曰『姒』，氏曰『有夏』。祚四嶽國，賜姓曰『姜』，氏曰『有吕』。」《毛詩·商譜》正義引《中候握河紀》云：「堯曰：『嗟！朕無德，欽奉丕圖，賜爾二三子。』斯封稷、契、皋陶，賜姓號。注云：『賜姓號者，契爲子，稷爲姬，皋陶未聞。』又《契握》説契云：『賜姓子氏，以題朕躬。』注引《孝經援神契》曰：『堯知天命，賜契子氏。』知有湯。」此皆鄭所謂著在《書傳》者。鄭以皋陶之姓無聞，案《左氏》文五年《傳》以蓼、六爲皋陶後世，本舒蓼，偃姓，皋陶之後，見《通志・氏族略》。則皋陶，偃姓也。萬世美曰：「按《左傳》杜注云羣舒皆偃姓，則自英氏、蓼、六而外，若舒庸、舒蓼、舒鳩皆皋陶苗裔也。」然《毛詩・秦譜》正義引《中候・苗興》云：「皋陶之苗爲秦。」《史記・秦本紀》云：「大費佐舜調馴鳥獸，是爲栢翳，舜賜姓嬴氏。」《夏本紀》云：「皋陶卒，封皋陶之後于英、六，或在許。」《陳杞世家》云：「皋陶之後或封英、六。栢翳之後，平王封之秦，栢翳即伯益。」曹大家注《列女傳》以伯益爲皋陶子。若如《中候》所言，則皋陶本偃姓，至伯益又爲嬴姓也。但《史記・陳杞世家》又言「垂、益、夔、龍，其後不知所封」，則以伯翳與益爲二人，誤矣。

二名

《異義》：「《公羊》説，譏二名，謂二字作名，若魏曼多也。《左氏》説，二名者，楚公子棄疾弑其君，即位之後，改爲熊居，是爲二名。」許慎謹案：「文武賢臣有散宜生、蘇忿生，則《公羊》之説非也，從《左氏》義。」《禮記》三《曲禮上》正義。

孔廣林曰：「案《曲禮》『二名不偏諱』，鄭注引《檀弓》『言在不稱徵，言徵不稱在』釋之，不云二名非禮，則亦從《左氏》義也。」

萬世美曰：「黄帝名軒轅，堯名放勳，舜名重華，禹名文命，皆二名也。」

蒙案：《大戴禮・帝繫篇》「帝堯娶於散宜氏」，然則許以宜生爲二名，非也。鄧名世《古今姓氏書辨證》已辨姓書之誤，然鄧書有散宜氏，又有散氏，古器有周散季敦，散氏或其後與？

九族

《異義》：「今《禮》戴、《尚書》歐陽案：《尚書正義》云歐陽、夏侯等。說云九族乃異姓有屬者，《毛詩》疏作「有親屬者」。父族四：五屬之内爲一族，父女昆弟適人者與其子爲一族，己女昆弟適人者與其子爲一族，己之女子子適人者與其子爲一族；母族三：母之父姓爲一族，母之母姓爲一族，母女昆弟適人者與其子爲一族；妻族二：妻之父姓爲一族，妻之母姓爲一族。《古尚書》說九族者，從高祖至玄孫凡九，皆同姓。謹案：禮，緦麻三月以上服，恩之所及；禮，爲妻父母有服，明在九族中，九族不得但施於同姓。」

玄之聞也，婦人歸宗，女子雖適人，字猶繫姓，明不與父兄爲異族。其子則然。《昏禮》請期辭曰：「惟是三族之不虞。」欲及今三族未有不億度之事，而迎婦也。如此所云，三族不當有異姓，異姓其服皆緦麻。《禮·雜記下》：緦麻之服不禁嫁女娶婦，①是爲異姓不在族中明矣。《周禮》小宗伯「掌三族之別名」。案：「名」字衍。《喪服小記》說服《毛詩正

① 「女」，原誤作「大」，今據《清經解》本改。

義》作「族」。

之義曰：「親親以三爲五，以五爲九。」以此言之，知高祖至玄孫，昭然察矣。

《左傳・桓六年》正義，又《毛詩・葛藟》正義小異。又《尚書・堯典》正義、《通典》七十三《嘉禮》十八。

蒙案：《白虎通》言母族三，與《異義》微不同，其實一也。《白虎通》曰：「族所以九者何？九之爲言究也，親疏恩愛究竟，謂之九族也。父族四，母族三，妻族二。父族四者，謂父之姓爲一族也，父女昆弟適人有子爲二族也，身女昆弟適人有子爲三族也，身女適人有子爲四族也。母族三者，母之父母爲一族也，母之昆弟爲二族也，母之女昆弟爲三族也。母昆弟者，男女皆在外親，故合言之也。妻族二者，妻之父爲一族，妻之母爲二族，妻之親略，故父母各爲一族。《禮》曰：『惟是三族之不虞。』《尚書》曰：『以親九族。』義同也。」歙孝廉方正程易疇《喪服文足徵記》曰：「此釋九族，與喪服通一無二。案喪服，自斬衰三年，上殺之至於齊衰三月，自齊衰期服，下殺之至於緦麻，又旁殺之亦至於緦麻，非所謂父之姓爲一族乎？喪服，姑之子緦麻，非所謂父女昆弟適人有子爲二族乎？喪服，甥緦麻，非所謂身女昆弟適人有子爲三族乎？①喪服，外孫緦麻，非所謂身女子適人有子爲四族乎？喪服，爲外祖父母小功，非所謂母之父母爲一族乎？喪服，舅與舅之子皆緦麻，非所謂母之昆弟爲二族乎？喪服，從母小功，從母之子緦麻，非所謂母之女昆弟爲三族乎？喪服，妻之父母皆緦麻，非所謂妻之父爲一族乎？妻之母爲二族乎？然則族之言湊聚也者，實乃生相恩愛，死相哀痛，先王因别其親疏貴賤之

① 「三」，原誤作「四」，今據《清經解》本改。

節，而稱情立文，爲之制喪服以飾羣焉。使人觀於其外，而有以見其心，爲隆爲殺，弗可損益，烏乎！非聖人，其孰能與於斯？」

聖人感天而生

《異義》：「《詩》齊魯韓、《春秋公羊》説聖人皆無父，感天而生。《左氏》説聖人皆有父。謹按：《堯典》『以親九族』，即堯母慶都感赤龍而生堯，堯安得九族而親之？《禮讖》云唐五廟，知不感天而生。」

玄之聞也，諸言感生得無父，有父則不感生，此皆偏見之説也。《商頌》曰：「天命玄鳥，降而生商。」謂娀簡吞鳦子生契，是聖人感生見於經之明文。劉媪是漢太上皇之妻，感赤龍而生高祖，是非有父感神而生者也？案：「也」當作「邪」。且夫蒲盧之氣嫗煦桑蟲成爲己子，況乎天氣因人之精，就而神之，反不使子賢聖乎？是則然矣，又何多怪？《毛詩·生民》正義。

天子有爵不

《異義》：「天子有爵不？《易》孟、京説，《易》有君人五號：帝，天稱，一也；王，美稱，二也；天子，爵號，三也；大君者，興盛行異，四也；大人者，聖人德備，五也。

是天子有爵。古《周禮》説天子無爵，同號於天，何爵之有？謹案：《春秋左氏》云施於夷狄稱天子，施於諸夏稱天王，施於京師稱王，知天子非爵稱，從古《周禮》義。」

鄭駁云：「案《士冠禮》云：『古者生無爵，死無謚。』自周及漢，天子有謚。此有爵甚明，云無爵，失之矣。」《禮記·曲禮下》正義。

蒙案：《易緯乾鑿度》卷上：「孔子曰：『《易》有君人五號也：帝者天稱也，王者美行也，天子者爵號也，大君者與上行異也，大人者聖明德備也。變文以著名，題德以別操。』」鄭康成注云：「《臨》之九二，有中和美異之行，應於五位，①故百姓欲其與上爲大君也。」此《異義》孟、京説所出。「興盛行異」，《乾鑿度》作「與上行異」。下云「大君者，君人之盛者也」，《異義》易爲「興盛」，義亦通也。《白虎通·爵》篇：「《鈎命訣》曰：『天子，爵稱也。』」《號》篇曰：「帝王者何？號也。德合天地者稱帝，仁義合者稱王，別優劣也。《禮記·謚法》曰：『德象天地稱帝，仁義所生稱王。』帝者天號也，王者五行之稱。案：「五行」乃「美行」之誤。皇者何謂也？皇，君也，美也，大也。天人之總，美大之稱也，時質，故總稱之也。號之爲皇者，煌煌人莫違也。號言爲帝者何？帝者，諦也，象可承也；王者，往也，天下所歸往。」又曰：「或稱天子，或稱帝王何？以爲接上稱天子者，明以爵事天也；接下稱帝王者，明位號天下至尊之稱，以

---

①「五位」，原本及《清經解》本均誤作「九五」，今據《易緯乾鑿度》改。

號令臣下也。」《曲禮下》曰：「君天下曰『天子』，朝諸侯、分職、授政、任功，曰『予一人』。踐阼，臨祭祀，内事曰『孝王某』，外事曰『嗣王某』。臨諸侯，畛於鬼神，曰『有天王某甫』。」《公羊》成公七年：「秋七月，天子使召公來錫公命。傳：其稱天子何？元年春，王正月，正也。其餘皆通矣。」何休解詁曰：「王者，號也。德合元者稱皇。孔子曰：『皇象元，逍遥術，無文字，德明謚。』德合天者稱帝，河洛受瑞可放。仁義合者稱王，符瑞應，天下歸往。天子者，爵稱也，聖人受命，皆天所生，故謂之天子。」此《公羊》說與《易》說同，《曲禮》說則與《左氏》說爲近。服虔解《左氏》依京師曰王，同許君義，服說見《曲禮下》正義。

三公

《異義》：「《今尚書》夏侯、歐陽說，天子三公，一曰司徒，二曰司馬，三曰司空，九卿，二十七大夫，八十一元士，凡百二十。在天爲星辰，在地爲山川。古《周禮》說，天子立三公，曰太師、太傅、太保，無官屬，與王同職，故曰坐而論道，謂之三公。又立三少以爲之副，曰少師、少傅、少保，是爲三孤。冢宰、司徒、宗伯、司馬、司寇、司空是爲六卿之屬，大夫士庶人在官者，凡萬二千。謹案：周公爲傅，召公爲保，太公爲師，無爲司徒、司空文，知師保傅，三公官名也，五帝、三王不同物，此周之制也。」《北堂書鈔》五十。

蒙案：《大戴禮·保傅》篇盧注：「《今尚書》説三公，司馬、司徒、司空也。《古尚書》及《周禮》與此文同。」盧氏此注當亦本《異義》。

蒙案：《韓詩外傳》卷八曰：「三公者何？曰司空、司馬、司徒也。司馬主天，司空主土，司徒主人。」《周禮·司徒·序官》疏引《尚書傳》云：「天子三公，一曰司徒公，二曰司馬公，三曰司空公。」《論衡》卷十五《順鼓》篇引《尚書大傳》曰：①「郊社不修，山川不祝，風雨不時，霖雪不降，責於天公。臣多弑主，孽多殺宗，五品不訓，責於人公。城郭不繕，溝池不修，水泉不隆，水爲民害，責於地公。」《太平御覽·職官部》引《尚書大傳》曰：「百姓不親，五品不訓，則責之司徒。蠻夷猾夏，寇賊奸宄，則責之司馬。溝瀆壅遏，水爲民害，田廣不墾，則責之司空。」然則天公即司馬公，人公即司徒公，地公即司空公。《韓詩》説與《書傳》合。以序言之，《書傳》一曰司徒公，當作司馬公，二曰司馬公，當作司徒公。《大戴禮·保傅》篇盧注引「《今尚書》説三公，司馬、司徒、司空也」，以司馬在司徒先可證。《續漢·百官志》注引《漢官儀》曰：「王莽時，議以漢無司徒官，故定三公之號曰大司馬、大司徒、大司空。世祖即位，因而不改。」此則漢立三公，蓋取《今尚書》及《韓詩》説，亦以大司馬先大司徒也。《周禮》：「鄉老，二鄉則公一人。」鄭注：「王置六鄉，則公有三人也。三公者，內與王論道，中參六官之事，外與六鄉之教。」《鄭志》：「趙商問：『按成王周官立太師、太傅、太保，茲惟三公。』」《地官·序官》疏引鄭《書傳》注云：「周禮，天子六卿，與大宰、司徒同職者則謂之司徒公，與宗伯、司馬同職者則謂之司馬

---

①「鼓」，原本及《清經解》本均誤作「致」，今據《論衡》改。

公，與司寇、司空同職者則謂之司空公。一公兼二卿，舉下以爲稱。」《禮記·月令》正義曰：「《書傳》三公領三卿，此夏制也。」《考工記·序官》疏又引鄭《夏傳》注云：「坐而論道，謂之三公。」通職名無正官名，是《書傳》三公乃夏制，故與《周禮》異。鄭注《周禮·保氏》引《書序》曰：「周公爲師，召公爲保，相成王，爲左右。聖賢兼此官也。」是用《今尚書》説。注《考工記》「王公」則以爲天子、諸侯，不作三公解。

追賜命

《五經異義》：「《春秋公羊》、《穀梁》説，①王使榮叔錫魯桓命，追錫死者，非禮也。死者功可追而錫，如有罪，又可追而刑耶？《春秋左氏》譏其錫篡弑之君，無譏錫死者之文也。」《通典》七十二《嘉禮》十七。

鄭《駁異義》引《王制》云：「三公一命衮，若有功則加賜。衮，衣之謂與？二曰衣服，是也。」《毛詩·旱麓》正義。○蒙案：二曰衣服，本《禮緯含文嘉》文，九賜之一也，見《曲禮上》正義。

孔廣林曰：「諸侯即位而即錫命，禮也。故《詩·韓奕》云：『韓侯入覲，以其介圭，入覲于王，王錫韓侯。』其生有勳力於王室者，死更追錫之，若後世哀策，在古則高圉、亞圉死爲追命矣。於禮無乖，當從《左氏》。」

---

① 「義」，原誤作「議」，今據《清經解》本改。

蒙案：《白虎通·爵》篇：「大夫功成未封而死，不得追爵賜之者，以其未當股肱也。《春秋穀梁傳》曰：『追賜死者，非禮也。』」今《穀梁》無此文，據《異義》所引，則《穀梁》説也。

九賜九命異同

許慎説九賜九命，鄭康成以爲不同。《禮記·曲禮上》正義。

《禮記正義》曰：「《周禮》九儀，『一命受職，再命受服，三命受位，四命受器，五命賜則，六命賜官，七命賜國，八命作牧，九命作伯』。案《含文嘉》：『九錫：一曰車馬，二曰衣服，三曰樂則，四曰朱户，五曰納陛，六曰虎賁，七曰斧鉞，八曰弓矢，九曰秬鬯。』鄭司農以《周禮》九命與九賜是一也。康成以九命與九賜不同，九賜謂『八命作牧，九命作伯』之後，始加九賜。知者，《王制》云『三公一命衮，若有加，則賜。二曰衣服之屬』是也。又《宗伯》『八命作牧』，注云：『侯伯有功德，加命得專征伐。』《王制》云：『賜弓矢，然後征。』《詩》云：『瑟彼玉瓚，黄流在中。』傳曰：『九命然後賜以圭瓚。』又《尚書·文侯》：『仇受弓矢、秬鬯。』《左傳》：『晉文公受大路、戎路、弓矢、秬鬯、虎賁。』此皆九命之外，始有衣服、弓矢、秬鬯等之賜，故知九賜不與九命同也。且此云『三賜不及車馬』，其九賜『一曰車馬』，何由三賜不及車馬乎？故知此三賜非九賜之三賜也，故康成以爲諸侯及卿大夫之子三命者。其《公羊》説九賜之次，與《含文嘉》不同，一曰加服，二曰朱户，三曰納陛，四曰輿馬，五曰樂則，六曰虎賁，七曰斧鉞，八曰弓矢，九曰秬鬯。異人之説，故文有參差，大略同也。《異義》許慎説九賜九命，鄭康成以爲不同，具如前説。」

蒙案：九賜、九命異同，今《異義》許、鄭説皆闕。正義云『具如前説』，故即録正義補之。

蒙案：《公羊》、《穀梁傳》莊元年注皆引《禮》有九錫，即《禮緯含文嘉》文，皆作「七曰弓矢，八曰鈇鉞」。徐疏引《禮緯》注，楊疏引舊説，及《文選·潘勗册魏公九錫文》，其序亦然。惟《白虎通》引《禮》説作「七曰鈇鉞，八曰弓矢」，《曲禮》正義引《含文嘉》及宋均注、《漢書·武紀》應劭注同。「鈇鉞」，又作「斧鉞」。正義所引《公羊》説與何休解詁不同，以許氏《異義》考之，蓋《公羊》先師説與？《韓詩外傳》卷八引《傳》曰：「諸侯之有德，天子錫之。一錫車馬，再錫衣服，三錫虎賁，四錫樂器，五錫納陛，六錫朱户，七錫弓矢，八錫鈇鉞，九錫秬鬯。」其次又異。《穀梁疏》引舊説九錫，輿馬、大輅、戎輅各一，玄馬二也；衣服謂玄衮也。潘勗又云：「赤舄副焉。」樂則謂軒懸之樂也。潘勗又云：「六佾之舞。」朱户，謂所居之室朱其户也。納陛，謂從中階而升也。虎賁謂三百人也。弓矢，彤玈之弓矢也。潘勗云：「彤弓一，彤矢百，玈弓十，玈矢千。」鈇鉞，謂大柯斧，賜之專殺也。秬鬯，謂賜秬鬯之酒，盛以圭瓚之中，以祭祀也。潘勗云：「秬鬯一卣，圭瓚副焉。」何休引九錫之文即云「禮百里不過九命，七十里不過七命，五十里不過五命」，是以九錫即九命也。《曲禮》正義言「許慎説九賜九命，鄭康成以爲不同」，是許從先鄭説，後鄭不從。

天子駕數

《異義》：「天子駕數，《易》孟、京、《春秋公羊》説天子駕六。《毛詩》説天子至大夫同駕四，士駕二。《詩》云『四騵彭彭』，武王所乘；『龍旂承祀，六轡耳耳』，魯僖所乘；『四牡騑騑，周道倭遲』，大夫所乘。謹案：《禮・王度記》曰：『天子駕六，諸侯與卿同駕四，大夫駕三，士駕二，庶人駕一。』説與《易》、《春秋》同。」

玄之聞也，《周禮・校人》：「掌王馬之政，凡頒良馬而養乘之，乘馬一師四圉。」四馬爲乘，此一圉者養一馬，而一師監之也。《尚書・顧命》諸侯入應門皆布乘黄朱，案：《尚書・顧命》正義曰：「伏生以此篇合於《顧命》，共爲一篇。」馬、鄭、王本，此篇自「高祖寡命」已上，内於《顧命》之篇，「王若曰」以下始爲《康王之誥》，《駁異義》引「諸侯入應門」云云，今在《康王之誥》中，而鄭稱爲《顧命》，此其證也。言獻四黄馬朱鬣也。既實周天子駕六，《校人》則何不以馬與圉以六爲數？《顧命》諸侯何以不獻六馬？《王度記》曰「大夫駕三」，經傳無此言，是自古無駕三之制也。《毛詩・干旄》正義。○又《尚書・五子之歌》正義、《禮記》卷七《檀弓上》正義、《儀禮・既夕》疏、《續漢・輿服志》注、《通典・嘉禮九》。

《異義》：「古《毛詩》説云天子至大夫同駕四，皆有四方之事，士駕二也。《詩》云『四騵彭彭』，武王所乘；『龍旂承祀，六轡耳耳』，魯僖所乘；『四牡騑騑，周道倭遲』，大夫所乘。」《公羊傳》隱元年疏。

《異義》：「《公羊》説引《易經》云時乘六龍，以馭天下案：今《易》無「下」字，以《易》韻考之，此爲衍字。也，知天子駕六。」謹案亦從《公羊》説，即引《王度記》云「天子駕六龍，案：「龍」字衍。

諸侯與卿駕四，大夫駕三」以合之。

鄭駁云：「《易經》『時乘六龍』者，謂陰陽六爻上下耳，豈故爲禮制？《王度記》云『今天子駕六』者，自是漢法，與古異；『大夫駕三』者，於經無以言之。」同上。

鑾和

許慎曰：「《詩》云『八鑾鎗鎗』，則一馬二鑾也。又曰『輶車鑾鑣』，知非衡也。」《續漢·輿服志》注不言出《異義》，今以文義定之。

鑾、和所在，《**異義**》載《禮》戴、《詩》毛氏二說。謹案云「經無明文，且殷、周或異」，故鄭亦不駁。《毛詩·駟驖》正義。

蒙案：鑾、和皆以金爲鈴。見《周禮·大馭》注，干寶同。《大戴禮·保傅》篇：「在衡爲鑾，在軾爲和，馬動而鑾鳴，鑾鳴而和應。」《毛詩·蓼蕭》傳曰：「在軾曰和，在鑣曰鑾。」此《異義》所載《禮》戴、《詩》毛氏二說也。《續漢·輿服志》注載《白虎通》引《魯訓》曰：「和，設軾者也；鑾，設衡者也。」《禮記·經解》注引《韓詩內傳》曰：「鑾在衡，和在軾前。」鄭注《周禮·大馭》及《玉藻》、《經解》皆同此說。《毛詩·秦風·駟驖》：「輶車鑾鑣。」箋云：「置鑾於鑣，異於乘車。」《周禮疏》謂：「鄭以田車鑾在鑣，乘車鑾在衡，是也。」然《蓼蕭》之「和鑾雝雝」亦乘車也。毛傳云「在鑣曰鑾」，箋不易之者，正義謂以

「《駟驖》已明之，此從可知也」。《商頌·列祖》之「八鸞鶬鶬」亦乘車也，箋又云：「鸞在鑣，四馬則八鸞。」正義謂：「以經無正文，且殷周或異也。」今考車制，軾者，車前橫木也，見《漢書·李廣傳》注引服虔。高三尺三寸，圍七寸三分寸之一。見《考工記》注。衡者，輈前橫木，縛軛者也，見《莊子·馬蹄》釋文。衡長六尺六寸，見《考工記》疏。圍一尺五分寸之一。見《考工記》注。衡下有兩軛以叉馬頸。見《左傳》襄十四年正義引服虔。《左氏傳》桓二年正義曰：「案《考工記》『輪崇，車廣，衡長，參如一』，則衡之所容惟兩服馬耳。案：此見《考工記·輿人》注。賈疏云：「以驂馬別有輈鬲引車，故衡唯容服也。」《詩》辭每言八鸞，當謂馬有二鸞，鸞若在衡，衡唯兩馬，安得置八鸞乎？以此知鸞必在鑣。」正義此辨甚明。《說文》弟十四上《金部》「鑾」，解云：「人君乘車四馬，鑣八鑾，鈴象鸞鳥之聲，和則敬也。」《異義》亦引《詩》八鸞以證一馬二鸞，引《詩》鸞鑣以證非衡，然尚存兩疑，於《說文》則定爲「鸞在鑣矣」。若和之所設，諸家皆云在軾，惟《韓詩》云在軾前，軾前則近衡矣。服虔、杜預解《左氏傳》「錫鸞和鈴」，以爲鸞在鑣，和在衡。服虔說見《史記·禮書》集解。正義謂鸞既在鑣，則和當在衡，此兼用韓、毛之說也。鑣者，《爾雅·釋器》云：「鑣謂之钀。」郭注：「馬勒旁鐵。」《說文》：「鑣，馬銜也。」「幩，馬纏鑣扇汗也。」《釋名》：「鑣，苞也，所以在旁苞斂其口也。」《衛風·碩人》毛傳曰：「人君以朱纏鑣扇汗，且以爲飾。」是鑣與扇汗爲二。《釋文》一之，誤。《續漢書·輿服志》：「乘輿，象鑣，用象牙，赤扇汗。王、公、列侯，朱鑣，絳扇汗。卿以下有騑者，緹扇汗。」鑣之飾可見者如此。

五玉摯

《異義》：「謹案：《周禮》説五玉摯，自公卿以下執禽，尊卑有差也。禮不下庶人，工商又無朝儀，五經無説庶人、工商有摯。」《御覽》五百三十九。

蒙案：《周禮·大宗伯》：「以禽作六摯，以等諸臣。孤執皮帛，卿執羔，大夫執雁，士執雉，庶人執鶩，工商執雞。」鄭注：「摯之言至，所執以自致。皮帛者，束帛而表以皮爲之飾。羔，取其羣而不失其類。雁，取其候時而行。雉，取其守介而死，不失其節。鶩，取其不飛遷。雞，取其守時而動。《曲禮》曰：『飾羔雁者以繢。』自雉以下，執之無飾。天子之孤飾摯以虎皮，公之孤飾摯以豹皮。」《左氏》莊二十四年《傳》：「男摯，大者玉帛，小者禽鳥。」何休《公羊解詁》曰：「凡贄，天子用鬯，諸侯用玉，卿用羔，大夫用雁，士用雉。案：此據《曲禮》。雉取其耿介。雁取其在人上，有先後行列。羔取其執之不鳴，殺之不號，乳必跪而受之，類死義知禮者也。玉取其至清，而不自蔽其惡，潔白而不受污，内堅剛而外温潤，有似乎備德之君子。鬯取其芬芳在上，臭達於天，而醇粹無擇，有似乎聖人，故視其所執而知其所任矣。」《白虎通·文質》篇曰：「臣見君有贄何？贄者，質也，質己之誠，致己之悃愊也。王者緣臣子之心以爲之制，差其尊卑，以副其意也。公侯以玉爲贄者，玉取其燥不輕，濕不重，明公侯之德全也。卿以羔爲贄，羔者，取其羣而不黨。卿職在盡忠率下，不阿黨也。大夫以雁爲贄者，取其飛成行，止成列也。大夫職在以奉命之適四方，動作皆能自正以事君也。士以雉爲贄者，取其不可誘之以食，懾之以威，必死不可生畜。士行威《御覽》引「威」作「耿」，當從之。介，守節死義，不當移轉也。《曲禮》曰：『卿羔，大夫以雁，士以雉爲摯，庶人之摯匹，童子委摯而退。野外軍中無摯，以纓、拾、矢可也。』言必有摯也。匹謂鶩也。案：鄭注《曲禮》曰說者以匹爲鶩，本此。卿、大夫摯，古以麛鹿，今以羔雁何？以爲古者質，取其內，謂得美草鳴相呼。今文，取其外，謂羔跪乳、雁有行列也。《禮·士相見經》曰：『上大夫相見以羔，左頭如麛執之。』明古以麛鹿，今以羔也。卿、大夫贄變，君與士摯不變何？人君至尊，極美之物以爲贄。士賤，伏節死義，一介之道也，故不變。私相見亦有贄何？所以相尊敬，長和睦也。朋友之際，五常之道，有通財之義，振窮救急之意，中心好之，欲飲食之，故財幣者所以副至意也。《禮·士相見經》曰：『下大夫相見，以雁。士冬以雉，夏以腒也。』」鄭、何二注並據《白虎通》爲說。然《周禮》言六摯，下及庶人、工商，《儀禮·士相見禮》言庶人見於君，《曲禮》亦言庶人之摯，《周禮·小司寇》「詢萬民之位，百姓北面」，則庶人、工商有朝儀有摯明矣。《異義》援《周禮》說但云五摯，又云「五經無說庶人、工商有摯」，何也？疑《太平御覽》所引文有脱誤。五摯者，《尚書》說也。《堯典》曰：「五玉、三帛、二生、一死摯，如五器。」《公羊》隱八年疏引鄭氏《尚書注》云：「如者，以物相授與之。言授摯之器有五，卿、大夫、上士、中士、下士也。器各異飾，《周禮》改之飾羔雁、飾雉、執之而已。」是也。鄭注《周禮》云：「自雉以下，執之無飾。」此云飾雉，蓋《公羊疏》誤衍一「飾」字。

玉色雜

鄭《駁異義》云：「玉雜則色雜。」《周禮・玉人》疏。

天子笏名

天子笏曰珽，珽，直無所屈也。《隋書・禮儀志》注。

孔廣林曰：「鄭君注《玉藻》『天子搢珽』云：『此亦笏也。謂之珽，珽之言珽然無所屈也。或謂之大圭，長三尺，杼上終葵首。終葵首者，於杼上又廣其首，方如椎，是謂無所屈。《相玉書》曰：珽玉六寸，明自炤。』是與《異義》此説同也。」

韍

《五經異義》曰：「韍者，大帶之飾，非韠也。」《御覽》六百九十一《服章部・韍》。

韎韐

《駁異義》云：「韎，草名。齊、魯之閒言韎韐，聲如茅蒐，字當作韎。陳留人謂之蒨。」《毛詩・瞻彼洛矣》正義。

《駮異義》云：「有韎韐無韠，有韠無韎韐。」同上。

蒙案：韎韐者，《毛詩・瞻彼洛矣》：「韎韐有奭。」傳：「韎韐者，茅蒐染草也。一入曰韎，今本無「入」字，正義曰：「定本云『一入曰韎韐』。」韐，所以代韠也。」鄭箋：「韎韐者，茅蒐染也。茅蒐，韎韐聲也。韎韐，祭服之韠，合韋爲之。其服爵弁服，緇衣纁裳也。」案傳「韎韐」者，「韐」字衍。「草」當爲「韋」，「一入曰韎」當斷句。箋：「韎韐者，韎韐聲也。」兩「韐」字衍。「韎韐，祭服之韠」，「韎」字衍，近金壇段大令玉裁《儀禮漢讀考》始正其譌。考《説文》弟五下《韋》篇：「韎，茅蒐染韋也。一入曰韎，从韋末聲。」《國語・晉語》韋昭注曰：「三君云：『一染曰韎。』鄭後司農説：『以爲韎，茅蒐染也。韎，聲也。』案：「韎，聲也」上當有「茅蒐」二字。昭謂：茅蒐，今絳草也，急疾呼之成韎也。」《左氏傳》成十六年正義引賈逵云：「一染曰韎。」又引鄭玄《詩》注云：「韎，茅蒐染也。韎，聲也。」此可證今《詩》傳、箋之誤。《儀禮・士冠禮》曰：「爵弁服，纁裳，純衣，緇帶，韎韐。」鄭注：「此與君祭之服。韎韐，緼韍也。士緼韍而幽衡，合韋爲之。士染以茅蒐，因以名焉。今齊人名蒨爲韎韐。」四庫本《儀禮集釋》戴吉士震校云：「疏云周公時名蒨草爲韎，以此韎染韋，合之爲韐，因名韍爲韎韐。是蒨一名韎，不名韎韐也，『韐』字乃衍文。」然則《駮異義》言韎聲如茅蒐，或衍「韐」字者，亦誤也。《爾雅・釋器》：「一染謂之縓。」許君《説文》謂「韎即縓」，以色言之，《異義》亦當云爾。鄭謂韎即茅蒐，以聲言之，此其異也。陸璣《毛詩草木疏》曰：①「齊人謂之茜，徐州人謂之牛蔓。」茜即蒨字也。韠者，《釋名》云：「蔽膝也。」《北堂書鈔》引雷氏《五經要義》云：「裳前之蔽也。」《玉藻》：「韠，君朱，大夫素，士爵韋。」鄭注：「韠下廣二尺，上廣一尺，長三尺，其頸五寸，肩，革帶，博二寸。」韍者，《明堂位》注：「韍，冕服之韠也。」亦作「芾」，《毛詩·候人》傳：「芾，韠也。」亦作「紱」，《易乾鑿度》曰：「《易》天子、三公、諸侯，紱服皆同色。天子、三公、九卿朱韍，諸侯赤紱。」《士冠禮》注：「韍之制如韠。」賈疏：「韍韠但有飾無飾爲異耳。祭服謂之韍，其他服謂之韠。《明堂位》：『有虞氏服韍，夏后氏山，殷火，周龍章。』鄭云：『後王彌飾，天子備焉。諸侯火而下，卿大夫山，士韎韋而已。』是士無飾則不得單名韍，一名韎韐，一名緼韍而已。案：緼，赤黃閒色。染韋爲韍之體，天子與其臣純朱，諸侯與其臣黃朱爲異。」《毛詩·瞻彼洛矣》正義云：「大夫以上，祭服謂之韍。士朝服謂之韠，祭服謂之韎韐。《士冠禮》『爵弁服韎韐』，不言韍，是也。」此鄭《駮異義》所謂「有韎韐無韠，有韠無韎韐」也。《瞻彼洛矣》詩以諸侯衣韎韐者，《白虎通·爵》篇曰「世子上案：「上」當作「未」。受爵，衣士服何？謙不敢自專也」是也。許君《異義》説韠韍韎韐之名，今闕不詳，然《説文·韋》篇云：「韠，韍也。所以蔽前。以韋。案：「韋」下當有「爲之」二字。下廣一尺，上廣一寸，其頸五寸。一命緼韠，再命赤韠。從韋畢聲。」弟七下：「巿，韠也。上古衣蔽前而已，巿以象之。天子朱巿，諸侯赤巿，大夫葱衡。從巾，象其連帶之

① 「璣」，原本及《清經解》本均誤作「機」，今改。

形，韍，篆文市，从韋從犮。」「韐，士無市有韐。制如榼，缺四角。爵弁服，其色韎。不得與裳同。司農曰：案：司農謂先鄭。裳，纁色。從市合聲。」韐韐或從韋。《説文》據禮言韠韍韎韐之制甚備。以韠韐市互訓，又言士有韐無市，是亦後鄭有韠無韎韐，有韎韐無韠之義也。《太平御覽》又引《異義》曰：「韍者，大帶之飾，非韠也，」疑非叔重之言，或《異義》中引他家説。《廣雅·釋器》：「紱，綬也。」《後漢書·杜喬傳》注引《倉頡篇》，《文選·秋興賦》注引《字林》並同。訓綬之字當从糸旁犮作，或與「黻」、「紼」、見《莊子·逍遥遊》釋文。「芾」、「韍」諸字通借，鄭《易·困》「朱紱方來」作「韍」，見《士冠禮》疏。《易緯乾鑿度》又作「芾」。《詩》「三百赤芾」，《漢書·東平王倉傳》注引作「紱」。《王莽傳》「韍如相國，謂組也」，故漢人有解韍爲大帶之飾者，《廣韻》十三《末》「韎」注：「韎韐，大帶。」此必舊説相傳之存焉者矣。

卿得世不

《異義》：「卿得世不？《公羊》、《穀梁》説，卿大夫世，則權并一姓，妨塞賢路，事案：当作「專」，寫誤。政犯君，故經譏周尹氏、齊崔氏也。蒙案：《公羊》昭三十一年《傳》：「大夫之義不得世。」《左氏》説，卿大夫得世禄，不得世位，父爲大夫死，子得食其故采，而有賢才則復升父故位。故《傳》曰：『官有世功，則有官族。』謹案：《易》爻位三爲三公，二爲卿大夫，曰

『食舊德』。案：「曰」上當脱「訟六三」三字。食舊德，謂食父故禄也。《尚書》：『古我先王，暨乃祖乃父，胥及逸勤。予不敢動用非罰，①世選爾勞，予不絶爾善。』《論語》曰：『興滅國，繼絶世。』國謂諸侯，世謂卿大夫。《詩》云：『凡周之士，不顯亦世。』蒙案：《魏書》百八十四《禮志》引「亦」作「奕」。《孟子》曰：『文王之治岐也，仕者世禄。』知周制世禄也。」《毛詩·文王》正義。又《禮記·王制》正義節引云：「從《左氏》義，鄭氏無駁，與許同。」又《魏書》一百八十四《禮志》、《玉海》卷五十並節引。

蒙案：《公羊》隱三年：「尹氏卒。」《傳》曰：「譏世卿。世卿非禮也。」昭三十一年《傳》曰：「大夫之義不得世。」《穀梁》説當考。

蒙案：《易緯乾鑿度》：「初爲元士，二爲大夫，三爲三公，四爲諸侯，五爲天子，上爲宗廟。」《異義》本此。

鄭《駁異義》引《尚書》「世選爾勞」，又引《詩》刺幽王絶功臣之世。《左傳》宣十年正義。

蒙案：《毛詩·小雅·裳裳者華》序曰：「古之仕者世禄。」鄭引《詩》刺幽王絶功臣之世，謂此詩也。

孔廣林曰：「《詩》：『不顯亦世。』箋云：『其臣有光明之德者，亦得世世在位。』《箴膏肓》云：

---

①「動」，原誤作「勤」，今據《清經解》本改。

『公卿之世立大功德，先王之命有所不絶者。』是鄭以世禄其常，有功亦得世位，與許微異。《王制》正義云鄭不駮，指世禄言，《左傳》正義又引《駮義》云云，則據世位也。」

諸侯純臣不

《異義》：「《公羊》説，諸侯不純臣。《左氏》説，諸侯者，天子藩衛，純臣。謹案：《禮》，王者所不純臣者，謂彼人爲臣，皆非己德所及。《易》曰：『利建侯。』侯者，王所親建，純臣也。」

玄之聞也，賓者，敵主人之稱，而《禮》，諸侯見天子稱之曰賓，不純臣諸侯之明文矣。

《毛詩·臣工》正義。

蒙案：《白虎通》曰：「王者不純臣諸侯何？尊重之。以其列土傳子孫，世世稱君，南面而治。朝則迎之於著，覲則待之於阼階，升降自西階，爲庭燎，設九賓，享禮而後歸。是異於衆臣也。」以《異義》證之，則《白虎通》用《公羊》説也。

質家立弟

《異義》：「《公羊》説云質家立世子弟，文家立世子子，而《春秋》從質，故得立其弟。」

《公羊傳》成十五年疏。

蒙案：《公羊》隱元年何休解詁曰：「禮，適夫人無子，立右媵；右媵無子，立左媵；左媵無子，立嫡姪娣；嫡姪娣無子，立右媵姪娣；右媵姪娣無子，立左媵姪娣。質家親親，先立娣；文家尊尊，先立姪。嫡子有孫而死，質家親親，先立弟；文家尊尊，先立孫。其雙生也，質家據見立先生，文家據本意立後生：皆所以防愛爭。」《檀弓》：公儀仲子舍其孫而立其子，子游問孔子，子曰：「立孫。」然則周禮爲正。鄭君注《王制》於爵等用《公羊》説，云：「《春秋》變周之文，從殷之質。」其《駮異義》蓋亦從《公羊》説。

未踰年之君立廟不

《五經異義》曰：「未踰年之君立廟不？《春秋公羊》説云：『未踰年，君有子則書葬立廟，無子則不書葬，案：見莊三十二年《傳》。恩無所録也。』《左氏》説云：『臣之奉君，悉心盡恩，不得緣君父有子則爲立廟，無子則廢也。』或議曰。」案：此下有闕文。許君案：「《禮》云『臣不殤君，子不殤父』。君無子而不爲立廟，是背義棄禮，罪之大者也。」

鄭玄駮云：「未踰年君者，魯子般、子惡是也。皆不稱公，書卒弗謚，不成於君也。廟者，當序於昭穆，不成於君，則何廟之立？凡無廟者，爲壇祭之。近漢諸幼少之帝，尚皆不廟祭而祭於陵。云罪之重者，此何故不罪？殤者十九向下，未踰年之君，未必未冠，引殤欲以何明也？」《通典》九十三《凶禮》十五。

蒙案：《公羊傳》莊三十二年曰：「未踰年之君，有子則廟，廟則書葬。無子不廟，不廟則不書葬。」《異義》引《公羊》説即此，而「無子」下無「不廟」之文，寫脱耳。何休曰：「未踰年之君，禮，臣下無服，故無子不廟，不廟則不書葬，是一年不二君也。」疏曰：「案《喪服·不杖期章》有爲君之長子，況爲嗣君，而言無服者，未踰年之君，臣下皆爲前君服斬，寧得更爲之服乎？若還服期，即是廢重服輕。若爲斬衰三年，即違一年不二君之義故也。」

又蒙案：蔡邕《獨斷》云：「殤、冲、質三少帝，皆以未踰年而崩，不列於宗廟，四時就陵上祭寢而已。」《續漢書·祭祀志》亦云然。《通典》引蔡邕云：「見孝殤、孝冲、孝質皇帝，以幼弱在位未踰年，不列於廟，太尉、司徒分視三陵，皆宗廟典制也。」

諸侯未踰年出朝會與不？出會何稱

《五經異義》云：「諸侯未踰年出朝會與不？出會何稱？《春秋公羊》説云：『諸侯未踰年不出境，在國中稱子，以王事出亦稱子，非王事而出會同，安父位，不稱子。鄭伯伐許，案：成四年時鄭襄公已葬。未踰年，以本爵，譏不子也。』《左氏》説：『諸侯未踰年，在國内稱子，案：僖九年《傳》：「凡在喪，王曰小童，公侯曰子。」以王事出則稱爵，詘於王事，不敢伸其私恩，鄭伯伐許是也。』《春秋》不得以家事辭王事，諸侯蕃衛之臣，雖未踰年，以王事稱爵是也。」案：「《春秋》不得以家事辭王事」上當脱「謹案」二字。

鄭玄駁云：「昔武王卒父，業既除喪，出至孟津之上，猶稱太子者，是爲孝也。今未除喪而出稱爵，是與武王義反矣。《春秋》僖九年春三月丁丑，宋公御説卒。① 夏，公會宰周公、齊侯、宋子、衛侯、鄭伯、許男、曹伯于葵丘。宋子即未踰年君也，「未」字舊脱，今補。出與天子大夫會，是非王事而稱子耶！」《通典》九十三《凶禮十五》。

蒙案：《禮記》四十《雜記上》曰：「君薨，太子號稱『子』，待猶君也。」鄭注：「謂未踰年也，雖稱子，與諸侯朝會待如君矣。《春秋》魯僖公九年夏葵丘之會，宋襄公稱子，而與諸侯序。」正義曰：「鄭用《左氏》之義，未葬已前則稱子，既葬以後踰年則稱公。」

鄭《駁異義》從《公羊》義，以鄭伯伐許爲非禮。及《公羊》未踰年爲王事，皆稱子，即宋襄公稱子，案：僖九年。陳共公稱子案：僖二十八年。是也。《左氏》未踰年爲王事，皆稱爵。鄭《駁異義》引宋襄公稱子，從《公羊》説，以爲稱子禮也。《禮記》卷五《曲禮下》正義。○案：此段是

①「宋」，原誤作「未」，今據《清經解》本改。

正義約鄭《駮》語。

蒙案：《公羊》閔二年《傳》何休解詁曰：「禮，禘祫從先君數，朝聘從今君數。」《禮記·曲禮下》正義曰：「《公羊》凡以王事出會，未踰年皆稱子。僖九年會于葵丘，宋襄公稱子，案：宋桓公未葬。僖二十八年會于踐土，案：當作「會於溫」，正義誤。陳共公稱子；案：時陳穆公未葬。定四年會召陵，陳懷公稱子。案：時陳惠公未葬。若未踰年，非王事稱爵，皆譏耳，成四年『鄭伯伐許』是也。《左氏》之義，『凡在喪，王曰小童，公侯曰子』，宋襄公、陳共公稱子是也。其王事出會則稱爵，『鄭伯伐許』是也。案桓十三年經書衛惠公稱侯，案：時衛宣公未葬。成十三年經書宋公、衛侯，案：當作「成三年」，正義誤衍「十」字。時宋文公、衛穆公未葬，此竝先君未葬而稱爵者，賈、服注譏其不稱子。僖二十五年『會衛子、莒慶，盟於洮』，時先君已葬，案：謂衛文公。衛成公猶稱子，服虔云：『明不失子道。』成十年晉侯伐鄭，時厲公父景公疾未薨，而厲公出會稱爵，譏其生代父位不子也。《公羊》以成四年鄭伯伐許非王事，未踰年而稱爵，譏之也。《左氏》則以鄭伯伐許爲王事，雖未踰年，得稱爵，案：時鄭襄公已葬，但未踰年。與《公羊》異。」

未踰年之君繫父不

《異義》：「未踰年之君繫父不？《公羊》説云：『未踰年之君皆繫於父，晉里克殺其君之子奚齊是也。』《左氏》説：『未踰年之君，未葬繫於父，殺奚齊于次時，父未葬。雖未踰年，稱子。成爲君，不繫於父，齊公子商人殺其君舍，父已葬。』謹案：禮制，君喪未葬已葬，儀各有差，嗣君號稱亦宜有差，《左氏》説是也。」《通典》九十三《凶禮十五》。

蒙案：《禮記·曲禮下》正義曰：「凡諸侯在喪之稱，《公羊》未葬稱子某者，莊三十二年『子般卒』，襄三十一年『子野卒』是也。既葬稱子，則文十八年子惡卒，經書『子卒』是也。踰年稱君者，則僖十年里克弑其君卓子，及文元年公即位是也。謂臣子稱君也，若其君自稱猶曰子，故《公羊傳》文九年『諸侯於其封内三年稱子』是也。案昭十一年，『楚滅蔡，執世子有』，其時蔡君已死，其子仍稱世子者，何休云：『不許楚之滅蔡也。猶若君存然，故猶稱世子。』文十四年九月，『齊商人弑其君舍』，舍爲君，商人之弑也。案：當云「舍未踰年成爲君，惡商人之詐也」。襄二十九年，『吴子使季札來聘』，先君未踰年，吴稱子者，賢季子，故録之。桓十一年，『鄭忽出奔衛』，先君既葬而尚稱名者，《公羊》云：『伯子男一也。辭無所貶。』案：《白虎通·爵》篇曰：「《春秋》名鄭忽，忽者，鄭伯也。此未踰年之君當稱子，嫌爲改伯從子，故名之也。」何休云：『直以喪降稱名，無餘罪致貶。』《左氏》之義，君薨未葬，未行即位之禮前稱子某，子般、子野是也；葬雖未踰年則稱君，『晉里克弑其君卓子』，『齊商人弑其君舍』是也。子惡卒，先君葬後稱子，杜預云：『時史畏襄仲不敢稱君，故云子也。』《公羊》以奚齊僖九年死，卓子十年死，以卓子踰年，故稱君。《左氏》卓子亦九年死，但赴告在十年，以葬後，故稱君。二《傳》不同也。」蒙案：鄭君注《坊記》云：「《春秋傳》曰：諸侯于其封内三年稱子，至其臣子踰年則謂之君矣。」是鄭從《公羊》説也。

蒙案：《白虎通·爵》篇曰：「父在稱世子何？繫於君也。父没稱子某者何？屈於尸柩也。

既葬稱子者，即尊之漸也。踰年稱公者，案：此文九年《公羊傳》説。緣民臣之心不可一日無君。緣終始之義，一年不可有二君。故踰年即位，所以繫民臣之心也。三年然後受爵者，緣孝子之思未忍安吉也。故《春秋》：魯僖公三十三年十二月乙巳，公薨于小寢。文公元年春，王正月，公即位。四月丁巳，葬我君僖公。《韓詩内傳》曰：『諸侯世子三年喪畢，上受爵命於天子。』案：《曲禮》正義引《白虎通》此下有「乃歸即位」四字。明爵者天子之所有，臣無自爵之義。童子當受爵命者，使大夫就其國命之，明王者不與童子爲禮也。」此皆據《公羊傳》莊公三十二年、文九年爲説也。《白虎通》又曰：「天子大斂之後稱王者，明臣民不可一日無君也。故《尚書》曰：『王麻冕黼裳。』此大斂之後也。何以知不從死後加王也？以上言迎子釗，不言迎王也。王者既殯而即繼體之位何？緣臣民之心不可一日無君，故先君不可見則後君繼體矣。故《尚書》曰：『王再拜興對』，『乃受銅瑁』。明爲繼體君也。緣終始之義，一年不可有二君也。故《尚書》曰：『王釋冕反喪服。』吉冕受銅，稱王以接諸侯，明已繼體爲君也。釋冕藏銅，反喪服，明未稱王以統事也。不可曠年無君，故踰年乃即位改元，元以名年，年以紀事，君名其事矣，而未發號令也。何以言即位改元也？《春秋傳》曰：『以諸侯踰年即位，亦知天子踰年即位也。』案：《公羊》文九年《傳》文。《春秋》曰：『元年春王正月，公即位。』改元位也。王者改元，即事天地；諸侯改元，即事社稷。《王制》曰：『夫喪三年不祭，唯祭天地社稷，爲越紼而行事。』《春秋傳》曰『天子三年然後稱王』者，案：《公羊》文九年《傳》曰：「以天子三年然後稱王，亦知諸侯于其封内猶三年稱子也。」謂稱王統事發號令也。《尚書》曰『高宗諒闇三年』是也。故天子、諸侯凡三年即位，終始之義乃備。」

妾母之子爲君，得尊其母爲夫人不

《五經異義》：「妾母之子爲君，得尊其母爲夫人不？《春秋公羊》說，妾子立爲君，母得稱夫人。故上堂稱妾，屈於嫡；下堂稱夫人，尊行國家。則士庶起爲人君，母亦不得稱夫人。孔廣林云：「十四字當在『子不得爵命父母』下，文錯在此。」父母者，子之天也，子不得爵命父母。至於妾子爲君爵其母者，以妾本接事尊者，有所因也。《穀梁》說，魯僖公立妾母成風爲夫人，入宗廟，是子而爵母也，以妾爲妻，非禮也。古《春秋左氏》說，成風得立爲夫人，母以子貴，禮也。謹案：《尚書》舜爲天子，瞽瞍爲士，明起於匹庶者，子不得爵父母也。至於魯僖公本妾子，尊母成風爲小君，經無譏文，《公羊》、《左氏》義是也。」

駁曰：「《禮·喪服》父爲長子三年，以將傳重故也；衆子則爲之周，案：《通典》凡期皆改爲周，避玄宗嫌名。明無二適也。女君卒，貴妾繼室，攝其事耳，不得復立爲夫人。魯僖公妾母爲夫人者，乃緣莊公夫人哀姜有殺子般、閔公之罪，應貶故也。案：《左傳》襄二年正義云：「鄭玄以爲正夫人有罪廢，妾母得成爲夫人也。」即據此。近漢呂后殺戚夫人及庶子趙王，不仁，廢不得配食，文帝更尊其母薄后，非其比耶？妾子立者得尊其母，禮未之有也。」《通典》七十二《嘉禮十七》。○又《禮記·服問》正義引至「不得復立爲夫人」止。又《左傳》襄四年正義節引。

蒙案：《春秋》：「僖公八年，秋七月，禘于太廟，用致夫人。」《左氏》以爲哀姜。《公羊》以爲脅于齊媵女之先至者，譏以妾爲妻也。何休曰：「僖公本聘楚女爲嫡，齊女爲媵，齊先致其女，脅僖公使用爲嫡。」《穀梁》以爲：「言夫人而不以氏姓，非夫人也。一則以宗廟臨之而後貶焉，一則以外之弗夫人而見正焉。立妾之辭也，非正也。」劉向曰：「夫人，成風也。致之于太廟，立之以爲夫人。」案經例，生薨稱夫人，葬稱小君。哀姜之薨久矣，不得仍其生稱。楚女、齊媵之説，疏引《春秋》説，《漢書·五行志》引董仲舒皆云然，而經無其文，則《左氏》、《公羊》皆非，《穀梁》得之。《春秋》：文公四年，夫人風氏薨，五年葬我小君成風，王使召伯來會葬。《左氏傳》曰：「禮也。」《公羊》隱元年《傳》曰：「母以子貴。」何休曰：「禮，妾子立則母得爲夫人，夫人成風是也。」惟《穀梁》謂經書夫人風氏者，「君夫人之、夫人卒葬之，我不可以不夫人之、不卒葬之也」，「秦人來歸僖公、成風之禭者，秦人弗夫人之也」，其義嚴矣。《左氏》、《公羊》言母以子貴，于禮無徵也。又案魯以妾母爲夫人者，《左氏》成風外有桓之母仲子、宣之母敬嬴、昭之母齊歸，皆稱夫人，惟隱之母聲子以不備禮稱君氏，哀之母定姒，《傳》不言爲嫡爲娣，杜預謂是定公夫人。案，《傳》於定十五年姒氏卒，曰「不稱夫人，不赴且不祔也」；於「葬定姒」，曰「不稱小君，不成喪也」。若姒氏是嫡，何得不祔？據此則姒氏亦妾母明矣，此《左氏》之義也。《公羊》則成風外仲子子氏、頃熊、定姒，皆妾母。案：仲子，《傳》曰：「桓公之母，子氏。」《傳》以爲隱公母。頃熊，《傳》曰：「宣公之母。」何休曰：「熊氏，楚女，宣公即僖公妾子。」何氏據《春秋》説僖公以齊媵爲妻，楚女爲妾而言。定姒，《傳》曰哀公之母，何休曰：「姒氏，杞女。哀公即定公之妾子。」此據《傳》文知之。《傳》於「天王使宰咺來歸惠公、仲子之賵」曰

「何以不稱夫人？ 桓未君也」，於「姒氏卒」曰「何以不稱夫人？ 哀未君也」，於「葬定姒」曰「定姒何以書葬？ 未踰年之君也，有子則廟，廟則書葬」。 若齊歸，《傳》但曰「昭公之母」，而何休以爲襄公嫡夫人，此《公羊》之義也。《穀梁》則成風外仲子、《傳》曰：「惠公之母，孝公之妾。」頃熊、定姒、定弋皆妾母。弋氏卒，《傳》曰：「妾辭也，哀公之母也。」而夫人子氏爲隱公之妻，齊歸亦不言爲嫡爲娣，案經例，一公之世，必書其夫人，襄不宜獨闕，則《傳》當以齊歸爲襄嫡夫人也。定公世亦無娶夫人之文，何以知定弋爲妾，即以弗夫人知之也。定之嫡夫人不見于經，容獲麟之前尚存，此《穀梁》之義也。案《儀禮・喪服・緦麻章》曰：「庶子爲後，爲其母。」《禮記・服問》曰：「君之母非夫人，則羣臣無服，唯近臣及僕、驂乘從服，唯君所服服也。」鄭注云：「妾，先君所不服也。禮，庶子爲後，爲其母緦。言『唯君所服』，伸君也。《春秋》之義，有以小君服之者。時若小君在，則益不可。」是鄭以《春秋》之事非正也。《禮記・雜記上》曰：「妾祔于妾祖姑，無妾祖姑，則亦祔其昭穆之妾。」庾蔚之曰妾祖姑無廟，爲壇祭之。崔靈恩曰於廟中爲壇祭之。《喪服小記》曰：「慈母與妾母不世祭也。」《穀梁傳》：「禮：庶子爲君，爲其母築宮，使公子主其祭也。於子祭，於孫止。」《穀梁》説皆與禮合。鄭《駁異義》以成風、敬嬴得尊爲夫人者，緣哀姜有罪，姜氏大歸故，是兼取《左氏》。而謂貴妾不得復立爲夫人，妾母不得有三年喪，大旨從《穀梁》。但其言呂后廢不得配食，文帝更尊其母薄后，猶未覈。考《漢書・郊祀志》，元始五年，王莽奏復南北郊，以孟春正月上辛若丁，天子親合祀天墬，以高帝、高后配；以日冬至使有司奉祠南郊，高帝配；日夏至，使有司奉祭北郊，高后配。《後漢書・光武紀》：「建武中元元年，使司空告祠高廟曰：

呂太后賊害三趙，專王呂氏，賴社稷之靈，禄、産伏誅，天命幾墜，危朝更安。呂太后不宜配食高廟，同祧至尊。薄太后母德慈仁，孝文皇帝賢明臨國，子孫賴福，延祚至今。其上薄太后尊號曰高皇后，配食地祇。遷呂太后廟主於園，四時上祭。」亦見《續漢書·祭祀志》。然則王莽以前，配食高帝者猶呂后耳，光武始廢之，非自文帝也。衛宏《漢舊儀》曰：「宗廟大祫，設左右坐，高祖南面，高后右坐。」見《續漢·祭祀志》補注。此爲呂太后也。應劭《漢官儀》曰：「北郊壇地祇位，南面西上，高皇后配，西面，皆在壇上。」此爲薄太后也。

諸侯有妾母喪得出朝會不

《五經異義》云：「諸侯有妾母喪，得出朝會不？《春秋公羊》説：『妾子爲諸侯，不敢以妾母之喪，廢事天子大國，出朝會，禮也。魯宣公如齊，有妾母之喪，經書善之。』《左氏》説云：『妾子爲君，當尊其母，有三年之喪而出朝會，非禮也。故譏魯宣公。』謹案：禮，妾母無服，貴妾子不立，而他妾子立者也。不敢以卑廢事尊者，禮也。即妾子爲君，義如《左氏》。」

鄭玄駁云：「喪服緦麻，庶子爲後，爲其母。此義自天子下至庶人同，不得三年。魯宣舊誤襄。公所以得尊其妾母敬嬴爲夫人者，以夫人姜氏大歸齊不返故也。因是言妾子立，母卒得爲之三年，於禮爲通乎！其服之間，出朝會無王事，與鄭伯伐許何異！」《通典》七十二。

蒙案：《通典》引《鄭志》：「趙商問云：『按《許氏異義駁》以爲妾子爲母，依《喪服》庶子爲後，爲其母緦麻三月。按《禘祫志》《春秋》魯昭公十一年夏，夫人歸氏薨。十三年五月大祥，七月而禫。是得爲妾母三年，經無譏文，得合下禘祫之數。若不三年，則禘祫事錯。』答云：『《春秋經》所譏所善，皆於禮難明者也。其事著明，但如事書之，當按禮以正之。今以不譏爲是，亦寧有善之文與？』」此鄭依《左氏》，以齊歸爲妾，而仍不以三年之服爲禮也。若依《公羊》，則齊歸本嫡夫人，得合禘祫之數，無虧於禮。

諸侯奔天子喪否

《異義》：「《公羊》說，天王喪，赴者至，諸侯哭，雖有父母之喪，越紼而行事，葬畢乃還。《左氏》說，王喪，赴者至，諸侯既哭，問故，遂服斬衰，使上卿弔，上卿會葬。經書叔孫得臣如京師葬襄王，以爲得禮。」許慎謹案：「《易下邳傳》甘容說，蒙案：《易下邳傳》者，甘容所著《易傳》名。如《漢·藝文志》，《易》有《淮南道訓》，《詩》有《魯説》、《齊雜記》、《韓故》、《韓内傳》，《論語》有《燕傳説》之類，皆繫地名之。或曰：「傳甘」疑「侍其」之譌。《廣韻》七《之》引王僧儒《百家譜》有高密侍其義叔，又《史記正義》引

《七録》云：「古經出魯淹中，後博士侍其生得十七篇，今之《儀禮》是也。」諸侯在千里内皆奔喪，千里外不奔喪。若同姓，千里外猶奔喪，親親也。容説爲近禮。」《通典》引許慎《異誼》云：「《左氏》之説，諸侯，藩衛之臣，不得弃其封守。諸侯千里之内奔喪，千里之外不奔。四方不可空虚，故遣大夫也。」

鄭駮之云：「天子於諸侯無服，諸侯爲天子斬衰三年，尊卑有差。案魯夫人成風薨，案：《通典》引作「《春秋》文四年夫人成風薨」。『王使榮叔歸含且賵』，『毛伯來會葬』，《傳》曰『禮也』。『襄王崩』，『叔孫得臣如周，葬襄王』。案：《通典》有「則傳無言焉」五字。天子於魯既含且賵，又會葬，爲得禮，則是魯於天子，一大夫會，案：《通典》作「一大夫會葬而已」。爲不得禮可知。又《左傳》云：『鄭游吉云：「靈王之喪，我先君簡公在楚。我先大夫印段實往，敝邑之少卿也。王吏不討，恤所無也。」』《通典》「爲不得禮可知」下作「昭三十年，晉侯去疾卒，秋葬晉頃公。《傳》曰鄭游吉弔，且送葬。魏獻子使士景伯詰之」，其對詞有「靈王之喪」云云，「恤所無也」下有「晉人不能詰」五字。豈非《左氏》諸侯奔天子之喪及會葬之明文？説《左氏》者云諸侯不得棄其所守奔喪，自違其傳。同姓雖千里外奔喪，又與禮乖。」《禮記》十二《王制》正義云：「鄭之所駮，從《公羊》之義。」又《通典》八十《凶禮二》引鄭駮至「會葬之明文」止，餘互有詳略。

蒙案：《穀梁傳》曰：「周人有喪，魯人亦有喪。周人弔，魯人不弔。周人曰：『固吾臣也，使人可也。』魯人曰：『吾君也，親之者也，使大夫則不可。』故周人弔，魯人不弔。」《通典》八十《禮四十》引

《五經通議》曰：「凡奔喪者，近者先聞先還，遠者後聞後還。諸侯未葬，嗣子聞天子崩，不奔喪。王者制禮，緣人心而爲之節文，孝子之思，不忍去棺柩，故不使奔也。」東晉殷融議云：「周、魯有喪而魯人不弔，孔子所答曾子當謂國中卿大夫耳。」《白虎通》曰：「王者崩，諸侯悉奔喪何？臣子悲哀慟怛，莫不欲觀君父之柩，盡悲哀者也。又爲天子守蕃，不可頓空也，故分爲三部：有始死先奔者，有得中來盡其哀者，有得會喪奉送君者。七月之間，諸侯有在京師親供臣子之事者，有號泣悲哀奔走道路者，有居其國哭痛思慕竭盡所供以助喪事者，是四海之内咸悲，臣下若喪考妣之義也。葬有會者，親疎遠近盡至，親親之義也。童子諸侯不朝而來奔喪者何？明臣子於其君父，非有老少也。」又曰：「諸侯有親喪，聞天子崩，奔喪者何？屈己，親親猶尊尊之義也。《春秋傳》曰：『天子記崩不記葬者，必其時葬也。諸侯記葬，不必有時。』諸侯爲有天子喪尚奔，不得必以時葬也。」案：《公羊》隱三年《傳》。《白虎通》據《公羊》説言諸侯奔大喪之禮，莫詳於此。何休解詁于隱公三年《傳》「諸侯記卒記葬，不得必其時」注亦云：「設有王后崩，當越紼而奔喪，不得必其時。」又「尹氏卒」，《傳》曰：「天王崩，諸侯之主也。」何休曰：「時平王崩，魯隱往奔尹氏，主儐贊諸侯，與隱交接而卒。」《穀梁傳》亦曰：「於天子之崩爲魯主。」文九年二月「叔孫得臣如京師，辛丑，葬襄王」，《公羊傳》：「王者不書葬，此何以書？不及時，書；過時，書；我有往者則書。」何休曰：「謂使大夫往也。惡文公不自往，故書葬，以起大夫會之。」此皆《公羊》義也。《左氏》隱三年《傳》：「天子七月而葬，同軌畢至。諸侯五月，同盟至。」此《傳》言諸侯奔大喪之明文也。昭三十年《傳》游吉曰：「靈王之喪，我先君簡公在楚，我先大夫印段實

薨，使大夫弔，自會葬。」定十五年，邾婁子來奔喪。《傳》：「奔喪，非禮也。」何休曰：「禮，天子崩，諸侯奔喪會葬；諸侯薨，有服者奔喪，無服者會葬。邾婁與魯無服，故以非禮書。」此《公羊》說諸侯會葬之義。

諸侯夫人喪

諸侯夫人喪，《公羊》說卿弔，君自會葬。《左氏》說諸侯夫人喪，士弔，士會葬。文、襄之霸，士弔，大夫會葬，案：昭三年《傳》。叔弓如宋，葬宋共姬。案：襄三十年《傳》。上卿行，過厚非禮也。許慎謹案：「《公羊》說同盟諸侯薨，君會葬；其夫人薨，君又會葬，是其不遑國政而常在路。」《公羊》、《左氏》說俱不別同姓異姓。《公羊》言當會，許以爲同姓也。《左氏》云不當會，據異姓也。案：正義自「《公羊》、《左氏》說俱不別同姓、異姓」以下皆隱括《異義》文。

鄭駁之云：「按禮，君與夫人尊同，故《聘禮》卿聘君，因聘夫人。凶時會弔，主於相哀愍，略於相尊敬，故使可降一等，士弔，大夫會葬，禮之正也。《周禮》『諸侯之邦交，歲相問也，殷相聘也，世相朝也』，無異姓同姓親疎之數。云夫人喪，士會葬，說者致之，非傳辭也。」《禮記》十二《王制》正義。

《異義》：「《公羊》說云襄三十年，叔弓如宋，葬宋共姬，譏公不自行也。」《公羊》文六年疏。○案：此當在前條「《公羊》說卿弔，君自會葬」之下。

諸侯薨，書名稱卒

《異義》：「今《春秋公羊》說，諸侯曰薨，案：見隱三年《傳》。赴於鄰國亦當稱薨。經書諸侯言卒者，《春秋》之文王魯，故稱卒以下魯。古《春秋左氏》說，諸侯薨，赴於鄰國稱名，則書名稱卒。卒者，終也。取其終身，又以尊不出其國。」許君謹案：「《士虞禮》云：『尸服卒者之上服。』不分別尊卑，皆同言『卒』。卒者，終也，是終没之辭也。」

鄭駁之云：「案《雜記上》云：『君薨，赴於他國之君，曰：寡君不禄。』《曲禮下》曰：『壽考曰卒，短折曰不禄。』今君薨而云『不禄』者，言臣子於君父，雖有考終眉壽，猶若其短折然。若君薨而赴者曰『卒』，卒是壽終矣，斯無哀惜之心，非臣子之辭。隣國來赴，書以『卒』者，言無所老幼，皆終成人之志，所以相尊敬。」《禮記》四十《雜記上》正義。○又《穀梁》隱三年集解引「鄭君曰」至末皆《駁異義》文，「寡君不禄」下有「敢告於執事」五字，「今君薨」作「君薨赴」，「猶若短折」下有「痛傷之至也」五字。

蒙案：《公羊傳》隱三年：「諸侯曰薨，大夫曰卒，士曰不禄。」何休曰：「皆所以別尊卑也。葬不別者，從恩殺略也。」《春秋經》：「隱公三年，八月庚辰，宋公和卒。」何休曰：「不言薨者，《春秋》王魯，死當有王文。聖人之爲文辭孫順，不可言崩，故貶外言卒，所以褒内也。」此與《異義》《公羊》説合。《禮記·曲禮下》文與《公羊》同。《通典》八十三《凶禮》引漢《石渠議》：「聞人通漢問云：『《記》曰：「君赴於他國之君曰不禄，夫人曰寡小君不禄，大夫士或言卒死。」皆不能明。』戴聖對曰：『君死未葬曰不禄，既葬曰薨。』又問：『尸服卒者之上服。案：《士虞禮》文。士曰不禄，言卒何也？』聖又曰：『夫尸者，所以象神也。其言卒而不言不禄者，通貴賤尸之義也。』聞人通漢對曰：『尸，象神也，故服其服。士曰不禄者，諱辭也。孝子諱死曰卒。』」《五經通義》曰：「《春秋説題詞》曰：『大夫曰卒，精耀終也。卒之爲言，終於國也。士曰不禄，不禄爲身消名章也。』」《曲禮》又曰：「壽考曰卒，短折曰不禄。」鄭注：「謂有德行任爲大夫、士而不爲者，老而死，從大夫之稱，少而死，從士之稱。」《雜記》曰：「君訃於他國之君，曰：『寡君不禄，敢告於執事。』夫人曰：『寡小君不禄。』」鄭注：「君、夫人不稱薨，告他國，謙也。」此鄭説君稱不禄謙退同士之意也。鄭注《曲禮》「諸侯死曰薨」，云「史書策辭」，是鄭據《禮》爲斷，不從《公羊》説「赴於鄰國稱薨」，亦不從《左氏》説「赴於鄰國稱卒」也。若杜預解《左氏》云「史在國承赴，爲君故，惡其薨名，改赴書」，范甯解《穀梁》云「魯史之義，内稱公而書薨，所以自尊其君，則不得不略外諸侯書卒以自異也」，並隱三年。范解本於杜之《釋例》，此皆謂赴辭稱薨，然杜則與古《左氏》説乖，范雖引鄭《駁》之文，其解《傳》非鄭義也。

臣子已死猶名不

《異義》：「《公羊》説臣子先死，君父猶名之。孔子云『鯉也死』，是已死而稱名。《左氏》説既没，稱字而不名，桓二年，『宋督弑其君與夷及其大夫孔父』，先君死，故稱其字。《穀梁》同《左氏》説。」謹案同《左氏》、《穀梁》説，以爲《論語》稱「鯉也死」，時實未死，假言死耳。

鄭康成亦同《左氏》、《穀梁》之義，以《論語》云「鯉也死，有棺而無槨」是實死未葬以前也。故**鄭駁許慎云**：「設言死，凡人於恩猶不然，況賢聖乎？」《禮記》四《曲禮下》正義。○案：此段正義約《駁異義》文。

雨不克葬

《異義》：「《公羊》説雨不克葬，案：宣八年，定十五年。謂天子、諸侯也。卿大夫臣賤，不能以雨止。《穀梁》説葬既有日，不爲雨止。《左氏》説卜葬先遠日，辟不懷，言不汲汲葬其親，不可行事，廢禮不行，庶人不爲雨止。」許慎謹案：「《論語》云『死，葬之以禮』，以雨而葬，是不行禮，《穀梁》説非也。從《公羊》、《左氏》之説。」《禮記》十二《王制》正義云：「鄭氏無駁，與許同。」○案：此《春秋》宣八年及定十五年事。

蒙案：《春秋》宣八年：「冬十月，己丑，葬我小君頃熊，案：《公羊》、《穀梁》作頃熊，《左氏》作敬嬴。雨不克葬。庚寅，日中而克葬。」定公十五年：「丁巳，葬我君定公，雨不克葬。戊午，日下昃，乃克葬。」《左氏傳》曰：「雨不克葬，禮也。禮，卜葬，先遠日，辟不懷也。」《穀梁傳》曰：「葬既有日，不爲雨止，禮也。雨不克葬，喪不以制也。」《公羊傳》：「而者何？難。乃者何？難也。」何休曰：「禮，卜葬從遠日。雨不克葬見難者，臣子重難，不得以正日葬其君。」徐邈曰：「喪事有進無退。又《士喪禮》有潦車載蓑笠，則人君之張設，固兼備矣。禮：先遷柩於廟，其明昧爽而引。既及葬日之晨，則祖行遣奠之禮設矣，故雖雨猶終事，不敢停柩久次。」此三《傳》異同之説。《禮記》三《曲禮上》曰：「喪事先遠日。」《禮記》十二《王制》曰：「庶人縣封，葬不爲雨止。」與《公羊》、《左氏》説合。鄭注《王制》云：「雖雨猶葬，以其禮儀少。」此鄭從《左氏》説禮不行庶人之義也。而鄭《釋廢疾》又云：「雖庶人葬爲雨止。」見《王制》正義。與《公羊》、《左氏》説異，《王制》正義解之曰「在廟未發之時，庶人及卿大夫亦得爲雨止。若其已發在路，及葬，則不爲雨止。其人君在廟，及在路，及葬，皆爲雨止」，是也。

諸侯無去國之義

《異義》：「《公羊》説，『國滅，君死，正也』。案：見襄六年《傳》。故《禮》云『君死社稷』，無去國之義。《左氏》説，昔太王居豳，狄人攻之，乃踰梁山，邑於岐山，故知有去國之義也。」許慎謹案：「《易》曰：『係遯，有疾厲，畜臣妾，吉。』知諸侯無去國之義也。」《禮記》四《曲禮下》正義云：「鄭不駁之，明從許君用《公羊》義也。」

蒙案：許氏《説文》稱《易》孟氏，《異義》引《遯》九三「係遯，畜臣妾，吉」爲諸侯守社稷之義，當是孟氏説。鄭君注《曲禮》引《春秋傳》「國滅，君死之，正也」，用《公羊》説。

復讎不過五世

《異義》：「《公羊》説復百世之讎，《禮記》三《曲禮上》正義。○蒙案：《公羊》説見莊公四年《傳》。古《周禮》説復讎之義不過五世。謹案：魯桓公爲齊襄公所殺，其子莊公與齊桓公會，《春秋》不譏；又定公是魯桓公九世孫，孔子相定公，與齊會于夾谷：是不復百世之讎也。從《周禮》説。」《禮記》三《曲禮上》正義云：「鄭康成不駮之，與許慎同。」

凡君非理殺臣

《異義》：「凡君非理殺臣，《公羊》説，子可復讎，故子胥伐楚，《春秋》賢之。《左氏》説，君命，天也，是不可復讎。」

鄭《駮異義》稱：「子思云：『今之君子退人，若將隊諸淵，無爲戎首，不亦善乎？』子胥父兄之誅，隊淵不足喻，伐楚使吴首兵，合於子思之言也。」《禮記》三《曲禮上》正義引云：「是鄭善子胥，同《公羊》之義也。」

《異義》：「古《周禮》説，復讎可盡五世之内。五世之外，施之於己則無義，施之於彼則無罪。所復者惟謂殺者之身，及在被殺者子孫，可盡五世得復之。」《周禮·調人》疏引云：「鄭從之。」

蒙案：《公羊》定公四年《傳》曰：「事君猶事父也，此其爲可以復讎奈何？曰：父不受誅，子復讎可也。父受誅，子復讎，推刃之道也。復讎不除害，朋友相衛，而不相迿，古之道也。」《公羊》言復讎者有四事：莊四年紀侯大去其國，不言齊滅，賢襄公，一也；公及齊人狩于郜，不及齊侯，諱之，二也；莊九年及齊師戰于乾時，我師敗績，不言公，以復讎者在下，三也；定五年吴爲子胥伐楚，戰于伯莒，四也。然子胥之事，雖父不受誅，以臣讎君不可以訓。何休解詁云：「《孝經》曰：『資於事父以事君而敬同。』本取事父之敬以事君，而父以無罪爲君所殺，諸侯之君與王者異，於義得去，君臣已絶，故可也。」此亦曲説，不如《左氏》之義爲正。

衛輒拒父

《異義》：「衛輒拒父，《公羊》以爲孝子不以父命辭王父之命，許拒其父。《左氏》以爲子而拒父，悖德逆倫，大惡也。」

鄭《駁異義》云：「以父子私恩言之，則傷仁愛。」《禮記》十《檀弓下》正義。○正義云：「鄭意以《公羊》所云，公義也；《左氏》所云，是私恩也。」案：正義引鄭《駁》不全，然據文意知許從《左氏》，鄭從《公羊》。

蒙案：《公羊》説見哀公三年《傳》，曰：「蒯聵爲無道，靈公逐蒯聵而立輒，然則輒之義可以立乎？曰可。其可奈何？不以父命辭王父命，以王父命辭父命，是父之行乎子也。不以家事辭王事，以王事辭家事，是上之行乎下也。」何休解詁曰：「以父見廢故，辭讓不立，是家私事。聽靈公命立，是王事公法也。是王法行乎諸侯，雖得正，非義之高者也。」下引《論語》冉有曰「夫子爲衛君乎」云云，「主書者，善伯討」。邵公此注爲能補《傳》所未及。

妻爲姑殺夫

《異義》：「妻甲，夫乙毆母，甲見乙毆母而殺乙。《公羊》説甲爲姑討夫，猶武王爲天誅紂。」

鄭駁之云：「乙雖不孝，但毆之耳，殺之太甚。凡在官者，未得殺之。殺之，士官也。」《禮記》十《檀弓下》正義。

蒙案：此於《公羊》，事無徵，説者傳之耳。《禮記·檀弓下》：「邾婁定公曰：『臣弒君，凡在官者，殺無赦。子弒父，凡在官者，殺無赦。』」鄭注：「言諸臣子孫無尊卑皆得殺之，其罪無赦。」正義云：「父雖不孝於祖，子不可不孝於父。今云『子』者，因『孫』而連言之，或容兄弟之子耳。」又云：「若妻則得殺其弒父之夫，故《異義》云云。如鄭此言，毆母，妻不得殺之；若其殺母，妻得殺之。」

戕、弒、殺義

《異義》，鄭君以爲《左氏》宣十八年秋七月，「邾人戕鄫子于鄫」，《傳》曰「凡自内虐其君曰弒，自外曰戕」，即邾人戕鄫子是也。自内弒其君曰弒者，晉人弒其君州蒲是也。雖他國君，不加虐，亦曰殺。若加虐殺之，乃謂之戕，取殘賊之意也。若自上殺下及兩下自相殺之等，皆曰殺。《周禮·大司馬》疏。〇案：此引《駁異義》，疏脱「駁」字。

蒙案：《大司馬》注引《王霸記》曰：「殘滅其爲惡。」《公羊傳》云：「戕鄫子于鄫者何？殘而殺之也。」《穀梁傳》云：「戕，猶殘也，捝殺也。」是戕爲殘賊之意也。鄭注《尚書·梓材》亦同，見《大司馬》疏。

五星

鄭《駁異義》云：「《三光考靈曜》書云：『日道出於列宿之外，萬有餘里。』謂五星則差在其内。」《周禮·馮相氏》疏。

蒙案：《儀禮·士昏禮·目録》疏亦引《三光考靈耀》，是其書唐人見之。《考靈耀》本《尚書緯》

名。余見日本國所傳隋蕭吉《五行大義》卷四《論七政》引《尚書考靈耀・七政》曰：「日月者，時之主也；五星者，時之紀也。故曰『在璇璣玉衡，以齊七政』。」據此，《考靈耀》有《七政》篇題，則《三光》亦其篇題之一與？依文當作《尚書考靈耀・三光》，《周禮疏》倒之者，或古書小題在上，大題在下，因而舉之如此耳！

蒙案：《尚書・堯典》正義引《考靈耀》云：「周天三百六十五度四分度之一。而日日行一度，一朞三百六十五日四分日之一。」《禮記・月令》正義引《考靈耀》云：「『一度二千九百三十二里千四百六十一分里之三百四十八。周天百七萬《爾雅・釋天》疏引「七」字作「十」。一千里』案：《考靈耀》文當至此止，以下正義申解語。者，是天圓周之里數也。以圍三徑一言之，則直徑三十五萬七千里，此爲二十八宿周回直徑之數也。然二十八宿之外，上下東西各有萬五千里，是爲四遊之極，謂之四表。據四表之內，并星宿内，總有三十八萬七千里。然則天之中央，上下正半之處，則一十九萬三千五百里，地在其中，是地去天之數也。鄭注《考靈耀》云：『地蓋厚三萬里，春秋之時，地正當中。自此地漸漸而下，夏至之時，地下遊萬五千里，地之上畔與天中平。夏至之後地漸漸向上，至秋分，地正當天之中央。自此地漸漸而上，至冬至，上遊萬五千里，地之下畔與天中平。自冬至後，地漸漸而下，此是地之升降於三萬里之中。』案：鄭注當至此止，以下正義申解。但渾天之體，雖繞於地，地則中央正平，天則北高南下。北極高於地三十六度，南極下於地三十六度。然則北極之下三十六度常見不没，南極之上三十六度常没不見。南極去北極一百二十一度餘，若逐曲計之，則一百八十一度餘。若以南北中半言之，謂之赤道，去南極九十一度餘，去北極亦九十一度餘，此是春秋分之日道也。赤道之北二十四度，爲夏至之日道，去北極六十七度也。赤道之南二十四度，爲冬至之日道，去南極亦六十七度。案：《續漢·律曆志》劉昭注引張衡《渾儀》曰：「赤道橫帶渾天之腹，去極九十一度十分之五，黃道斜帶其腹，出赤道表裏各二十四度，故夏至去極六十七度而強，冬至去極百一十五度亦強也。」「然則黃道斜截赤道者，則春秋分之去極也。今此春分去極九十少，秋分去極九十一少者，就夏曆景去極之法以爲率也。」地有升降，星辰有四遊。又鄭注《考靈耀》云：『天旁行四表之中，冬南，夏北，春西，秋東，皆薄四表而止。地亦升降於天之中，冬至而下，夏至而上。二至上下，蓋極地厚也。地與星辰，俱有四遊升降。四遊者，自立春地與星辰西遊，春分西遊之極，地雖西極，升降正中，從此漸漸而東，至春末復正。自立夏之後北遊，夏至北遊之極，地則升降極下，至夏季復正。立秋之後東遊，秋分東遊之極，地則升降正中，至秋季復正。立冬之後南遊，冬至南遊之極，地則升降極上，冬季復正。』案：鄭注當至此止，以下正義申解。《太平御覽》三十六引《考靈耀》云：「地有四遊：冬至地上行北而西三萬里；夏至地下行南而東三萬里；春秋二分，是其中矣。」正義所引鄭注當釋此段之文。此是地及星辰四遊之義也。星辰亦隨地升降，故鄭注《考靈耀》云：『夏日道，上與四表平，下去東井十二度，爲三萬里。』案：以下當爲正義申解。則是夏至之日，上極萬五千里，星辰下極萬五千里，故夏至之日，下至東井三萬里也。日有九道，故《考靈耀》云：『萬世《爾雅·釋天》疏引作「萬里」。不失九道謀。』鄭注引《河圖帝覽嬉》云：『黃道一；青道二，出黃道東；赤道二，出黃道南；白道二，出黃道西；黑道二，出黃道北。日，春東從青道，夏南從赤道，秋西從白道，冬北從黑道。《漢書·天文志》本此。立春，星辰西遊，日則東遊。春分，星辰西遊之極，日東遊之極，日與星辰相去三萬里。夏則星辰北遊，日則南遊。夏至，星辰北遊之極，日南遊之極，日與星辰相去三萬里。以此推之，秋冬放此可知。』案：鄭注當至此止，以下正義申解。計夏至之日，日在井星，正當嵩高之上，以其南遊之極，故在嵩高之南萬五千里，所以夏至有尺五寸之景也。於時日又上極，星辰下極，故日下去東井三萬里也。然鄭四遊之極，元出《周髀》之文，但日與星辰四遊相反，春分，日在婁，則婁星極西，日體在婁星之東，去婁三萬里，以度言之，十二度也。則日没之時，去昏中之星，近校十度。旦時日極於東，去旦中之星，遠校十度。若秋分，日在角，則角星極東，日體在角星之西，去角三萬里，則日没之時，去昏中之星，遠校十度。旦時日極於西，去旦中之星，近校十度。此皆曆乖違，於數不合，鄭無指解，其事有疑。」

正義又引《漢書·律曆志》云：「冬至之時，日在牽牛初度。春分之時，日在婁四度。夏至之時，日在東井三十一度。秋分之時，日在角十度。若日在東井則極長，八尺之表，尺五寸之景。冬至日在斗，則晝極短，八尺之表，一丈三尺之景。一丈三尺之中，去其一尺五寸，則餘有一丈一尺五寸之景，是冬夏往來之景也。凡於地千里而差一寸，則夏至去冬至，體漸南漸下，相去一十萬五千里。案：《漢書·天文志》云：「夏至至於東井，北近極，故晷短；立八尺之表，而晷景長尺五寸八分。冬至至於牽牛，遠極，故晷長；立八尺之表，而晷景長丈三尺一寸四分。春秋分日至婁、角，去極中，而晷中；立八尺之表，而晷景長七尺三寸六分。此日去極遠近之差，晷景長短之制也。」又《考靈耀》云：『正月假上八萬里，假下一十萬四千里。』案：《考靈耀》文至此止。所以有假上假下者，鄭注《考靈耀》之意，以天去地十五萬三千五百里，正月雨水之時，日在上，假於天八萬里，下至地一十一萬三千五百里。夏至之時，日上極與天表平也。後日漸向下，案：以上皆正義約鄭注《書緯》義。故鄭注《考靈耀》云：『夏至日與表平，冬至之時，日下至於地八萬里，上至於天十一萬三千五百里也。』委曲俱具《考靈耀》注。」

《太平御覽》三引《考靈耀》云：「日光照四十萬六千里。」案：《白虎通·日月》篇曰：「日月徑皆千里也。」《隋書·天文志》引《考靈耀》云：「日永景尺五寸，日短景尺三寸。」《周禮·馮相氏》疏引鄭注《考靈耀》云：「日之行，冬至之後，漸差向北，夏至之後，漸差向南。日差大分六，小分四。大分六者，分一寸爲十分，小分四者，分一分爲十分。一寸千里，則差六百四十里。」疏又引《星備》云：「明王在上，則日月五星皆乘黄道。」又云：「《黄道占》曰：天道有三，黄道者，日月五星所乘。問曰：案：問以下當是賈疏申解。『按鄭《駮異義》云，《三光考靈耀》書云：「日道出於列宿之外，萬有餘里。」謂五星則差在其内，何謂與日同乘黄道？』又問曰：『日何得在婁、角、牽牛、東井乎？』答曰：『黄道數寬廣，雖差在内，猶不離黄道，或可以上下爲外内。』」以上孔、賈所引《考靈耀》及鄭注言天度日道頗晰，《月令》正義尤詳，具録以備考。

災名

《駮異義》云：「非常曰異，害物曰災。」《毛詩·正月》正義引鄭《駮異義》。

日月食

桓三年日食，貫中下上竟黑。疑者以爲日月正等，月何得小而見日中？**鄭云**：「月正掩日，日光從四邊出，故言從中起也。」《南齊書·天文志》。案：《志》不言出鄭《駁異義》，以《毛詩·十月之交》正義、《左傳》桓三年正義所引定之。

《異義》云：「月高則其食虧於上，月下則其食虧於下也。日月之體，大小正同。相掩密者，二體相近，正映其形，故光得溢出而中食也。相掩疏者，二體相遠，月近而日遠，自人望之，則月之所映者廣，故日光不復能見而日食既也。」①《左傳》桓三年正義。

《駁異義》引詩云：「彼月而食，則維其常，此日而食，于何不臧？則非常爲義。」《毛詩·十月之交》正義。

蒙案：《左氏春秋》：「桓三年秋，七月，壬辰朔，日有食之，既。」正義引張衡《靈憲》曰：「當日之衝，月常不合，是謂闇虛。在星則星微，遇月則月食。」案：亦見《續漢書·天文志》注。正義申之曰：「日月異道，有時而交，交則相犯，故日月遞食。交在望前，朔則日食，望則月食；交在望後，望則月食，後

---

① 「不復能見」，原本及《清經解》本均誤作「不能復見」，今據《春秋左傳正義》改。

月朔則日食。交正在朔，則日食既前，後望不食；交正在望，則月食既前，後朔不食。大率一百七十三日有餘而道始一交，非交則不相侵犯，故朔望不常有食也。道不正交，則日斜照月，故月光更盛；道若正交，則日衝當月，故月光即滅。譬如火斜照水，日斜照鏡，則水鏡之光旁照他物。若使鏡正當日，水正當火，則水鏡之光不能有照。日之奪月，亦猶是也。日月同會，道度相交，月揜日光，故日食；日奪月光，故月食。言月食是日光所衝，日食是月體所映，故日食常在朔，月食常在望也。『食有上下者，行有高下』，謂月在日南，從南入食，南下北高，則食起於下。月在日北，從北入食，則食發於高，是其行有高下，故食不同也。故《異義》云：『月高則其食虧於上，月下則其食虧於下也。日月之體，大小正同。相揜密者，二體相近，正映其形，故光得溢出而中食也。相揜疏者，二體相遠，月近而日遠，自人望之，則月之所映者廣，故日光不復能見而日食既也。』」蒙案：正義推論日月交食皆本鄭《駁異義》，其言「二體相近，正映其形，故光得溢出而中食」，與《南齊書·天文志》引鄭説合，故知《齊志》所稱是《駁異義》文也。

九州承天

地有九州，足以承天。《御覽·州郡部·敘州》。〇蒙案：《白虎通·嫁娶》篇有此語，《異義》當本此。

蒙案：《御覽》引《尚書考靈耀》曰：「天有九野，九千九百九十九隅，去地五億萬里何？謂九野中央鈞天，其星角、亢；　東方皞天，其星房、心；　東北變天，其星斗、箕；　北方玄天，其星須女；　西北幽天，其星奎、婁；　西方成天，其星胃、昴；　西南朱天，其星參、狼；　南方赤天，其星輿鬼、柳；　東南陽天，其星張、翼、軫。」《異義》謂「地有九州，足以承天」者，蓋以九州配九野也。

城制

《五經異義》曰：「天子之城高九仞，公侯七仞，伯五仞，子男三仞。」《初學記》二十四。

許慎《五經異義》：「《戴禮》及《韓詩》說，八尺爲板，五板爲堵，五堵爲雉。板廣二尺，積高五板爲一丈。五堵爲雉，雉長四丈。古《周禮》及《左氏》說，一丈爲板，板廣二尺。五板爲堵，一堵之牆，長丈高丈。三堵爲雉，一雉之牆，長三丈高一丈，以度其長者用其長，以度其高者用其高也。」《左傳》隱元年正義。○又《禮記·坊記》注：「高一丈爲雉。」正義云：「古《春秋左氏》說。」又見《檀弓上》正義。

蒙案：《公羊》定公十二年《傳》：「雉者何？五板而堵，五堵而雉，百雉而城。」何休解詁：「八尺曰板，堵凡四十尺。雉，二百尺。百雉，二萬尺。凡周十一里三十三步二尺，公侯之制。禮，天子千雉，蓋受百雉之城十，伯七十雉，子男五十雉。」疏云：「公侯方百雉，《春秋說》文。古者六尺爲步，三百步爲里，計一里有千八百尺，十里即有萬八千尺，更以一里三十三步二尺，爲二千尺，通前爲二萬尺也，故云二萬尺，凡周十一里三十二步二尺也。云『禮，天子千雉，伯七十雉，子男五十雉』者，《春秋説》文。」據此，《公羊》説雉制與《韓詩》説合。何氏據《春秋緯》，以公侯百雉二萬尺則爲三千三百三十三步二尺，伯七十雉萬四千尺則爲二千三百三十三步二尺，子男五十雉萬尺則爲一千六百六十六步四尺，與鄭《駮異義》言五百步爲百雉不同。案《禮記・坊記》鄭注：「雉，度名也，高一丈長三丈爲雉。百雉爲長三百丈，方五百步。子男之城方五里。百雉者，此謂大都，三國之一。」

《異義》：「《周禮》説，雉高一丈，長三丈。《韓詩》説，八尺爲板，五板爲堵，五堵爲雉。」

鄭辨之云：「《左氏傳》説鄭莊公弟段居京城，祭仲曰：『都城過百雉，國之害也。先王之制，大都不過三國之一，中五之一，小九之一。今京不度，非制也。』古之雉制，《書》、《傳》各不得其詳。今以《左氏》説鄭伯之城方五里，此句又見《左傳》隱元年正義。積千五百步也。大都三國之一，則五百步也。五百步爲百雉，則知雉五步，五步於度長三丈，則雉長三丈也。雉之度量於是定可知矣。」《毛詩・鴻雁》正義。

《駮異義》云：「天子城九里，公城七里，侯伯之城五里，子男之城三里。」《禮記》五十一《坊記》正義。

鄭《異義駮》：「或云周亦九里城，則公七里，侯伯五里，子男三里。」《周禮・匠人》疏。

《異義》：「古《周禮》説云：『天子城高七雉，隅高九雉。公之城高五雉，隅高七雉。侯伯之城高三雉，隅高五雉。都城之高，皆如子男之城高。』」《周禮·匠人》疏。○疏云：「子男城亦與伯等，是以《周禮》説不云子男及都城之高，直云『都城之高，皆如子男之城高』。」

蒙案：《左傳》隱元年正義曰：「賈逵、馬融、鄭玄、王肅之徒爲古學者，皆云雉長三丈。《考工記》『匠人營國，方九里，旁三門』，謂天子之城方九里，則知公七里，侯伯五里，子男三里。如《周禮·典命》之言，則公當九里，侯伯七里，子男五里，故鄭玄兩解之。其注《尚書大傳》以天子九里爲正説，又云或者天子之城方十二里。《詩·文王有聲》箋言文王城『方十里，大於諸侯，小於天子之制』。《論語》注以爲公『大都之城方三里』，皆以爲天子十二里，公九里也。其《駁異義》又云『鄭伯城方五里』，以《匠人》、《典命》不同，故兩申其説。」《周禮·典命》注：「公之城蓋方九里，宫方九百步。侯伯之城蓋方七里，宫方七百步。子男之城蓋方五里，宫方五百步。」疏曰：「《書·無逸》傳云：『古者百里之國，九里之城。』『玄或疑焉。《周禮·匠人》「營國方九里」，謂天子之城，今大國與之同，非也。然大國七里，次國五里，小國三里之城，爲近可也。或者天子實十二里之城，諸侯大國九里，次國七里，小國五里。』如是，鄭自兩解不定。隱公元年，祭仲云『都城不過百雉』，大都三之一，是公七里，侯伯五里，子男三里矣。此賈、服、杜君等義，與鄭一解也。鄭又云：『鄭伯之城方七里，大都三之一，方七百步，實過百雉矣。而云都城不過百雉，舉子男小國之大都，以駁京城之大，其實鄭之大都過百雉矣。』又據天子城十二里而言也。」今案：鄭《駁異義》以鄭伯城方五里積千五百步，大都三國之一，則五百步，是與《典命》

疏所引鄭説「鄭伯城方七里，大都方七百步」者不同，而《論語》注言公大都之城方三里，與後説合，《典命》疏所引當是《論語》注文也。

五臟所屬

《異義》：「《今文尚書》案：漢人但稱《今尚書》。裴松之注《三國·吴志》始稱《今文尚書》。此引《異議》，誤衍「文」字。歐陽説：肝，木也；心，火也；脾，土也；肺，金也；腎，水也。《古尚書》説：脾，木也；肺，火也；心，土也；肝，金也；腎，水也。」許慎案：「《月令》『春祭脾，夏祭肺，季夏祭心，秋祭肝，冬祭腎』，與《古尚書》同。」

鄭駁之云：「《月令》祭四時之位，及其五藏之上下次之耳。冬位在後而腎在下，夏位在前而肺在上，春位小前故祭先脾，秋位小卻故祭先肝。腎也、脾也，俱在鬲下。肺也、心也、肝也，俱在鬲上。祭者必三，故有先後焉，不得同五行之氣。今醫病之法，以肝爲木，心爲火，脾爲土，肺爲金，腎爲水，則有瘳也。若反其術，不死爲劇。」《禮記》十三《月令》正義。

蒙案：日本國所傳蕭吉《五行大義》引《五經異義》，與此略同，惟無「今醫病之法」以下三十三字，首句作「《尚書》夏侯、歐陽説云」，引《月令》上有「禮記」二字，「令」下有「云」字，「冬祭腎」下云：「皆五時自相得，則《古尚書》是也。」鄭玄駁曰：「此文異事乖，未察其本意。《月令》五祭，皆言先，無言後者。凡言先，有後之詞。春祀户，其祭也，先脾後腎；夏祀竈，其祭也，先肺後心肝；季夏祀中霤，其祭也，先心後肺；秋祀門，其祭也，先腎後脾。凡此之義，以四時之位、五藏之上下次之耳。』以下「冬位在後」訖「故有先後焉」，文與此同，唯云肝腎脾俱在鬲下，肺心俱在鬲上，與此異。「不得同五行之氣」作「此義不與五行氣同也」。視《禮記正義》所引較詳，然「秋祀門」下亦脱「冬祀行」一段。正義引鄭《駁》下有脱字，當云「《月令》五祭以四時之位，及其五藏之上下次之耳」。

星象

許慎曰：「衆星者，庶民之象也。與列宿俱亡，中國微滅也。」**鄭玄曰：**「恒星謂列舍持天子之正也。不見者，諸侯乘天子案：《穀梁》注引鄭君説作「諸侯棄天子」。禮義法度，又夜明象諸侯既然，將强大也。」《開元占經·恒星不見二》。

獲麟

《異義》：「《公羊》説：『哀十四年獲麟，此受命之瑞，周亡失天下之異。』《左氏》説：『麟是中央軒轅大角獸，孔子備案：「備」當爲「作」字之誤。《春秋》者，禮修以致其子，故麟來爲孔子瑞。』陳欽説：『麟，西方毛蟲；孔子作《春秋》，有立言；西方兑，兑爲口，故麟來。』」許慎謹案云：「議郎尹更始、待詔劉更生等議，以爲吉凶不竝，瑞災不兼。今麟爲周亡天下之異，則不得爲瑞以應孔子至。」末句《春秋正義》引異。

玄之聞也，《洪範》五事，二曰言。言曰從，從作乂。乂，治也。言於五行屬金。孔子時，周道衰亡，已有聖德無所施用，作《春秋》以見志。其言少《毛詩正義》「少」作「可」，當从之。從，以爲天下法，故《毛詩正義》「故」下有「天」字，當增。應以金獸，性仁之瑞，賤者獲之，則知將有庶人受命而得之。受命之徵已見，則於周將亡，事勢然也。興者爲瑞，亡者爲災，其道則然。何吉凶不並，瑞災不兼之有乎？如此，修母致子，不若立言之説密也。《禮記》二十二《禮運》正義，又《毛詩・麟趾》正義。

説《左氏》者云，麟生於火，而遊於土，中央軒轅大角之獸。孔子作《春秋》。《春秋》者，禮也，修火德以致其子，故麟來而爲孔子瑞也。奉德侯陳欽説蒙案：《後漢書・陳元傳》：「父欽，習《左氏春秋》，事黎陽賈護，與劉歆同時，而别自名家。王莽從欽受《左氏》學，以欽爲厭難將軍。」《前書・儒林傳》，欽字子佚。麟，西方毛蟲，金精也。孔子作《春秋》，有立言，西方兑爲口，故麟來。許慎稱劉向、尹更始等皆以爲吉凶不並，瑞災不兼。今麟爲周異，不得復爲漢瑞，知麟應孔子而至。鄭玄以爲修母致子不如立言之説密也。《春秋左傳》哀十四年正義。

蒙案：此條《春秋正義》所引即《異義》文，而較《禮記正義》互有詳略。《左傳正義》又引賈逵、服虔、穎容等皆以爲孔子自衛反魯，考正禮樂，修《春秋》，約以周禮，三年文成致麟，麟感而至，取龍爲水物，故以爲修母致子之應。

《異義》：「《公羊》説麟，木精。《左氏》説麟，中央軒轅大角之獸。陳欽説麟，是西方毛蟲。」許慎謹案：「《禮運》云麟、鳳、龜、龍謂之四靈。龍，東方也。虎，西方也。鳳，南方也。龜，北方也。麟，中央也。」

鄭駁云：「古者聖賢言事亦有效，三者取象天地人，四者取象四時，五者取象五行。今云麟、鳳、龜、龍謂之四靈，則當四時明矣。虎不在四靈中，空言西方虎者，則麟中央，得無近誣乎？」《禮運》正義。○《正義》云：「如鄭此言，是麟非土精，無修母致子之義也。」

《公羊》説「麟者，木精」。**鄭云**：「金九以木八爲妻，金性義，木性仁。得陽氣，性似父；得陰氣，性似母。麟，毛蟲，得木八之氣而性仁。」同上。正義不言「鄭云」以下爲《駁異義》，然鄭駁從《公羊》説，此其釋義可知。

《五經異義》：「《公羊》説，孔子獲麟，天命絶周，天下叛去。」《開元占經·獸咎徵》。

《春秋説》云：「麟生於火，遊於中央，軒轅大角之獸。」《公羊·哀十四年》疏。不言出《異義》，附此。

《異義》：「《公羊》説云麟者，木精，一角，赤目，爲火候。」同上。

騶虞

《異義》：「今《詩》韓、魯説，騶虞，天子掌鳥獸官。古《毛詩》説，騶虞，義獸，白虎黑文，食自死之肉，不食生物，人君有至信之德則應之。《周南》終《麟趾》，《召南》終《騶虞》，俱稱嗟歎之，是麟與騶虞皆獸名。謹按：古《山海經》、《鄒子書》云『騶虞，獸』，説與《毛詩》同。」《周禮・鍾師》疏。

蒙案：《文選・魏都賦》張載注引《魯詩傳》曰：「古有梁騶。梁騶，天子獵之田也。」《東都賦》李善注引「騶」作「鄒」。《禮記・射義》：「《騶虞》，樂官備也。」賈誼《新書・禮》篇：「騶者，天子之囿也；虞者，囿之司獸者也。」《儀禮・鄉射禮》注：「其《詩》有『一發五豝，五豵，于嗟騶虞』之言，樂得賢者衆多，嘆思至仁之人以充其官。」此皆與韓、魯説合。《太平御覽》六百四十一及八百九十引《尚書大傳》：「散宜生之於陵氏取怪獸，尾倍其身，名曰騶虞。」《文選・張平子東京賦》：「圉林氏之騶虞。」李善注引劉芳《詩義疏》：「『騶虞』或作『吾』。」《漢書・東方朔傳》謂之「騶牙」，古音「虞」、「吴」、「牙」音近通，此皆與《毛詩》説合。陸璣《義疏》云：①「騶虞，白虎黑文，尾長於軀，不食生物，不履生

---

①「璣」，原本及《清經解》本均誤作「機」，今改。

草，應信而至者也。」此採《尚書大傳》及《毛詩傳》爲説。《毛詩正義》引《鄭志》：「張逸問：『《傳》曰白虎黑文，又《禮記》曰樂官備，何謂？』答曰：『白虎黑文，《周史·王會》云備者，取其一發五豝，言多賢也。』」鄭注《禮》則用韓、魯説，答《志》則從毛説。考今《逸周書》云：「其西般吾白虎。」下闕「黑文」二字。又云：「央林，以酋耳，酋耳者，身若虎豹。尾長參其身，食虎豹。」郭注《海内經》引此作「夾林」，其説與《尚書》説近，然非騶虞也。

鼷鼠食牛角

《異義》：「《公羊》説云：『鼷鼠，神物，食牛角，咎在有司，又有咎在人君，取已有災。』而不改更者，義通於此。」《公羊》成七年疏。

孔廣林曰：「經云改卜，且云又食，則所改卜之牛非已有災可知。咎人君者，咎其不敬，以數召災耳。《公羊》説非也。」

鸜鴿來巢

《異義》：「《公羊》以爲鸛鴿，夷狄之鳥，穴居，今來至魯之中國，巢居，此權臣欲自下居上之象。《穀梁》亦以爲夷狄之鳥來中國，義與《公羊》同。《左氏》以爲鸜鴿來巢，書所無也。」許君謹案：「從二《傳》。」案：賈疏引「書所無也」下有「彼註云周禮曰鸜鵒不踰濟今踰宜穴而又巢故曰書所無也」二十四字，蓋引賈、服《左傳》舊注，非《異義》文也。

鄭駮之云：「按《春秋》言來者甚多，非皆從夷狄來也。從魯疆外而至，則言來。鸜鵒本濟西穴處，今乃踰濟而東，又巢，爲昭公將去魯國。」《周禮・考工記》疏。○又《公羊》昭廿五疏引云：「《異義》：『《公羊》説云鸛鵒，夷狄之鳥，不當來入中國。』鄭君駮之曰：『《春秋》之鳥不言來者，多爲夷狄來也，若鸛鵒乃飛從夷狄而來，則昭將去遠域之外。』」

蒙案：陸氏《左傳音義》：「鸜，其俱反。嵇康音權。本又作『鴝』。《公羊傳》作『鸛』，音權。鵒音欲。」《穀梁音義》：「鸜，本又作『鸛』，音灌，《左氏》作『鸜』，《公羊》作『鸛』。」《公羊音義》：「鸛，音權，《左氏》作『鸜』。」①《考工記》：「鸜鵒不踰濟。」鄭注：「鸜鵒，鳥也。《春秋》昭二十五年，『有鸜鵒來巢』。《傳》曰『書所無也』。」《周禮音義》作「鸛」，云「鸛，徐、劉音權。《公羊傳》同，本又作『鸜』，《左傳》同。」今考《公羊春秋》「有鸛鵒來巢」，《傳》曰：「何以書？記異也。何異爾？非中國之禽也，宜穴又巢也。」何休解詁曰：「鸛鵒，猶權欲。宜穴又巢，此權臣欲國，自下居上之徵也。」何氏明言「鸛鵒，猶權欲」，則「鸛」讀如「權」，故諸家《公羊》本竝從之。《公羊疏》引《春秋運斗樞》云：「有鸛鵒來巢于榆。」緯書多用《公羊》説，《左氏》、《考工記》古本亦皆作「鸛」，音「權」。觀鄭注《考工記》引《左氏春

① 「鸜」，原誤作「鸛」，今據《清經解》本改。

秋》，徐邈、劉昌宗《周禮音》，嵇康《左傳音》，陸德明《周禮音義》並同，可證其作「鸛」者，非古本也。而賈疏《考工記》云此經注皆作「鸛」字，與《左氏》同。賈所見《周禮》鄭注本不如諸家之善，又不知《左氏》有作「鸛」之本，疎矣。其引《異義》《公羊》説譌「鸛」爲「鸛」，則誤由近刻。《穀梁》舊本亦有作「鸛」者，《音義》以爲音「灌」，「灌」與「權」聲近，然諸家皆音「權」，則此「灌」亦當作「權」。《穀梁傳》曰：「一有一亡曰有。來者，來中國也。鸜鵒穴者而曰巢，或曰，增之也。」范注引劉向曰：「去穴而巢，此陰居陽位，臣逐君之象也。」義同《公羊》。案：劉向説見《漢書·五行志中之下》。

《五經異義》曰：「今《易》京氏説，臣動養君，其義理也。必望利下，弗養以道，厥妖國有被髮于野祭者。」《御覽》五百二十五《禮儀部四》。

孔廣林曰：「必，當作『辟』，聲之譌耳。辟，君也。」

隕石于宋

《異義》：「《穀梁》説云：『隕石于宋五，象宋公德劣國小，陰類也。而欲行霸道，是陰而欲陽行也。其隕，將拘執之象也，是宋公欲以諸侯行天子道也。』」

鄭玄云：「六鷁俱飛，得諸侯之象也。其退，示其德行不進，以致敗也。得諸侯，是陽行也。被執敗，是陰行也。」《穀梁傳》僖十六年疏。

蒙案：《漢書·五行志下之下》：「釐公十六年『正月戊申朔，隕石于宋五。是月，六鶂退飛過宋都』。董仲舒、劉向以爲象宋襄公欲行伯道將自敗之戒也。石陰類，五陽數，自上而隕，此陰而陽行，欲高反下也。石與金同類，色以白爲主，近白祥也。鶂水鳥，六陰數，退飛，欲進反退也。其色青，青祥也，屬於貌之不恭。天戒若曰：德薄國小，勿持炕陽，欲長諸侯，與彊大爭，必受其害。襄公不寤，明年齊威死，伐齊喪，執滕子，圍曹，爲盂之會，與楚爭盟，卒爲所執。後得反國，不悔過自責，復會諸侯伐鄭，與楚戰于泓，軍敗身傷，爲諸侯笑。」范甯《穀梁集解》引劉向曰：「石陰類也，五陽數也，象陰而陽行，將致隊落。鶂陽也，六陰數也，象陽而陰行，必衰退也。」此與《班志》所引向説皆即其《五行傳論》之文。《班志》並言董仲舒、劉向以爲云云，是《公羊》、《穀梁》説合也。何休解詁曰：「石者，陰德之專者也；鶂者，鳥中之耿介者，皆有似宋襄公之行。襄欲行霸事，不納公子目夷之謀，事事耿介自用，卒以五年見執，六年終敗，如五石六鶂之數。天之與人，昭昭著明，甚可畏也。」何氏説頗與仲舒異。《五行志下之下》又引《左氏傳》曰：「隕石，星也；鶂退飛，風也。宋襄公以問周内史叔興曰：『是何祥也？吉凶何在？』對曰：『今兹魯多大喪，明年齊有亂，君將得諸侯而不終。』退而告人曰：『是陰陽之事，非吉凶之所生也。吉凶繇人，吾不敢逆君故也。』是歲，魯公子季友、鄫季姬、公孫兹皆卒。明年，齊威死，適庶亂。宋襄公伐齊行伯，卒爲楚所敗。劉歆以爲是歲歲在壽星，其衡降婁。降婁，魯分壄也，故爲魯多大喪。正月，日在星紀，厭在玄枵。玄枵，齊分壄也。石，山物；齊，大嶽後。五石象齊威卒而五公子作亂，故爲明年齊有亂。庶民惟星，隕于宋，象宋襄將得諸侯之衆，而治五公子之亂。星隕而鶂退飛，故爲得諸侯而不終。六鶂象後六年伯業始退，執于盂也。民反德爲亂，亂則妖災生，言吉凶由人，然後陰陽衝厭受其咎。齊、魯之災非君所致，故曰『吾不敢逆君故也』。」《穀梁疏》引賈逵云：「石，山岳之物。齊，大岳之胤。而五石隕宋，象齊桓卒而五公子作亂，宋將得諸侯而治五公子之亂。鷁退，不成之象，後六年，霸業退也。鶂，水鳥，陽中之陰，象君臣之訟鬩也。」賈氏說本劉歆。鄭君《駮異義》從《公羊》、《穀梁》家董仲舒、劉向舊說，而不從何休說。其言得諸侯之象，亦兼採《左氏》說。《五行志下之上·思心傳》又引「釐公十六年正月，六鶂退蜚，過宋都。《左氏傳》曰：『風也。』劉歆以爲風發於它所，至宋而高，鶂高蜚而逢之，則退。經以見者爲文，故記退蜚；傳以實應著，言風，常風之罰也。象宋襄公區霿自用，不容臣下，逆司馬子魚之諫，而與彊楚爭盟，後六年爲楚所執，應六鶂之數云」。此又一說也。《志下之下》引京房《易傳》曰：「距諫自彊，茲謂卻行，厥異鶂退飛。適當黜，則鶂退飛。」據此則知劉歆《思心傳》言常風之罰及何休言逆諫之戒，蓋皆本京氏《易傳》。《五行志》「鷁」皆作「鶂」，《劉向傳》上封事同。

蟲飛反墜

《異義》：「《公羊》說，后夫人之家專權擅世，秉持國政，蠶食百姓，則蟲飛反墜。」《開元占經》百廿二。○案：此說與《公羊》文三年「雨螽于宋」注同。

蒙案：《漢書・五行志中之上》：「傳曰：『言之不從，是謂不艾，時則有介蟲之孽。』介蟲孽者，謂小蟲有甲飛揚之類，陽氣所生也，於《春秋》爲螽，今謂之蝗，皆其類也。』」《中之下・聽傳》：「桓公五年『秋，螽』。劉歆以爲貪虐取民則螽，介蟲之孽也，與魚同占。《志上》引京房《易傳》曰：「海數見巨魚，邪人進，賢人疎。」劉向以爲介蟲之孽屬言不從。是歲，公獲二國之聘，取鼎易邑，興役起城。諸螽略皆從董仲舒說云。釐公十五年『八月，螽』。劉向以爲先是釐有鹹之會，後城緣陵，是歲復以兵車爲牡丘會，使公孫敖帥師及諸侯大夫救徐，兵比三年在外。文公三年『秋，雨螽于宋』。劉向以爲先是宋殺大夫而無罪，有暴虐賦斂之應。《穀梁傳》曰上下皆合，言甚。董仲舒以爲宋三世内取，大夫專恣，殺生不中，故螽先死而至。劉歆以爲螽爲穀災，卒遇賊陰，墜而死也。八年『十月，螽』。時公伐邾取須朐，城郚。宣公六年『八月，螽』。劉向以爲，先時宣伐莒、向，後比再如齊，謀伐萊。十三年『秋，螽』。公孫歸父會齊伐莒。十五年『秋，螽』。宣亡熟歲，數有軍旅。襄公七年『八月，螽』。劉向以爲先是襄興師救陳，滕子、郯子、小邾子皆來朝。夏，城費。哀公十二年『螽』。是時哀用田賦。劉向以爲春用田賦，冬而螽。十三年『九月，螽；十二月，螽』。比三螽，虐取於民之效也。劉歆以爲周十二月，夏十月也，火星既伏，蟄蟲皆畢，天之見變，因物類之宜，不得以螽，是歲再失閏矣。周九月，夏七月，故《傳》曰：『火猶西流，司曆過也。』」

壽祺謂：班固言劉向說諸蝝略皆從董仲舒說，是《公羊》、《穀梁》義同，故何休解詁於《春秋》諸蝝皆以爲煩擾之應，與劉向合。文八年蝝，劉以爲公伐邾取須朐，城郚。何以爲先是公如晉，公子遂、公孫敖比出，不可使勢奪於大夫，所徵雖殊，然大意一也。惟文三年「雨螽于宋」，以外異書，董、劉說不同。何氏云：「蝝，猶衆也。衆死而墜者，羣臣將爭彊相殘賊之象，是後大臣比爭鬬相殺，司城驚逃，子哀奔亡，國家廓然無人，朝廷久空，蓋由三世内娶，貴近妃族，禍自上下，故異之云爾。」此說本之仲舒。《開元占經》引《異義》《公羊》說即指文三年事。《五行志》「雨螽于宋」下稱《穀梁傳》曰「上下皆合，言甚」，今《傳》無此文。《傳》曰：「外災不志，此何以志也？曰：災甚也。其甚奈何？茅茨盡矣。著於上，見於下，謂之雨。」《班志》蓋約《傳》文言之。《穀梁疏》曰：「《公羊》與《考異郵》皆云：『螽死而墜于地。』故何休云『螽，猶衆也，死而墜者，象宋羣臣相殘害也。云云上下，異之云爾』。今《穀梁》直云『茅茨盡矣，著於上，見於下，謂之雨』，與讖錯，是爲短。案：「故何休云」以下至此是楊疏引《穀梁廢疾》文。「云云上下」四字有誤，當從《公羊解詁》作「禍自上下」。鄭玄云：『《穀梁》意亦以宋德薄，後將有禍，故蟲飛在上，墜地而死。言茅茨盡者，著甚之驗，於讖何錯之有乎？』」案：「鄭玄云」至此是楊疏引《釋廢疾》文。疏引鄭《釋廢疾》如此，是鄭意以《穀梁》文三年《傳》與《公羊》義同，不從劉向也。又《公羊》哀十二年「冬十有二月，蝝」，何氏曰：「蝝者，與陰殺俱藏。周十二月，夏之十月，不當見，故爲異。比年再蝝者，天不能殺，地不能埋，自是之後，天下大亂，莫能相禁，宋國以亡，徐疏曰：「考諸舊本，『宋』是『宗』字。」齊并於陳氏，晉分爲六卿。」此注亦與前解諸傳言煩擾之應異。徐疏引《春秋說》云：「陳氏篡齊三年，千人合葬，故螽蟲冬踊者，是其螽爲齊亡之一隅也。」然則何氏蓋取《春秋說》而廣之。

《清代學術名著叢刊》已出書目

廿二史考異 （附：三史拾遺　諸史拾遺）	［清］錢大昕著　方詩銘等校點
漢學師承記箋釋	［清］江藩纂　漆永祥箋釋
禹貢錐指	［清］胡渭著　鄒逸麟整理
日知録集釋（全校本）	［清］顧炎武著　黄汝成集釋 欒保群等校點
史通通釋	［唐］劉知幾著　［清］浦起龍通釋 王煦華整理
尚書古文疏證 （附：古文尚書冤詞）	［清］閻若璩撰　黄懷信等校點
廿二史劄記	［清］趙翼撰　曹光甫校點
陔餘叢考	［清］趙翼撰　曹光甫校點
東塾讀書記	［清］陳澧著　鍾旭元等校點
五經異義疏證	［清］陳壽祺撰　曹建墩校點
十七史商榷	［清］王鳴盛撰　黄曙輝點校
危言三種	［清］鄭觀應　湯震　邵作舟撰 鄒振環整理
經傳釋詞	［清］王引之撰　李花蕾校點
讀書雜志	［清］王念孫撰　徐煒君等校點
經義述聞	［清］王引之撰　虞思徵等校點
廣雅疏證	［清］王念孫撰　張靖偉等校點
漢學商兑	［清］方東樹撰　虞思徵校點
山海經箋疏	［清］郝懿行撰　沈海波校點
聲類疏證	［清］錢大昕撰　郭晉稀疏證